第一辑

甲骨文
生字解析

刘自贤 著

长江出版传媒｜崇文书局

图书在版编目（ＣＩＰ）数据

甲骨文生字解析 / 刘自贤著 . -- 武汉 ：崇文书局，
2024.3
　ISBN 978-7-5403-7610-9

　Ⅰ . ①甲… Ⅱ . ①刘… Ⅲ . ①甲骨文—研究 Ⅳ .
① K877.14

中国国家版本馆 CIP 数据核字 (2024) 第 052835 号

责任编辑　杨晨宇　李慧娟
责任校对　董　颖
封面设计　甘淑媛
责任印制　冯立慧

甲骨文生字解析

JIAGUWEN SHENGZI JIEXI

出版发行　　长江出版传媒｜崇文书局
地　　址　　武汉市雄楚大街 268 号 C 座 11 层
电　　话　　(027)87679712　邮政编码　430070
印　　刷　　武汉科源印刷设计有限公司
开　　本　　710mm×1000mm　1/16
印　　张　　27.125
字　　数　　236 千
版　　次　　2024 年 3 月第 1 版
印　　次　　2024 年 3 月第 1 次印刷
定　　价　　80.00 元

（如发现印装质量问题，影响阅读，由本社负责调换）

序　言

今年春天，老友欧阳桢人兄为我介绍了刘自贤君，说他自学甲骨文字，已经著成一集，希望我看看，如有可能，是否写个序言云云。

我师从夏渌先生学习古文字，已经是很久以前的事了。自从《殷墟甲骨刻辞词类研究》出版后，已经很久没有从事于斯了。所以，听闻欧阳兄说起此事，一方面确有空谷闻足音之感，一方面又感到力有不逮。

不过，我研究古文字学，虽没有什么成就，但一些基本的知识，还是不曾忘记的。

刘自贤君学法律出生，毕业于武汉大学法学院。如同法学一样，古文字学自有其知识架构。我常对我的学生说，古文字学最为难学。它和围绕着《说文解字》展开研究的文字学比，后者只要稍微了解一点古文字学就可以了，而前者却需要精通文字学的内容，对《说文解字》更是必须烂熟。文字学、古文字学与训诂学、音韵学有密切关系，必须熟练掌握后两者自不必说；又因为文字是记录语言的，所以还必须对普通语言学有一定了解；而且，字与词关系密切，学习文字学、古文字学又必须懂得一些词汇学知识；同时，语法是组词造句的规律，学习文字学、古文字学又必须懂得一些上古汉语的语法。当今之世，对于词汇学、语法学，尚有好些以治古文字学为业的专家感到隔膜；而对于普通语言学这一治语言文字之学不可或缺的学问，感到隔膜的人就更多了！又如何能苛求自学古文字的人呢？

但好些事情，它并没有那么绝对。现如今从事于某项职业的人，未必一定热爱这一职业，但自学某一学问的人一定是热爱这学问的；否则，这学问又不能换饭吃，孜孜汲汲于其中，得花费多少工夫哇！得耽误多少赚钱的机会呀！所以，这世上好些大学问，都是自学者做出来的。所以，有了热爱这一先决条件，如果方法得当，学好古文字并有所贡献，是不成问题的。

无论语言还是文字，都是发展变化的。字是记录语言中的词的，而词的产生有先有后，有的晚至语言史上的近代（宋之后）以后才产生，记录该词的字也就产生得更晚——例如，有晚至清代吴任臣《字汇补》才出现的字。考释古文字，显然要避开这样的字和词的。有的字产生甚早，但它记录的某一意义却产生甚晚，显然这也是要避开的；还有的词产生甚早，但它的某一意义却产生甚晚，这无疑也是应该避开的。因此，要正确考释古文字，首先应该明了古字古义。如果有与甲骨文字同时的字书可资参照，那是再好不过的了，可惜没有——最早的字书是成书于东汉的《说文解字》。因此，某字见于《说文》，一般是释为某字的先决条件。如果仅见于后世字书的字，一般而言就不能以之来考释甲骨文中的某字。但是，必以《说文》所释意义为圭臬，又是另一个误区。考释古文字，必须要用古义，而非必用本义。对于古文字热爱者研究者来说，如何去寻求古义呢？这就得借助工具书了。

《王力古汉语字典》就是一部较好的工具书。它的释义，一般以意义产生的先后来排列，例句也尽量选用较早的。晚起的意义，甚至还标明"后起义""晚起义"。

符合古字古义，遵循的是语言的历史性原则。而将所释义再放到甲骨文中去验证，遵循的则是语言的社会性原则。

虽说是基本的知识，但即使是专家的论著，也还经常可见违背这些知识的。而刘自贤君这部《甲骨文生字解析》一书，其中却有不少考证是符合这些知识的。

例如《𤉡为"矖"字》，在甲骨文中，它是带宾语的动词。字从见从鹿，刘君释为狩猎前的侦察。将其放入刻辞中通读，也能文从字顺。

又如《𤴔、𤴕均为"逐鹿"含义》，与杨树达先生著名的《释"追逐"》相通。

又如《𤓯宜释为"旌"字》，也颇言之成理。

特别是《𤕝字含义是"伤风""感冒"》，形、音、义可谓密合无间。

这些考释、解析字例不必一一列举。

刘自贤君无疑是热爱古文字学的，否则，他怎么能经年累月耐受寂寞，写出几十万字的甲骨文考释文章来呢？

《论语》说得好："见贤思齐焉，见不贤而内自省也。"我能结识刘自贤君，是我的幸运。不仅刘君在做学问上的韧劲值得我学习，刘君考释出的若干甲骨文字也足以供我参考。如果读刘君这书的同好也花费几分钟时间读读我这篇拉拉杂杂的文字，是所至幸！

杨逢彬

2023 年 3 月 8 日于沪上

目　录

第一章　应释为"卡"，而非"画"

甲骨文中，是个比较常见的字，从一期到四期都能见到，但一直没有得到破译。《说文》中没有这个字，估计这个字到东汉时已经废弃得太久了，以至于许慎这样的大家都不知有该字存在。

甲骨文现世后，王国维研究，怀疑这个字是古"画"字：其上为聿，为握笔状；其下象错画之形①。这一观点十分流行，以致现在很多人都将该字认作是画的初字。如刘兴隆所著的《新编甲骨文字典》，认为该字象人执笔画图之形，确认其为画字无疑②。其理由：一是古文画与劃（划）是同一个字；二是其与周代中期舀簋中的字完全一样。故其对自己所持的见解特别自信。现在一些有名的国学网站依然采用王国维这一观点，对该字作如是解释。

溯源来看，王国维对该字中的偏旁并没有作出合理的解

① 《甲骨文字典》卷三第319页（徐中舒主编，四川辞书出版社2014年出版）。

② 《新编甲骨文字典》第169页（刘兴隆著，国际文化出版公司2005年出版）。

释，想象成分居多；其次，将该字认作画（或划）字放进甲骨文相关卜辞中没法全部读通句意，有的卜辞不能自圆其说。这就带来了内在矛盾，是硬伤，说明将该字辨识为画（或划）字是错误的。严谨的学者对此颇为慎重，没有遽然定论，而是持怀疑态度。我们有必要重新认识，作出正确合理的辨识。

该字是个会意字，其上半部分 ♣ 是聿字偏旁无疑，但并非一律表意为"人执笔画图"之意，也可以理解为"人们用手栽上木桩"。这个偏旁 ♣ 是以手栽木桩的形象。其下半部分 ∞ 偏旁表示双角，这是理解该字含义的关键。在甲骨文中，该形态的一半即 ∩ 表示角，而其整体 ∞ 就表示"两对角"，而且是呈对称状态的。那么，这个符号就是以点带面，突出角的特征，表示长有硕大双角的鹿类，如成年驯鹿等。如此思考，则这个 ♣ 字就是表示人们栽上成排的木桩，以此将鹿类双角卡住，挡住其逃路，进而擒获。

栽上成排的木桩，设置路卡，这是一种非常有效的捕猎手法，它与罗网、陷阱、围追等捕猎方式不相上下。具体操作是，捕猎者在道路狭隘处或鹿类必经的道路上栽上成排的木桩，然后在开阔地带将鹿类往已经布置好木桩的地方驱赶，惊慌失措的鹿群冲到木桩前时，没有长多大鹿角的幼鹿能侥幸冲过去，而成年鹿类虽然头身能过，但头上巨大的鹿角则被木桩挡住、卡死，冲不过去。前面被挡，后有追兵，这些成年鹿类无计可施，无可奈何，只好束手就擒。这种捕鹿方式就叫作"逐鹿"，后来人们以此比喻诸侯争雄称霸，形成了"逐鹿中原"的成语。中原地带没有这种由来已久的古老捕猎方式，是不可能产生"逐鹿中原"这一成语的。三千多年前的商代，狩猎活动仍然在人们的生产生活中占有重要地位，商代王室经常组织大规模的田猎活动，也采用这种方式捕鹿，因而这个  字就经常在卜辞中出现。这种捕猎方法体现出古人的猎狩智慧，它利用了鹿类动物有巨大鹿角的缺陷，以及智力欠佳的特性。尽管鹿类善于奔跑，人所不及，但人能避其长、制其短，鹿类还是没法逃出人类的掌心。我们无法得知这个字当时的读音，但其描绘的关键点就是用木桩挡住冲过来的鹿群，将鹿角卡住进而擒获，因而该字的含义对应为后来出现的"卡"字是相对贴切、适合的。

首先，卜辞中对"逐鹿"的描述让我们能确认这种捕猎方式的存在。我们看卜辞：

（缀 176）自东西北逐  鹿，无灾。（图 1）

字不识，徐中舒认为可能是"衍"字的异构，刘钊认为是"沓"字，这里作地名。该字有水作偏旁，表明命名为  的地方是水草丰茂的所在，鹿类喜爱在此觅食。这则卜辞让我们了解到"逐鹿"是从三面追赶，网开一面，有意让鹿朝着一个开口的方向逃跑，而这个方向的前方早已设置了卡子，即  ，在等待它们。在这则卜辞中，王室逐鹿是东西北三面包抄，留

图 1

3

下南面让其逃跑，进入早已设置好的路卡就擒。这也说明，"逐鹿"不是"围猎"，纯粹"围猎"是很难擒获到鹿类的，必须使用罗网将其罩住。而放开一面，有意识地引导其朝着既定的方向逃跑，在其逃跑必经之狭隘处设置路卡，就能轻松将其捕获。

卜辞中还将这样设卡捕猎的地方取名，如东卡等。比如卜辞：

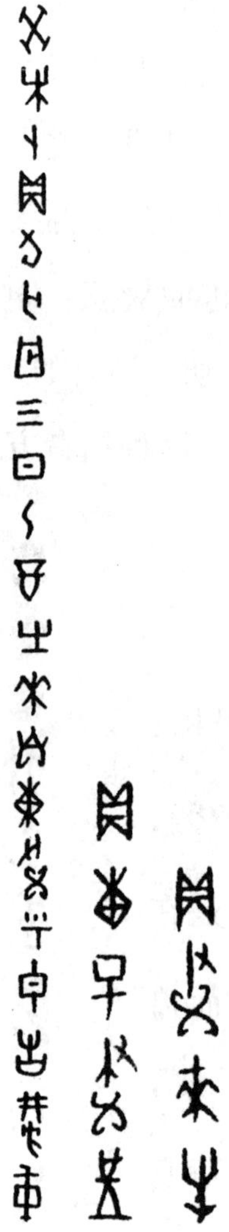

（后下37.2）癸未卜，贞：旬亡祸？三日乙酉，又来自东卡，乎 ⊞ 告旁戎。（图2）

⊞ 字不识，为方国或方国首领名称。这则卜辞意为癸未这天占卜，贞人问：十天之内没有祸患吧？第三日乙酉这天，有（祸患）来自东卡，（商王）命令 ⊞ 告诉其邻国警戒军情。这里的东卡 ✳ ✲，是地名，也是商代王室在东部"逐鹿"的场所。

将 ✲ 释为卡字，我们对甲骨文中各种相关卜辞进行释读，许多问题都会迎刃而解。该字在甲骨文中大体有这几层含义：

一、作人名

（续6.14.12）贞：叀子卡往。（图3）

子卡，人名。全句意为贞人问：只有子卡去吗？

（丙74）贞：卡来牛。（图4）

图2　图3　图4

4

即贞人说：卡送来了牛。卡为人名或方国名。

（簋杂 89）贞：妇❀册卡？（图 5）

❀为椢字，人名。妇❀，商王妃子。全文意为贞人问：商王妃子妇椢会册祭卡吗？册卡或指开始"逐鹿"之前举行的祭祀仪式，也有动员大家参与的作用。

（宁 2.52）辛亥卜，㱿贞：乎沬插卡，不待！六月。（图 6）

⊕应为一种工具，类似现在挖土用的铁锹，本书后面有专文解释此字，为"插"的初字。◐为袋，这里假借用为"待"，等待的意思。其文意为辛亥这天占卜，贞人㱿问：（商王）命令沬去挖坑设置挡卡，不能再磨磨蹭蹭了！时在六月。卡在此用其本义。

二、作地名

（合集 28319）王其田于卡，毕大狐？（图 7）

即商王可能在卡这个地方田猎，能捕猎到大狐狸吗？

（乙 1966）贞：卡受年？（图 8）

即贞人问：卡这个地方会有好年成吗？

图 5

图 6

图 7 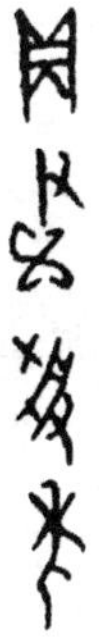　图 8

图 9

图 10

图 11

三、作动词用

（粹 953）射卡鹿，毕。（图 9）

即射这个人设卡捕捉鹿，抓获到了。这里如果将该字释为画字，是没法读通句意的，也没法理解卜辞。

（存 1.50）贞：不其卡？（图 10）

这则卜辞，徐中舒在其主编的《甲骨文字典》中说，字义不明，没法解释。其实，我们确定它为卡字后，就很好理解了。即贞人问：不会进行阻击吗？在此取其引申义，阻止、阻击之意。

（合集 6828）旨征，不其卡？（图 11）

即旨国要进攻了，（我们）不进行阻击吗？

这两则卜辞都有"不其卡？"，如果将字释为画字，即划字，当"筹划"解，也能勉强说得过去，但远没有将该字释为卡字，取其引申义"阻击"来得贴切，与句意融洽。以卡字的含义代入这些卜辞，文句意义自然、明确，没有任何歧义。

将释为卡字，则字就好理解了。这个字是个形声字，发音同，就是一条河流的名称，即为设卡逐鹿的河流。当然字发什么音目前没法确定，因而字具体发什么音也不能得知。

（粹986）叀🔥田亡灾？毕。（图12）

其意为在🔥这条河流边逐鹿无灾？（没有灾祸，并）有所斩获。

（粹935）戊辰卜，在🔥，犬中告麋，王其射，亡灾？毕。（图13）

全文意为戊辰这天占卜，在🔥这条河流边，犬国首领中这个人告诉说有麋鹿群出现。商王大概会去射猎，没有灾祸吗？（没有，并）有所斩获。

图12

图13

第二章 [甲骨文字]为"矔"字

[甲骨文字]字从鹿、从见，《说文》所无。《甲骨文字典》对此字无解，谓意义不明[1]。《新编甲骨文字典》中说，该字意为鹿的一种[2]。这种观点不对，因为该字不是作为名词，而是作为动词用。经过反复思考，笔者认为该字释为"矔"字比较妥当。

我们先从卜辞中找出该字的用法。

（邺1.40.7）丁酉卜，贞：翌日己亥，王其射[甲骨文字]麓？[甲骨文字]麋，其以[甲骨文字]，王弗每。（图14）

[甲骨文字]字不识，地名。[甲骨文字]字从京、从彳、从夂。京，高地、高处，该字的意思是从高地下去。[甲骨文字]是侦察、盯梢（鹿群）。[甲骨文字]麋，即侦察麋鹿群在哪里。每，悔的初字，这里是后悔的意思。全文意思是丁酉这天

图14

---

①《甲骨文字典》卷十第1088页（徐中舒主编，四川辞书出版社2014年出版）。

②《新编甲骨文字典》第622、623页（刘兴隆著，国际文化出版公司2005年出版）。

占卜，贞人问：第二天己亥日，商王大概要到▨地的山脚下射猎鹿群吗？侦察到有麋鹿，但它们已经从高地下去了，商王不后悔（这次田猎搞不成了，因为麋鹿在高处朝山下跑远了）。

（佚995）戊戌卜，贞：在▨，▨告▨鹿，王其从？（图15）

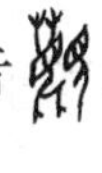

▨字不识，名词，地名或方国名。▨字不识，人名。全句意为戊戌这天占卜，贞人问：在▨地，▨来报告，侦察到有鹿群。商王会接受其建议（去逐鹿）吗？

图15

在前文中，笔者谈到，逐鹿是商代田猎的重要内容之一，方法是三面包抄，留下一个口子让鹿群逃跑，但在这个口子前的狭隘处设置路卡，鹿群冲不过去，只好束手就擒。其实，在逐鹿之前还必须侦察到哪里有鹿群，鹿群是不是在合适的位置。各种条件都具备，方能开展逐鹿行动。因此，先民们就创造出这个特定的字▨，即侦察、盯梢鹿群。这是逐鹿的前置条件和必经步骤，如果没有这一环节，不知道鹿群在哪里，是不是适合捕捉，则逐鹿无从谈起。这就需要事先在远处盯梢，确定鹿群活动的大致范围。盯梢者不能接近，一接近被它们发现，鹿群就远远跑开了。因此，这个▨字就是事先在远处盯梢、侦察

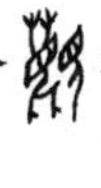

鹿群的意思。这从 字从鹿、从见的组合也能会意出来。

瞩字从字形上讲，与 字接近。在古文字演变中，见字演变成目字是常有的事，其义不改，都是目视之意。瞩字的意思是眺视、远看。《后汉书·马融传》之《广成颂》有"目瞩鼎俎，耳听康衢"。《玉篇》说："视也。"《仓颉篇》说："索视之貌。"都是指目视远处而搜寻之意。该字与现今的觏字互为异构字，其义相同，含义皆为以目光搜寻东西、猎物。这基本等同于 字侦察、盯梢的含义。因此，将 字释为瞩字或觏字是适合的，发音为 lì，其字中的偏旁丽即其音。本来，麗字从鹿、从丽，是指鹿角的对称与平衡体现出的美感，因而有成双成对、配偶之意，还有数目之意。但在觏字里，应将麗字拆开来分析，即鹿与见组合成 字，丽则是用来表音的。也就是说， 字是觏字的初字，觏字是 字进一步演化，后来人们在 字基础上加上一个丽字用来表示其发音为 lì 形成的。这种现象是汉字演化的一种普遍现象，并非特例。

如先秦时期五刑中的"劓刑"，劓字的初字为甲骨文 ，从自，从刀。自，是鼻子的象形；刀，指工具。 字会意为以刀割鼻。后世为了精确定音，加上表音的偏旁"畀"，形成现在的劓字。这与觏字的形成方式相同。

字尽管是从逐鹿这一活动中产生的，但并不只用在逐鹿上，而是推而广之，用在所有田猎活动中。在甲骨文中，除了 [甲骨文] 鹿、[甲骨文] 麋外，还有 [甲骨文] 兕、[甲骨文] 犬等，都是田猎的先行步骤，即侦察、盯梢田猎的对象所在。

如卜辞：

（合集 37468）贞：[甲骨文] 逐辟祝侯麓，[甲骨文] 犬。（图 16）

其中 [甲骨文] 犬就是侦察到野狗的意思。

还有：（屯 3381）……[甲骨文] 遘……（图 17）。即 "……在侦察活动中遭遇到了（野兽）……"

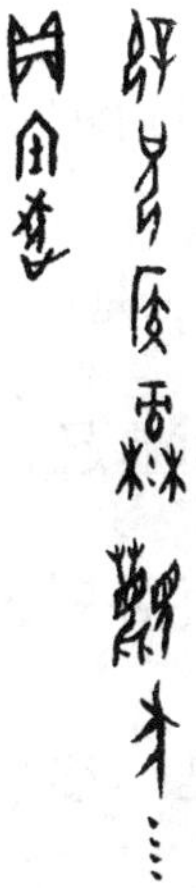

图 17

图 16

第三章 　🦌、🦌均为"逐鹿"含义

"逐鹿"两字，甲骨文有两种写法：一是两个对应的字🦌🦌。二是一个字🦌。🦌字上为鹿，下为止，止为脚，表示在鹿后面追赶，即为逐鹿之意。

有必要说明的是逐🦌字，其上从豕、其下从止，演化到现在就是"逐"字。其实，逐字🦌上面偏旁除了豕外，还可以是兔、鹿等，都是表示追逐野兽的意思，都可以释为逐字。当逐字写成🦌时，便用一个字就概括了"逐鹿"之意。

如卜辞：（拾 6.8）王先狩，乃飨，毕，又逐。（图 18）

即商王先开展狩猎，再和大家一起用餐，之后又开始逐鹿。

🦌①从二生、从🦌、从攴。从二生，表示在草原上；从攴，表示使用通行的捕猎工具；从🦌，表

图 18

────────────────

① 《甲骨文字典》卷三第 340 页（徐中舒主编，四川辞书出版社 2014 年出版）。

12

示捕捉的对象是鹿。这里 ![鹿角字] 象形为鹿角和眼睛，表示鹿的头部，是以鹿的部分特征指代整体。![鹿角字] 在甲骨文中也是一个独立的字，作地名用，这里不再涉及。在 ![薮字] 字里，![鹿角字] 作为偏旁就是指鹿类，![薮字] 字的含义就是指在草原上捕捉鹿类。

（粹955）叀 ![陷字] ![薮字]，获有大鹿，无灾。（图19）

![陷字] 释陷字，指设置的专业陷阱，用来捕捉鹿类。![薮字]，即捕鹿。![薮字] 与 ![薮字] 有细微差别，前者中的偏旁从林，后者中的偏旁从草。一般而言，这样写为林字或草字在甲骨文中没有多少区别，可以看作是同一个字。但要细究的话，前者指在树林里捕鹿，后者指在草原上捕鹿。

这则卜辞意为采用设置陷阱的方法来捕鹿，抓获大鹿，并且没有灾祸。

![薮字] 字有不少变体，除 ![薮字] 字外，还有林字、木字在 ![鹿角字] 字下的，如 ![变体字]、![变体字]，还有写成多个木字的，如 ![变体字]，表示树木之多。这些变体都不改其本质含义，都表示在草原上、森林里捕鹿，但变体之多说明了这个字还没有完全定形，处在过渡时期，各个字形的含义存在细微差别。

该字还与麓字通用，如卜辞：（甲703）叀行南麓，毕有豚。

图19

13

（图 20）

意为这次到南麓（逐鹿），擒获有野猪。

这里 🔣 字等同于 🔣，即麓字。🔣 字能替代麓字，说明这两个字的发音相同，🔣 与 🔣、🔣[1] 这三个字的发音均为 lù，即与麓同音。

图20

🔣 与 🔣 大体相同，所不同的是没草字偏旁，而增加了三个并排的口字。而这三个并排的口字，会意"众人呐喊，声音嘈杂"。这是大规模群体捕鹿的一种方式，通过众人呐喊让鹿群惊惶失措逃窜，继而落入陷阱、卡点或罗网中就擒。

这说明这两个字都是指捕鹿，只是捕鹿的方式、地点不同而已，因而都等同于 🔣 字。

（金 370）……王其 🔣 ……陷，无灾。（图 21）

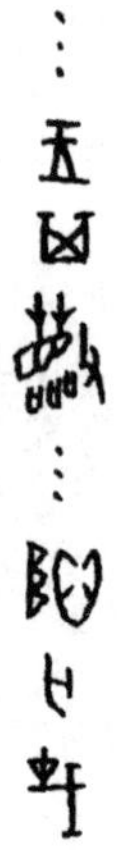

🔣 陷，即陷 🔣，是宾语前置，当时的口语句式。全文意为……商王以设置陷阱的方式来捕捉鹿类，没有灾祸吧。

我们看到，"🔣 🔣" 与 "🔣 🔣" 表达的是同一个意思，从另一个方面说明了 🔣 与 🔣 的相通

图21

---

[1]《甲骨文字典》卷三第 340 页（徐中舒主编，四川辞书出版社 2014 年出版）。

之处，应为当时的固定用法。

综上所述，〔甲骨文〕、〔甲骨文〕与〔甲骨文〕均为逐鹿、捕鹿之意，互为异构，均等同于〔甲骨文〕，只存在细微的差别。这反映了甲骨文字表达"逐鹿"这一行为的多样性，与伐字一样，写法没有定型，呈现出多种多样、丰富多彩的特征。

第四章　〔甲骨文字形〕含义为“陷阱”

〔甲骨文字形〕或〔甲骨文字形〕字从阜、从“贝”，《说文》所未载，《甲骨文字典》谓当地名用，其会意不明，含义不明[1]。其实，该字含义为“陷阱”，释为陷字或阱字皆可。

一些网站认为，陷乃为捕猎而设的陷阱。臽是陷的本字。臽，甲骨文象形为人掉进阱坑里。造字本义：不慎掉进敌人或猎人预设的阱坑。当臽作为单纯字出现后，篆文再加阜另造陷代替臽，表示在山野挖掘的用来伏击敌人或捕捉野兽的阱坑。《说文》：陷，高下也。一曰陊也。从阜，从臽，臽亦声。

上述观点是笼统的，有必要理清“陷”与“阱”的区别与联系以及现在陷字的来源。追根到底，溯本穷源，才能对这个难以辨识的〔甲骨文字形〕字有较为透彻的理解。

关于臽字，甲骨文字体为〔甲骨文字形〕[2]，从人、从凵，会意为人陷入阱坑中。这个字有不同的变体，上部为人字形态还有〔甲骨文字形〕、〔甲骨文字形〕、

---

① 《甲骨文字典》卷十四第 1516、1517 页（徐中舒主编，四川辞书出版社 2014 年出版）。

② 《甲骨文字典》卷七第 794 页（徐中舒主编，四川辞书出版社 2014 年出版）。

人、台、冬等字形，其含义不变，均是指人而不是野兽掉入了坑阱中。

典型卜辞有：（后下 16.11）甲辰，至戊畣人。（图 22）

即甲辰这天，（商王）到戊这个地方去活埋人。

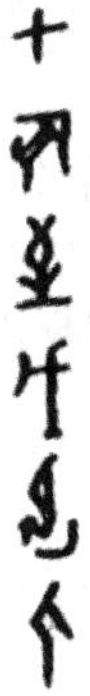

（续 2.16.4）甲辰卜，宾贞：畣 其病畣。（图 23）

畣字不识，人名。畣这里应意译为"恐高症"。该文意为甲辰这天占卜，贞人宾说：畣 这个人大概患了恐高症（或译为：畣 这个人可能患了害怕自己掉落到坑阱中去的病）。这是我国最早记载的"恐高症"。

而阱字，其甲骨文形态为畣、畣、畣等，由鹿加上井或凵组成。造字本义：在山野地面挖设的捕鹿陷坑。一般其上为鹿字，但也有牛、羊、豕的，分别为畣、畣、畣。金文的阱字，由代表山野的阜字、代表陷坑的井字和代表地面的土字构成，强调陷阱设在野外。篆文省去"土"，有的篆文写成上方为穴、下方为井的字形。

《说文》：阱，陷也。从阜，从井，井亦声。这表明阱与陷两字义相近，可以互用。这增添了我们探讨其差别的难处，但很

图 22

图 23

显然，阱与陷是两个不同的字，在甲骨文中它们表达不同的含义：臽（ ），是指人掉入坑阱中；而阱（ ）则是指人们在野外设置陷阱捕捉鹿类，也引申为捕捉各种野兽。两者坑陷的对象不同，这是其主要区别。

甲骨文没有出现目前通用的陷字，即 与 组成的字形，但出现了 字。这个 字究竟是现在的什么字，目前学者无解。这个 字发展到周代时，内涵丰富了，表示设计使人陷入困境，便增加了人字，而其所谓的"贝"字也讹为臼字，变成了 字，最终形成现在的陷字。这就是说，陷字的源头是甲骨文 字，只是在其中加入人字而已。当然其源头也可以看作是臽字 ，只是在其旁边加上阜字 。但其源头绝不是阱字 、 ，而目前一些网站都将 、 当成陷字的源头，是不妥的。正因为陷字起源复杂，既有臽字 的含义，也有阱字 的偏旁，所以陷字与阱字颇难厘清。

关于 字，笔者认为，其中的偏旁"贝"并不是真正的贝字，只是与贝字形态重合而已。实际上，这个 字所象形的是专门捕捉野兽的阱坑，上面铺满了柴草，与地面相似，起隐蔽作用；而下面井中则布满了倒刺，井很深，野兽如鹿、山羊、野猪等，一旦落入其中，必定受伤，即使不受伤也逃不出来。这种阱坑人们不必蹲点死守看护，只需要过一段时间去察看，发现有野兽陷入，便顺着井边的阶梯下去，将猎物取上来即可，这就是 ⊞ 字的含义。这种挖地陷兽的方法，和设卡逐鹿一样，都是捕捉鹿类以及其他野兽的基本方法，捕捉效率高，不需要人蹲守。它基于阱，但是比阱更为先进、高效。

⊞ 与 ⊟ 的不同还在于，⊟ 是临时性的，随意在野兽经过的地方挖个坑，等待被追逐的野兽逃过来陷进去。而 ⊞ 则是专用于捕猎的阱坑，设计精巧，经久耐用，设置在鹿类以及其他野兽必经的地方，只要惊慌失措的野兽失足陷进去就必擒无疑，没有任何逃脱的可能性。因此，⊞ 是 ⊟ 的升级版，体现古人更高的狩猎水平。

这种捕兽方法照样也用来诱捕人。⊞ 字发展到周代，文字改革者便将人字增加进来，成为 阽（也可以说是在 臽 字旁边加上阜 阝，成为 阽），表示不仅是捕捉野兽，也用于捉拿人犯了。阽 字由捕捉野兽引申至诱捕人犯，是古人对 ⊞ 字理解和运用的深化和拓展。因此，⊞ 亦是 阽 的本字，阽 是 ⊞ 的突破和创新。

这样一来，不管说陷 阽 字来源于 ⊞ 还是来源于 臽，都是说得过去的。⊞字现在可以理解为"陷阱"，其在甲骨文中用法有：

一、表示地名

（合集 28904）王其往田于⊞？（图 24）

即商王要到阱这个地方去田猎吗？

（粹 851）其米禾于⊞？（图 25）

即会在阱这个地方祈求禾苗长得好吗？

二、作为动词表示设置陷阱捕捉野兽，包括鹿类

图 25

图 24

（粹 955）叀⊞戠，获有大鹿，无灾。（图 26）

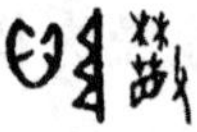

戠是个会意字，上面双木为林字，表示在树林里；右边攴字表示使用的通用工具；左下表示鹿角和鹿眼，以鹿的部分特征代表整体；该字就是指在森林里捕捉鹿类。⊞戠，即采用设置陷阱的办法捕捉森林里的鹿类。⊞戠与设卡逐鹿一样，都是当时

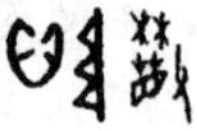

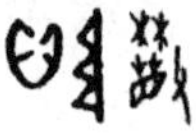

图 26   捕获鹿类的基本手段，只不过一个是在地面下，一个是在地面上。全句意为：这次采用陷阱捕捉森林里的鹿类，抓获到大鹿，没有灾祸。

第五章 ᛉ宜释为"旌"字

ᛉ字从又、从ᚼ，也是一个没有得到识别的字[1]。之所以如此，主要是ᚼ这个偏旁没有得到正确理解，不知为何物。其实，这个符号ᚼ是"旌"字的本字。

今天，旌与旗两字组成"旌旗"一词，表示旗帜的意思。但在古代，特别是在商代，这两个字还是区别很大的。旗字很早就产生了，在甲骨文中，其象形为ᛘ、ᚠ，指在树杆上飘荡着绸带，表示"旗"是树杆上扎着若干条彩绸的标识物。到了金文演变为ᛘ、ᚠ，会意为扎着若干条彩绸的标识物下方有斤（战斧），表示代表军队的标识物。有的金文以"其"代"斤"，表音。

而现代的旌字则出现得很晚，周代篆文ᛘ旌由旗和生（萌发、冒出）组成，指插在旗竿顶端起装饰作用的动物尾巴或羽毛。《说文》：旌，游车载旌，析羽注旄首，所以精进士卒。从放，生声。其意为：在旗帜飘动的战车上插上旌，即剪下漂

---

[1]《甲骨文字典》卷三第 305、306 页（徐中舒主编，四川辞书出版社 2014 年出版）。

亮羽毛插在饰有牦牛尾的旗杆顶端，用以激励士卒锐意进取。

旌字从㫃、从生。㫃即 🐾，从㫃，表明其为旗帜之类；生即 ↓，从生，表明其从生得声，既标其音，也在一定程度上会其意。这是东汉时期许慎在《说文》中所作的解释。

不过，从甲骨文 ↓ 形状看，它并不是生字，而是一个倒立的巾字，演变到周代时，伪讹为生字 ↓。再给它加上㫃字偏旁就变成了旌字 🐾。故而许慎以讹传讹，作出如此解说。但总的说来，也没有偏离太远。

↓ 作为类似战争中旗帜的标志物，由布帛之类做成，故旌从巾而来，发巾 jīn 音，即倒立的巾字也音巾，其音不变，与旌音同。与许慎所说的"生声"相距甚远。旌用牦牛尾巴或飞禽羽毛装饰，其旗面上画有部落图腾、文字、图案等，用以对内表明归属、对外以示区别。商代军队构成不同于现代的军队建制，而是从各个方国、部落中征集而来的，每个方国、部落的队伍集合在一起，行动在自己的旌旗之下，自成一体，与其他方国、部落的军队共同听从商王及其将领的指挥，进行征战。同时，该字 ↓ 也是为区别同一部落或宗族内不同支系的旗号。因此，↓ 这个偏旁就有参与活动、行动，成为其组成成员之义。↓ 与又字组合成 🐾 字，表示手持旌旗，参与进来之意。

𡳣是屮字的动词化，巾由名词转变为动词。如卜辞

（甲3035）……帝屮至。（图27）

帝字从庚、从又。庚本义是一种有耳的乐器，类似于镛，即大钟，比镛小；偏旁为手，表示提起、抓。因此该字就是指铸有提耳的钟。这则卜辞里的帝字应为方国或部落名称。

图27

旌字屮是参与、参加，成为其成员之意。这三个字构成的卜辞"帝巾（旌）至"，其意就是帝国队伍打着旗号到了。

在商王祭祀祖先过程中，由于各配偶有子孙，开枝散叶，形成不同的房头宗族，故而每个宗族房头都有自己的旌旗标识，在参与祭祀过程中就必须按其先妣的地位位次排序。所以这时的旌旗代表各个宗族房头，就有地位高低、先后到达之别。这种情况在下面这则卜辞中体现出来。

（屯南323）壬辰卜，妣辛巾，其延妣癸，更小𡧛。（图28）

𡧛指圈养的羊，用于祭祀。

该卜辞意为壬辰这天占卜，（举行祭祀活动），妣辛属下这一房头持旌参与，他们排在妣癸这一房头之后，只奉献圈养的小羊（祭祀）。

图28

23

这里谈到祭祀时的活动安排，是哪个房头的，祭祀顺序及祭品种类、大小等问题，表明了祭祀规矩和礼仪，祭祀怎样区别对待，比如妣癸一族要比妣辛一族地位高，排位在前，祭品也高。

[图] 释为旌字，还有一个理由，那就是商代这一做法到了西周时期继续为周王室所采用。《周礼·春官·司常》："王建太常……凡祭祀，各建其旍，会同宾客亦如之。"旍，读如旗，其实，旍中有斤字偏旁，是形声兼表意文字，斤表音，亦表示属于军旗，与旌字音同义同，可以看作是互为异体字。

图 29

陕西歧山县 1975 年出土的一件西周时期的卫盉中有"王再旍于丰"（图 29）之铭文，再旍即建旍、举旍，此旍即太常之旍。

综上所述，周代再旍做法源于商代的祭祀中对各宗族房头的组织安排，以各自的旗帜来排列和区分地位高低等。甲骨文中没有发现旍或旗字，而是使用 [图] 字来表达。[图] 字是旌、旍与旗字的源头初字，旌、旍与旗字是对这一标识物各自不同作用的进一步区分细化。应该说，是 [图]（认）与 [图]（巾）两者的组合，再加上 [图]（土）便形成了 [图] 字，表示飘动的布巾由旗杆插在地上，即为旌。而随着时间的推移，[图] 字的 [图] 与 [图] 两个偏旁后来讹变成了生字，便形成了现行的旌字。

第六章 ﹝甲骨文字﹞宜释为"发"字

﹝甲骨文字﹞字在甲骨文中写法不尽相同，有如下形态：﹝甲骨文字﹞、﹝甲骨文字﹞等。它上面从双止，下面从﹝甲骨文﹞，有时还从﹝甲骨文﹞。由于甲骨文﹝甲骨文﹞攴与殳不分、通用，所以有学者认为该字乃癹字（音 bá）[1]。《说文》："癹，以足蹋夷草"。这种说法是不妥的，笔者认为，该字应释为发即發字为宜。

首先，该字的不同写法中，有异体字﹝甲骨文字﹞，这个字还从﹝甲骨文﹞偏旁，说明包含行走之意，这是癹字所不具备的。足蹋夷草，只需要在平地用足踩踏，不需要走路。其次，该字还有一个偏旁﹝甲骨文﹞，即攴，其义为手执木棒，但实际上这个偏旁并不完全是攴，该字不同的写法如﹝甲骨文字﹞、﹝甲骨文字﹞中，所谓"木棒"是弯曲的，更像是"弓箭"。这说明这个偏旁不是固定的、特定的，有时是手执"木棒"，有时是手持"弓箭"，总之是武器和工具。因此，释为癹字不见得妥当，而释为發则比较适宜（發字下面偏旁是弓和殳），所会意的是手持工具或武器（木棒或弓箭等），双足外出行走，表示动身出发之意，即为出发的发字。

---

[1]《甲骨文字典》卷二第 140 页（徐中舒主编，四川辞书出版社 2014 年出版）。

关于发字,《甲骨文合集》中 10405 正甲骨上有 字,从弓、从攴,合集中亦释为发字。它左边弓形表示弓,右边攴为手持箭,二者相组合,像以手拉弓射箭、引弓待发(射击)之义。其相关甲骨文如图:

图 30

该则卜辞位于甲骨右上部,内容从左至右为:癸未卜,殼贞:旬亡祸?王占曰: ,乃兹有祟!六日戊子,子发葬。一月。(图 30)

翻译成现代汉语为癸未这天占卜,贞人殼问:十天之内没有坏事发生吧？商王占卜说：有脱监者！就是这里有鬼魅！第六天戊子日，子发下葬。时在一月。

这个 [字] 字释为发字，是引弓持箭待发，故有射箭之意，特别是弦上有指示符号点，可以看作是与出发的发字重合。尽管同为发字，但在甲骨文中，这是两个完全不同的字：一为发射弓箭；一为出发动身。

这个字发展到周代金文时，演变为 [字] 字，它完全保留了 [字] 字的形态和含义，只是在其左边又加了弓字，因此， [字] 这个字释为發字（即发的繁体字）是确凿无疑的，两者的偏旁一一对应。 [字] 字从其演变的源流来看，印证了 [字] 是 [字] 发字的本字、初字，则 [字] 字不是叕字。

与 [字] 字相关的卜辞有：

（前 5.24.8）……辰卜，其先发。（图 31）

其意为：……辰这天占卜，他们首先出发。

（佚 613）……未卜， [字] 于发。（图 32）

[字] 字不识，应为动词，或说为一种祭祀活动。这里 [字] 字为地名。其意为……未这天占卜，在发这个地方进行 [字] 祭。

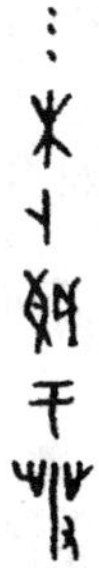

图 31　图 32

第七章 ㄨㄚ 为 "供" 字

ㄨㄚ字从人，从⺕，⺕即左右双手。对于此字，《甲骨文字典》解释说：双手向上，会意为拯救人出困境，是甲骨文丞字⺕的异构。但将ㄨㄚ等同于⺕，就没法解读相关卜辞，对此字典只好无可奈何地说"义不明"[1]。这说明解码ㄨㄚ字的思路不对，没有真正触及创造该字的原意。

关于⺕字，它象两手举起之形，有执奉之意，并不只是拯救、救助的意思。⺕字是共字的初文，共字现在的含义是"一起，共同"，与商代那时的含义相比较有所改变。商代那时⺕是指进奉物品，故而它也是供字的初文。在商代甲骨文中，⺕字对于执奉者一方来说是进贡，而对于接受者一方来说，还有强制征集的含义。

因为商代王室是中央政府，周围及边远之地的不同方国、部落都受其节制和统治，他们之间的关系是中央和地方、命令和服从的关系。王室占卜者在使用这个字时，就体现出商王朝

---

[1]《甲骨文字典》卷三第 241 页（徐中舒主编，四川辞书出版社 2014 年出版）。

的统治权力，是作为"征集"的含义来表述的。

比如有关妇好的卜辞（前 5.12.3）甲申卜，殻贞：乎妇好先 𝕏 人于庞。（图 33）

庞，地名或方国名。卜辞全文意为甲申这天占卜，贞人殻说：（商王）命令妇好首先从庞地征集人员。这里" 𝕏 𝕏 "即是征集人员。𝕏 实际上是强制下属方国、部落供给（物资和人员），即"征集"之意。

在 𝕏 字中，夹在双手之间的"人"字，就是所要征集的对象。这跟笔者在后面文章中释读牦字 𝕏，解码其含义一样。𝕏 字在商王室眼里是指西部工方、雀方进贡牦牛身上的长毛，引申为牦牛。其中间的 ⅄ 字即为进贡的东西——牦牛的长毛。⅄ 字是物品，而 𝕏 字里面的人 ⅄ 是指可以役使的人员，比如武士、役夫之类。因此，根据该字 𝕏 的形态来看，它就是现在的"供"字，即将其中间的人字偏旁移到左边去了，意为"征集、提供人员"，与供字现在的含义略有不同，现在供字是指供给物资或人员等，强制征集的意味不浓。我国文字在演变过程中，将中间的偏旁移到左右两侧屡见不鲜，属于常态。

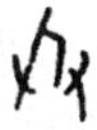

与 𝕏 字相关的卜辞还有（合集 6174）癸巳卜，殻贞：共

图 33

人，乎伐工……（图 34）

𣏾、𠂤两个字其实就是𣏾𠂤字分开写，表达的是同一个意思，而𣏾𠂤字则是将𣏾、𠂤这两个字合为一体罢了。

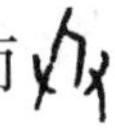

这则卜辞的意思是癸巳这天占卜，贞人殻说：征集人员，命令征伐工国……

再如（乙 6370）己巳卜，殻贞：我其又令聀供用王？（图 35）

聀，人名，商代方国沚国的首领。关于聀字，相关卜辞有（宁 2.5.6）贞：令沚聀归？六月。（图 36）还有卜辞：（丙 29）贞：聀往来，其有祸？（图 37）

用王，即为商王所用，供商王使用。因此，这则卜辞（图 35）全文意为："己巳这天占卜，贞人殻问：我们大概又要命令沚国首领聀（在其国内）征集人员，供商王使用？"

将𣏾𠂤释读为供字，是𣏾、𠂤两个字的合文，对这则卜辞的解读就很自然完美，没有任何障碍了。

图 34

图 35

图 36　图 37

第八章　▨为"牦"字

▨字在甲骨文中出现不多，研究者也不多，至今字典中的解释就是"义不明"[①]。《甲骨文合集》中也是依样画葫芦抄写。由于这个甲骨文字遭到废弃，后来又被别的文字取代，久而久之，竟然无人能识。但它不是天书，是有迹可循的。笔者很有把握地确认▨就是现在的"牦"字。

▨由两个偏旁组成：一是由左右双手组成的"共"字；一是中间的"午"字▨。共即供，午即丝，亦即毛的意思。两者组合起来表意为"供奉丝毛"。对于商代的西部方国来说，他们向商王室供奉的就是牦牛身上生长的长毛，因为那里不出产丝绸。这种供奉的长毛，也代表了那里出产的特殊牛类——牦牛。

牦牛全身有长毛，腿短，适应高寒地区生存，为我国青藏高原地区出产，体格健壮，肌肉发达，浑身是劲，当地人民用来拉犁和驮运货物，肉和乳都可食用，是一种对人来说极为有用的牲畜，可以与马匹媲美。商代武丁时期征服了西部部分方国后，就看中了这种特产，觊觎之情溢于言表，要求这些方国

[①]《甲骨文字典》卷三第 247、248 页（徐中舒主编，四川辞书出版社 2014 年出版）。

进贡。这在卜辞中留下了印记。

（南明160）贞：工方不佳有牦。（图38）

佳即惟的初字，仅仅、只有之意。全句意为贞人说：西部方国工方不仅仅只有牦牛。

（京2134）贞：共雀牦牛？（图39）

共即供的初字，在这里作"征集"解。全句意为："贞人问道：向西部方国雀国征集牦牛吗？"

图39

图38

从以上两则卜辞看出，这是历史上首次记载我国西部高原地区出产这种独特的牦牛。3300多年前的商王朝发动了对西部高原方国雀部落的征战，并成功地迫使其屈服，成为附庸国，强制征用其特产牦牛所生长的长毛。由此可知，商代的版图在武丁中兴时期已经向西推进到青藏高原边缘，甚至抵达青藏高原内陆，这远比现今所估算的商代疆域要广阔得多。同时，以上两则卜辞也确定了工方、雀方的地理方位，这两个经常出现在甲骨文中的方国就在现在西部青藏高原的边缘一带。

商代被周代取代之后，有些字自然遭到废弃。当时一些掌握文字书写的人便另起炉灶，创造出新字来替代。当然也有原

（京2134）卜辞甲骨

来的字确实不太适用的问题，比不上新字更能让人理解和接受。

🐛字就是这样遭到淘汰的。新旧字出现了断层，看不出其中的继承关系，便给我们辨别诸如此类的甲骨文字造成了非同寻常的困难。

西周时期，对于青藏高原出产的这种牛，当时的人以形声表意法创造出"牦"字。该字由两部分构成：一是牛；一是毛。说明其为一种长着长毛的牛。毛既形声，又会意，牦字很快为人们所接受，传播开来。当然后来还有一些学者创造出这两个字犛、犛，也都是指牦牛。如《国语·楚语上》："巴浦之犀犛兕象，其可尽乎？"但由于不及牦字好理解，很快被淘汰。故而牦字取得了优势地位，成为今天的通行字。

关于🐛字，《说文》里面没有收录。刘兴隆所著的《新编甲骨文字典》中对此作出了推测，认为该字中间是午字，午字是杵字的初文，作杵字解，该字象形为双手执"杵"，作击打之状，疑是动词，有侵犯之义[1]。但我们将这种认识放入卜辞里理解，既不符合语法结构，也没法读通句子，更不能理解文意，在卜辞中不能自洽，有机地融入语境，就注定了其解读必然不对。因此，破解甲骨文不能纯粹望文生义，只能实事求是寻找证据。

---

[1]《新编甲骨文字典》第 992 页（刘兴隆著，国际文化出版公司 2005 年出版）。

我们确定了 🐂 为牦字，对甲骨文中另一个字 🐂 就能很好理解了。该字由牦与女两部分构成，应该发牦 máo 音，意为来自饲养牦牛部落的女子，包括而不限于当时的雀方、工方等西部方国。🐂 是商王妃子的名称，嫁与商王为妃，这是西部方国与商朝的联姻，类似汉朝与匈奴和亲，政治意味极浓。这些方国通过与商王建立姻亲关系，达到外交友好、消弥纷争、和睦相处的目的。

第九章 ⿱雨疒 字含义是"伤风""感冒"

⿱雨疒 字不难辨别，其由两部分构成：从雨 ⿱雨 、从病 ⿰疒 。病有时写作 ⿰疒 ，加上了数个小点，表示人卧在床上，大汗淋漓，意谓生病了。对于偏旁 ⿱雨 ，没有看到多少人探讨，故而 ⿱雨疒 字不识，其义不明。有学者将它与病字 ⿰疒 一样来对待，统称为病字[①]，这样殊为不妥。

偏旁 ⿱雨 源于雨字。在甲骨文中，雨字有多种不同的写法，如：雨、⿱一小、⿱冂小、⿱一小、⿱一小、⿱一小、⿱一小、⿱一小、⿱一小。而当时的规范写法就是最后一种 ⿱一小 ，这种写法占了甲骨文写法一半左右。说这种写法为规范写法还可以从其衍生字霖、霎、鄗等看出来，其雨字偏旁均从 ⿱一小 。这说明， ⿱一小 偏旁在造复合字过程中一律被当作雨字来对待，指的就是雨水，而省去了雨字下面的雨点，成为雨字的替代符号，如霾⿰、零⿰、雪⿰、霝⿰等。

我们确定了 ⿱一小 有雨的含义后， ⿱雨疒 字就好理解了。这是个会意字，指的是由于雨水淋湿身体而导致的病症， ⿱一小 表示

[①]《甲骨文字典》卷七第845页（徐中舒主编，四川辞书出版社2014年出版）。

致病原因和条件，字的含义就是指患上伤风、感冒一类病症了。由于古汉语中找不到一个单独的字来概括这一类病症，现代汉语中也没有一个单独的字与之对应，故只能释为"伤风""感冒""风寒"。笔者认为，这是我国最早记载伤风感冒类病症，并单独创造出一个字来表达、命名的实例，可以说明我国医学对伤风感冒这一普通病症的正确认识历史久远。

字的真正含义准确释出后，相关的卜辞解读就迎刃而解了。

（7T16）贞：王兆其。（图40）

意即贞人说：商王预测他要患上伤风感冒病。

（铁168.1）……子不葬。（图41）

子，人名，商代王室职官或王室子弟。其意为……子（死了），不能埋葬（在祖宗墓地）。

综上所述，字并不是与病字等同的，尽管它们有内在联系，都是指病。但一个是指具体的病，即伤风、感冒、风寒；另一个则是指一般的病，不能将两者混为一谈。

至于字的发音，笔者目前没法确定，或许与雨字相同，发 yǔ 音。

第十章　🔥 可释为"焚"或"燎"

🔥字从火、从木，火在木上，《说文》未载。《甲骨文字典》怀疑该字为热🔥字的异体字，可释为热字[1]。刘兴隆认为，火字在上在下，在卜辞中并无区别，疑与燎字🔥同[2]。笔者认为，该字🔥释为焚字、燎字皆可，唯独不能释为热字。

首先，🔥在甲骨文中是放火烧山的意思，间或有祭祀含义。如卜辞（库1107）癸未卜：🔥十山？（图42）

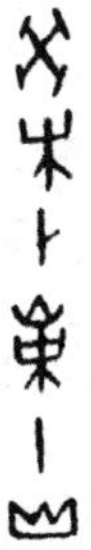

即癸未这天占卜：要烧十座山吗？

（合集34205）癸未，🔥好山？雨。（图43）

好山，地名。

即在癸未这天，准备烧好山吗？要下雨（烧不成了）。

图42

图43

---

① 《甲骨文字典》卷六第655页（徐中舒主编，四川辞书出版社2014年出版）。

② 《新编甲骨文字典》第640页（刘兴隆著，国际文化出版公司2005年出版）。

图 45

图 44

说其含有祭祀意义，是在以下两则卜辞里。

（人 3221）乙丑卜：丙寅 ⽊⽊ ……岳……

⽊，雨。（图 44）

⽊⽊，祈求。

即乙丑这天占卜：丙寅日祈求……山神……（而）烧山，却下雨（烧不成了）。

（合集 34205）⽊岳。（图 45）

岳，高山，这里指山神。即以烧山方式祭祀山神。

这说明，该字用于祭祀时，确有燎祭含义，其义与 ⽊ 燎同。

在甲骨文中，燎字 ⽊ 基本上是作为一种祭祀来使用的，其字体象形为人工堆柴而烧，而不是放火烧山。其文字下面为火，上面架木头，还有火星标出。而 ⽊ 字仅仅是没有火星而已。所以，⽊ 和 ⽊ 在一定程度上是意义相同的。

至于说 ⽊ 字是热字 ⽊ 的异构，则有所不妥。⽊ 字前已说过，主要是放火烧山，当然会产生热量和光芒，但那是大面积的，不以照明、发热为目的、为特征。而 ⽊ 字很明显地象形为手执火把，起到照明或驱寒作用。一个是大面积烧山，一个是

点着火把，火的规模与用途完全不一样。所以两者不能等同，也不能说是互为异构，在卜辞中不能相互替代，否则会破坏语境。

而将 🔥 释为焚字，从其字体来说，大致相近。焚字有三种形态：🔥 从林、从火，这是最主要的；🔥 从林、从单手持火把或火炬；🔥 从林、从双手持火把或火炬。这三种写法均会意焚烧。

如卜辞（乙 6738）翌戊子，焚于西。（图 46）

即第二天戊子日，在西边焚烧。

（屯南 722）今日卜：王其田渊西，其焚无灾？（图 47）

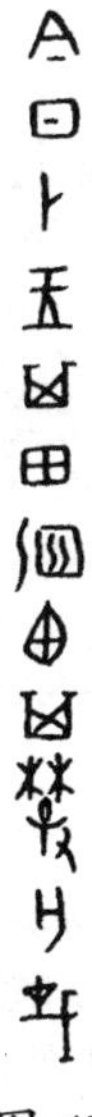

即今日占卜：商王大概到渊地的西边田猎，到时会放火焚烧，没有灾祸吧？

（屯 4463）……焚 🔥，毕又兕。（图 48）

🔥 字不识，地名。又，通有。全文意即……焚烧 🔥 地，擒获有犀牛。

从以上卜辞可以看出，焚字 🔥 也是放火烧，主要是作为一种田猎方式，通过焚烧迫使林地野兽逃出来，加以擒获，这

图 46

图 48

图 47

和设置陷阱捕获野兽一样。🔥与🔥均为放火烧山，含义相近，只不过🔥字没有捕获野兽的目的，而带有祭祀的目的和性质。

再从其字形来看，🔥字从火、从一木，而🔥字是从二木、从火。甲骨文中，偏旁在上、在下没有多大差别。其次，从一木与从二木意义是相同的，这是甲骨文的通例。如柏字，从一木🔥与从二木🔥都是柏字，含义没有任何区别。🔥字加一木即成了焚字🔥，不加一木也照样是焚字。

综上所述，🔥字是释焚字还是释燎字，主要看其在卜辞中的语境。当其取祭祀含义使用时，与🔥燎字等同；当其取烧山含义时，与焚字等同。无论如何，🔥与🔥是完全不同的两个字，表达的意义是根本沾不上边的，这是我们要注意的地方。

第十一章　[字]宜释为"产"字

[字]字从女、从[符号]，《甲骨文字典》认为该字系育[字]字之形伪，疑即生育之本义①。对此，笔者不敢苟同，认为[字]字虽与生育有关，但宜释为"产"字，与育字区分开来。

首先，该字与育[字]字不同。虽然它们两个都从女字偏旁，但一个从[符号]；一个从倒子字，即[符号]。其次，育字还具有不同的形态，如其偏旁部首可以不从女字而从人字，比如[符号]；另一偏旁倒子字也可以是正子字，比如[符号]。而[字]字只有一种写法，除了镜像的不同，比如写成[符号]。

育字[字]有不同的变体，我们能很好理解，其本质含义就是大人带小孩、养育小孩，所以大人不论男女，可以有女字，也可以有人字作偏旁。其另一偏旁子字既可以倒写，表示出生；也可以顺写，表示小孩站立。总之，小孩跟在大人后面，在大人保护之下成长。

---

① 《甲骨文字典》卷十二第 1348 页（徐中舒主编，四川辞书出版社 2014 年出版）。

那么，我们怎样来理解这个 ![字] 字呢？首先，其偏旁 ![笔] 笔者认为是对小孩刚出生被包裹起来的象形，其形象实质上是襁褓，出生的婴儿裹在其中，由一根带子与母亲连着，放在母亲旁边受照顾。因此，这个字宜释为产字，表示小孩已经顺利生产，来到了世上，正和母亲在一起。

现在的产字最早产生于东周时期，其金文、战国文字、篆文分别为 ![金]、![篆]、![产]。金文产字是由彦字省作声符，生（草木萌发）字作义符组合而成。《说文》："产，生也。从生，彦省声。"关于偏旁彦，学者刘钊认为，其从文、从厂，是个发厂音的形声字。产字的繁体字为產，有可能是在彦字上累加生声而成，最初可能就是彦的繁体，后从彦字中分化出来。最早可能是个双声字，读音与彦字相近，后又读生的音。

由此看来，产字是个形声兼表意的文字。哀成叔鼎有"郑邦之产"句，表示出产。秦简有畜产、产子语。这些用法说明该字有生产、出产、产子等含义。因此，甲骨文 ![字] 字是与后来形成的产字的产子含义契合的。

![字] 字与甲骨文冥 ![娩]，即娩字的区别在于，娩 ![娩] 强调的是孕妇产子的过程，即分娩。由于当时医疗技术落后，分娩过程险象环生，对小孩和母亲而言都是一场生死考验，所以商王对其妃子分娩特别留意担心，特地占卜寻问吉凶。而 ![字] 字则强调孕妇生产的结果，即已经顺利出生，婴儿已经面世，就在母亲

身边。那对于小孩和母亲来说当然是渡过了一劫，母子平安，情况又不一样了。故而 🔺 是分娩的结果，比娩 🔺 要更进一步，表明婴儿脱离母体，已经渡过了分娩危险期。

🔺 字与 🔺 字的区别是：前者强调婴儿出生，已经降临世上，还处于襁褓之中；后者强调小孩养育，即养儿育女之意。

有必要指出的是，在甲骨文中育字 🔺 并不是以养育小孩的自身含义来使用的。当时育字 🔺 主要表示两重含义：一是对先王、先公的泛称、总称，祭祀先祖时不一一说出，而称"多育"，即各位先王或先公；二是在已故先王名字相同的情况下，加育字在前，以表示后一位先王，即最近的一位先王。因为孩子总在大人、先辈后面，故育字可以引申出后的含义。比如，商王有叫祖乙、小乙的，那么后来的商王在祭祀先王时，小乙就叫育祖乙，小乙之前的先王祖乙就叫高祖乙。

在生育方面，甲骨文还有一个相关的字：乳 🔺。它从 🔺、从 🔺，前者象形为母亲双手拥抱；后者象形为婴儿嘴巴张开，朝着母亲的乳房吃奶。🔺 字就是指婴儿在母亲怀里吃奶，是个十分形象的会意字，其含义与后来的乳字相同，故释为乳字。这说明，甲骨文子字作为象形字，在这些复合偏旁构成的三个字中其刻画是不一样的，分别是 🔺、🔺、🔺，它们代表了婴儿期的不同阶段：前者是在襁褓之中，没有显形，是刚生下来

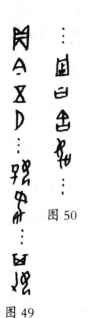

图 50

图 49

的时候；中间则是显出两手，头上则突出其口，表示向乳房吮吸奶水；而后者则是长成大脑袋，双手两边分开，站立着，表示可以自由活动了，当然还得由大人照料、看护。这就是产、乳、育三个字中刻画小孩成长的不同阶段。

我们来理解  字的相关卜辞：

（粹 1233）贞：今五月……好产……其婹。（图 49）

即贞人说：现今五月……商王配偶（妇）好产下来了……生了个男孩。

（续 3.36.7）……占曰：吉。产……（图 50）

即"……占卜说：吉利。孩子生产下来了……"

以上卜辞中的  字均作动词使用，如果笼统地将其确定为生育之义，尽管大体上不错，但具体到卜辞中意义是不流畅的，而释为产字则是名副其实，卜辞文意流畅、自然，可谓正确之解读。

而这个 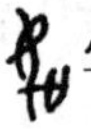 字之所以被遗弃，主要是由于商代灭亡。但还是需要一个字形表达出生、产子这一含义，于是在东周时，人们便创造了这个形声兼会意的  字。尽管这两个字创造的思路不同，用在小孩出生上表达的含义是一样的。从现在对产字的用法来看，  字含义包括小孩出生，但不限于此，还包括出产、动物产子等含义。

第十二章 🔲、🔲均可释为"帛制品"

🔲字写法有细微的差别，如🔲、🔲、🔲等。它从攴、从🔲，其义不明，有学者认为是祭名①。

对于其偏旁🔲，学者一般认为是因字，竹席的意思②。🔲字在甲骨文中不仅作偏旁，还单独使用。有时是当作因字用，即竹席，但不限于此。从其形状来说，它应该是指睡觉的垫被、起居用的垫子之类。比如宿字，有这些不同的写法：🔲、🔲、🔲。分别象形为居家生活跽跪在上面，人们就着它睡眠、休憩，或在屋里垫着它睡觉。由于商代做垫子、被子的材料主要是丝帛之类，故🔲可认为是帛制品。如果我们将🔲字一律当成因字理解，只当作是竹席，那就走进了死胡同，会在破解这个字及相关字时碰壁。

---

① 《甲骨文字典》卷三第 342、343 页（徐中舒主编，四川辞书出版社 2014 年出版）。

② 《甲骨文字典》卷三第 213 页（徐中舒主编，四川辞书出版社 2014 年出版）。

○当帛制品讲，我们可以举出 ○ 即"贽"字印证。在甲骨文中，○ 是 ○，从 ○，从 ○。○象制成品一匹帛之形，○象双手捧之，以为献神之祭或聘飨贽见之礼。这个 ○字中的 ○，即为帛制品，在周代以后转化为巾字，后又再转化为贝字，即成为现行的贽字，都是指珍贵之物，当作礼品。贽字之意是指为友好、亲善、结交而致送礼品，即"玉帛之往来"。如果我们将 ○字理解为竹席，在正式场合致送的是这种平常的物品，显然是说不通的。因此，将 ○字一律解释为因字不妥，没有考虑到甲骨文字符号表达含义的丰富多样性。

以此来解释 ○字，攴是指工具，○指帛制品，攴意在突出加工的过程；○意在突出加工后的成品。那 ○这个字就是指使用工具加工帛匹的制成品或帛丝之类的半成品，是指商代手工业生产丝绸、布匹等纺织品的行为。

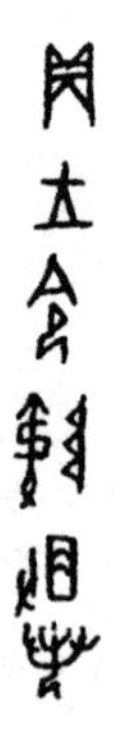

卜辞有：（乙7367）贞：王令 ○ ○，若？（图51）

○字不识，人名，疑为当时负责军工生产、武器制造的官员。若，即诺，顺利之意。全文意为贞人问：商王命令 ○负责加工制造帛制品，进展得顺利吗？

图51

（合集 2819）戉其 [字]，燎于西方，东飨。（图 52）

图 52

全句意为守护好那些丝绸制品，去西边举行燎祭，在东边举行宴会。卜辞之所以这样说，是因为燎祭时，放火烧山，容易发生火灾，火苗可能蹿来将珍贵的丝绸制品烧掉，故贞人特别留心于此，提请守护卫士警觉，加强防护。

甲骨文中还有一个与之极为相似的字 [字]，其偏旁为 [字]，与 [字] 极为相近①。笔者认为，[字] 是指制帛的丝线，即生丝，它还可以用来作为箭的矰缴，因而也是军工武器生产的原材料。这个偏旁还简化成"日"字，象形为成捆的丝线。因而这个 [字] 字是指利用原丝加工成矰缴的意思。它有不同的形态，如 [字]、[字]。这样理解，我们就能顺畅地解读以下卜辞了。

（乙 811）丁卯卜，㱿贞：我师亡 [字][字]。（图 53）

亡即无。[字] 即箭身缠有矰缴的箭，可以在箭发射出去后循着矰缴收回，重复利用。[字][字] 就是用

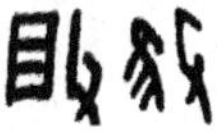

图 53

①《甲骨文字典》卷三第 344 页（徐中舒主编，四川辞书出版社 2014 年出版）。

生丝做成的缯箭。全文意为丁卯这天占卜，贞人殼说：我们的军队没有用帛丝做成的缯箭。

　　综上所述，𦥑与𦥑我们可以看成是同一个字，尽管它们有着细微的差别：一个是帛的制成品帛布，可以做成衣服等，也可以作为赠送的珍贵礼品；另一个是帛的半成品生丝，可以继续纺织成帛布，也可以加工成缯箭生产的配套材料缯缴。它们可以概括为"丝制品"。

第十三章 ₹宜释为"已"字

甲骨文有一则卜辞（林2.26.7）乙未卜，₹贞：旧₹有驶，其利不烈。（图54）

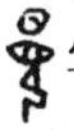

₹字不识，占卜者名。驶，公事用马。

卜辞意为乙未这天占卜，贞人₹说：旧地₹有了办公用马，它的好处不大。

还有一则卜辞（后下18.8）乙未卜，₹贞：…子入驶，土₹……利……（图55）

其意为乙未这天占卜，贞人₹说：……子国进献了办公用马，对土地神社₹……有好处……

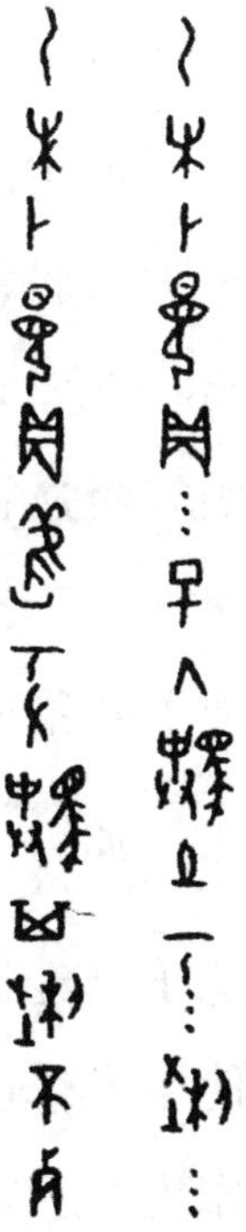

₹字从乙、从指示符号一。对于该字，徐中舒主编的《甲骨文字典》中说，该字可能是匹字的初文。因为金文"匹（₹）"字其中含有"乙"，又都与马相关。但他还是不确定，最后以其意会不明定为不识字[1]。

图54　图55

---

[1]《甲骨文字典》卷十四第1539、1540页（徐中舒主编，四川辞书出版社2014年出版）。

其实，这个字与匹字没有任何关系，应该是一个假借字，假借乙字而来，作"已"字，表示"已经"的意思。为了与正常的乙字相区别，在其上加了一横，作为指事符号，以示区别。"乙"与"已"发音相同，属于同音假借。

乙字的本义，有很多学者作过探讨和解释。郭沫若说其象形为鱼肠；吴其昌谓其象形为刀形；唐兰说其象形为玄鸟之所出；李孝定谓其实为一字。《说文》云："乙象草木冤曲而出，阴气尚强，其出乙乙也，与一同意，乙承甲，象人头。"这些说法都无确据，还是《象形字典》网站解释得在理，乙就是一条绳子的象形，即绳子的形象。

那 ⌇ 字在乙字上加一横是什么意思呢？笔者推测，这是指绳子已经搓成了，可以停工了，不用继续再搓了，绳子也可以使用了，这也就是"已"字的本义。当然，它还有另一层含义，作为指示符号表示假借乙字，该字发乙音。对于"已"字解释，《广韵·止韵》："已，止也。"《广雅·释诂三》："已，成也。"《玉篇·已部》："已，毕也。"三者都将"已"解释为完成、停止的意思。

我们将 ⌇ 字当"已"字解，放进卜辞里理解其意义是适合的，能流利地读通文意。"旧 ⌇ 有驶，其利不烈"就是说"旧这个地方已经有了办公用马，它的好处不大"。"子人驶，土 ⌇ 利"就是说"子国进献了办公用马，对土地神社已有好处"。⌇ 字作"已"字解，在这两则卜辞中作副词，表示动作已完成，文从字顺，相容自洽，没有任何别扭、冲突之处。

其次，从这两则卜辞的语法来分析，⟍字都处在主语谓语之间，"旧⟍有驶""土⟍利"，其必然是副词用来修饰动词"有"和形容词"利"的，对实词"有"和"利"起补充、精确说明等作用，充当状语。从语法角度来推断，这个⟍字解读为"已"字最合适。⟍作为虚词没有实在意义，不能单独成句，依附于实词，起到语气或补充说明等作用，有语法意义和功能。在甲骨文中，虚词还有更、于、隹、其等，当然也应包括这个已⟍字。

从甲骨文来看，将乙字假借为已字应该处于假借用法的初始和过渡阶段，因为在有些卜辞中就是直接假借过来的，不加指示符号。如卜辞（京2243）今乙专雨。（图56）

乙者，已也。专是转的本字，转由专字衍生、分化而来。这则卜辞意为今天已经（由天晴）转变为下雨了。

（邺3.42.3）戊申贞：王乙步于▣。（图57）

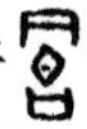

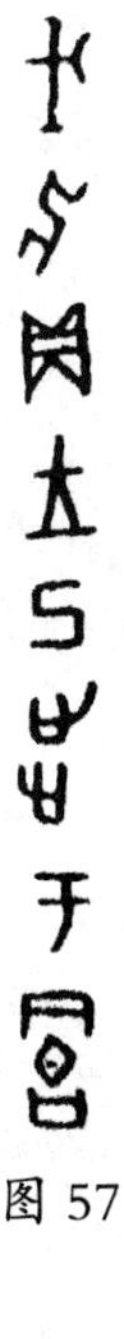

这里，乙字同样假借为已字，也没有带指示符号。▣字不识，地名。全句意为戊申这天占卜，贞人说：商王已经从▣这个地方走出来了。

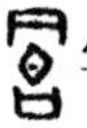

图56

图57

　　从甲骨文卜辞来看，"已"字是由"乙"字同音假借而来，已字字形发轫于乙字，后来其写法逐渐区分开来，最后成为两个不同的字。论其渊源，乙是源，已是流，已在乙字的基础上开枝散叶，各自分野，并逐渐具有了不同的含义。

第十四章 〔甲骨文〕宜释为"尹"字

〔甲骨文〕字从行、从〔甲骨文〕。《甲骨文字典》认为该字意会不明，在卜辞中疑作为地名①。

要弄清这个字的含义，必须对其偏旁〔甲骨文〕作出正确的解释，才能拨云见日。

偏旁〔甲骨文〕在甲骨文中并不罕见，比如在朕字〔甲骨文〕中出现，这有助于我们分析。朕〔甲骨文〕从舟、从〔甲骨文〕。〔甲骨文〕象两手奉器治舟之形。对这个字，戴震说："舟之缝理曰朕，故札绩之缝亦谓之朕。"那么这个字的本义就是维修舟船裂开的缝隙，引申为处理好事情，特别着眼于防微杜渐，不要因为小事坏了大事。〔甲骨文〕这个字在商代时就作为商王自己的代称，所以《说文》说："朕，我也。"〔甲骨文〕字按字形为"舟关"，《玉篇》中说"舟关"同朕。也就是说这两个字实为同一个字，互为异体字。那么我们知道，〔甲骨文〕这个偏旁用在政务上就是"治理""政治"之意。

---

① 《甲骨文字典》卷二第 186、187 页（徐中舒主编，四川辞书出版社 2014 年出版）。

其实，这个偏旁 〤〡 也是尹字的异体字。尹，其甲骨文字形为 〤、〡 等，象形为手持杖。《说文》中说："尹，治也。"这也说明该字从手握杖，喻指掌管事物者也。杖，或解释为权杖。该字含义进而拓展为手握权力，处理政务，因而演变成"治理"之义。在甲骨文字中，一手握东西，与双手握东西，体现出的意义经常是相同的。也就是说甲骨文中同一个字，有异体字出现。特别是像尹这一类字，一手握与双手握，两者意义是一样的。尹字一般的写法是 〡，表示一手握杖，但这样的写法 〤〡，双手持杖，同样是表达任事、掌权、治理之义。因此，尹字在甲骨文中，多指大臣、职官，特别是指在王室、中央政府中任职的官吏。

那么，有些官员要派遣到外地、方国、部落中去担任官职，代表王室行使地方管辖权力，该怎样表示这种情形呢？〢 字便应运而生，即在 〤〡 字上加"行"字偏旁。行，在此意为派遣到外地去公干。〢 字形象地表达了中央政府派遣官员到外地去行使治理职权，是尹 〡 字含义的拓展和延伸，因而同样可释为尹字，或者说是尹字的异构字。

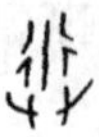

我们看两则简短的卜辞：

图 58

（宁 1.596）令曾尹于㠯。（图 58）

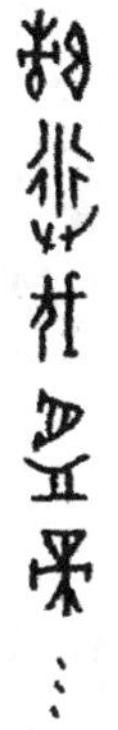

即商王命令畠这名官员到乌地去进行治理。

（佚 935）次尹，伐虘，帝……（图 59）

虘，方国名。帝即禘，一种祭祀。全文意为让尹驻扎下来治理，讨伐虘国，进行禘祭……

关于这个 ⿰ 字，刘兴隆在其《新编甲骨文字典》中怀疑为"送"字[1]。

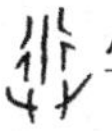

其逻辑大概是行字偏旁相当于现在的走字偏旁；而 ⿰ 则像朕字 ⿰ 中的偏旁一样简化成"关"字，于是这两个偏旁组合便成了"送"字。这种想当然的解读是不可取的，首要的一点就是在卜辞中验证不了，这样解读没法与其语境相融洽，解释不了卜辞文意，故其将 ⿰ 释为"送"字不妥。

图 59

---

[1]《新编甲骨文字典》第 105 页（刘兴隆著，国际文化出版公司 2005 年出版）。

第十五章 ⊕ 即 "舀" 字

　　"舀"是插、锸的初字，"舀"字的源头是什么字，历史上就没有人说清楚过。《说文》说："插，刺肉也。从手，从舀。"对于舀字，其解释说："春去麦皮也，从臼、干，所以舀之。"舀，篆文由象杵棒之形的"午"字和石臼之形组成，造字本义为，用杵棒在装满谷物的臼里春捣，使谷物在摩擦中脱去皮壳。《说文》作者许慎基本上把舀字当成了春字来看待，造成了混淆。若是这样，则舀与春是同一个字了。

　　幸亏比《说文》早一千多年的甲骨文在近代发现，我们能从中发现舀与春并非同一个字，而且区别很大，可以订正《说文》的错误。

　　相关卜辞（宁2.52）辛亥卜，殻贞：乎 舀卡，不袋，六月。（图60）

　　这则卜辞在前面文章中笔者已经释读，其中的  字应释为"卡"字，而不是通常认为的"画"字。

在研究这则卜辞的过程中笔者也对其中的 ⊕ 字作了认定，确定为舀字。舀是当时的一种挖土工具，和现在使用的锹、铲形状基本一样，只不过不是用铁做成的罢了。按当时的条件，最有可能是由木、石或青铜

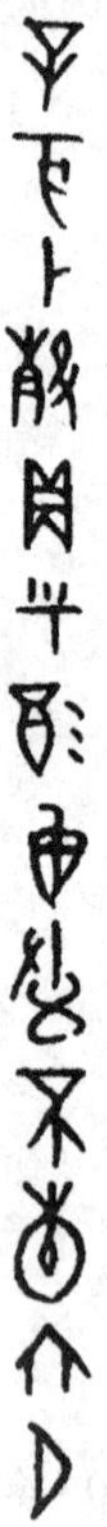

图60

56

等材料做成的，形状大概如右图，只是该形状不完整，缺失了木头把手、把杆以及嵌入锹铲的楔子。因此，🖊是个写实的象形字。

这则卜辞中，🖊字意义未有定论，本为一种普遍行之的祭祀，在此为人名。袋字🖊为假借字，假借为待、等待之意。

全文意为辛亥这天占卜，贞人殼说：（商王）要求🖊（派人）去用畣（挖坑，树立木桩）设置卡口，时间不能再拖延了，时在六月。

🖊字在甲骨文中有不同的写法，如🖊、🖊。笔者认为，这些均为畣字，是畣字的变体，而在其边上加手字偏旁，左手或右手，或左右手，是将名词动词化，表示使用这一工具的动作。不加这样的偏旁也一样能作为动词使用，只是加了偏旁动作更为明确而已。《甲骨文字典》谓该字结构不清、意义不明[1]。

再看一则卜辞（甲1351）壬子卜，贞：🖊以羌畣于丁用，六月。（图61）

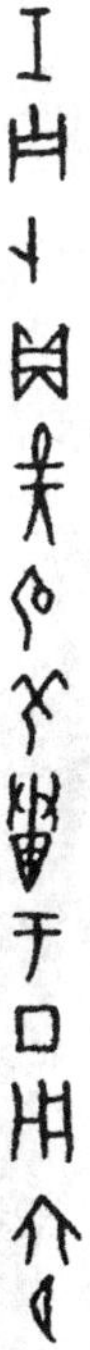

图61

---

[1]《甲骨文字典》卷六第674、673页，卷三第247页（徐中舒主编，四川辞书出版社2014年出版）。

字不识，人名，为商王室官员。以，动词，带领、召集、叫来的意思。按现在的文法，其语句应该这样表述：以羌用舀于丁。全文意为壬子这天占卜，贞人说：召集羌奴来干活，在丁这个地方用舀挖坑（设卡），时在六月。

　　从这两则卜辞我们看到，设卡捕鹿是当时一种重要的猎狩活动，而设卡捕鹿的基础性工作就是要提前用舀挖坑，树立木桩，这项苦工由抓获来的战俘羌人完成。时间正好在农历六月夏天，这时正是鹿群食物充足、生长迅速、膘肥体壮的时候，也是天气晴朗、适于围猎逐鹿的时节。

　　在甲骨文中，春字是这样的，如图，它的字形象一双手拿着杵棒放入杵臼之形，表示双手持杵在臼中捣插。造字本义为，双手持杵，捣搓臼中的谷物，使之脱皮去壳。

图 62

　　很显然，或其异体字与字相去甚远。其下面偏旁一个是大体呈三角形的铲子，而另一个是臼，所要表达的含义迥然不同。

　　另有一个字《甲骨文字典》中没有收录，却值得探讨。这就是字。

　　左侧甲骨上的卜辞为：癸巳卜，王其令五族戍，伐，灾？（图 62）

　　《甲骨文合集》将   这个字释

为畐字。很显然，它的形状与 📛

字大不相同，很难让人信服。 █

字在这里作地名。全文意为癸巳这

天占卜，商王可能要命令五族将领

（率领队伍）防守 █ 这个地方，（以

后）征伐这个方国，会有灾祸吗？

图 63（合集 6063 反）

　　在右侧含有 █ 字的这片甲骨中，《甲骨文合集》将其卜辞

（图 63）释为：

　　　……自 📛 长友唐，舌方 🔣，（戋）

畐示易……戊申亦坐来自西，告牛家。

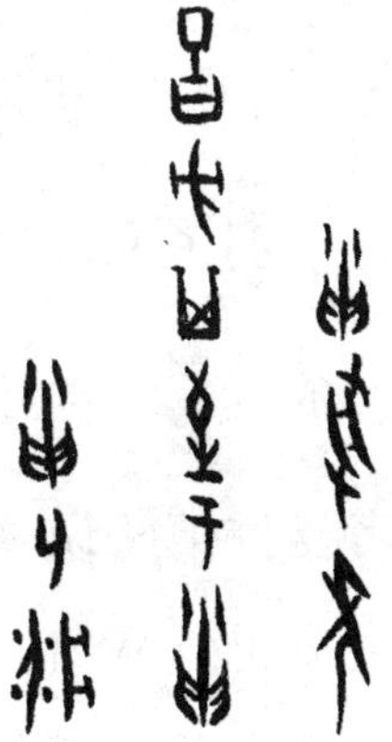

　　█ 这个字在甲骨文中还是比较常见

的，其用处在三个方面。

　　一是当人名。如（英 1126）█ 亡病。

（图 64）即 "█ 这个人没有患病"。

图 64　图 65　图 66

　　二是当地名或国名。如（合集 6132）工方其至于 █。（图

65）即 "工国（军队）大概已经到达了 █ 地"。再如（合集

9791）█ 受年？（图 66）即 "█ 地会有好收成吗？"

59

三是作为动词，有攻击、讨伐之义。如（屯
2328）王其令右旅与左旅▮见方？（图67）意为商王
有可能会命令右军与左军一起去▮（不断攻击）见这
个方国吗？

春字在甲骨文卜辞中的含义还没有完全破译，但
学者们一致表示，春字作为动词来讲时，是包含有
征伐这一含义的。这与▮字作为动词所表达的含义相
同，或许▮字就是春字▮的异体字。从形态上讲，这
两个字的下部分臼字偏旁是相同的，其上部分偏旁八
字难道就是偏旁▮的简写？目前还不敢肯定，需要进
一步探讨。

图67

▮字或许可以释为春字，但不管怎样，是断然不能释为舂
字的。▮字在《甲骨文合集》中仍然释为舂字，估计是有关学
者受许慎《说文》影响很深所致，囿于许慎解说舂字乃"舂去
麦皮也，从臼、干，所以舂之"这种错误解释。实际上，从甲
骨文来看，舂与春毫不相干，它是一种农具，用来挖坑、挖土
而已，而春则是将臼和杵结合在一起来捣碎、加工粮食的手工
器具，作为动词使用时，取其引申义"反复攻击""消磨敌手"。
只不过舂字后来演变成千与臼的组合形态，与春字形态非常接
近，学者在归纳偏旁的时候，把舂与春联系在一起，归为一类，
造成了讹传和误解。

第十六章　🐾 含义为 "脱监（者）"

🐾 字至今无解，过去有学者将其释为往字，不对。徐中舒指出，该字下半部分与往字下半部分不同：一个是幸字的一半；一个是王字。王为音符，其与上半部分 "止" 字一起构成往字，往是形声字；而该字 🐾 是会意字，幸是古代的刑具，该字取其一半，故有逃亡之义 [1]。他的这一观点至为正确，为我们理解该字提供了重要指引。

幸，甲骨文为 ⚷、⚷、⚷、⚷ 等，象形为拷住双手的一种古老刑具，或称为木械、木枷、桎梏，其特点是由两个部分组成，呈对称形态，使用时用这两部分将双手挟住，合为一体，刑徒双手被拷进木枷里，失去了双手活动的自由。这种刑具如果只剩下一半，则表明被打开，失去了限制双手自由活动的功能，也表明刑徒脱离了监管。在该字中，下面符号 ⚷ 就是象形为拷住双手的刑具 "幸" 只剩下一半，引申为刑徒失去了监管、控制；上面 ✔ 止字则是表明刑徒逃跑、奔走的意思。

因此，这个字的两个偏旁组合起来就是指刑徒手上套戴的

---

[1]《甲骨文字典》卷十三第 1458、1459 页（徐中舒主编，四川辞书出版社 2014 年出版）。

枷锁打开，失去监管而逃脱、逃亡。由于现代汉语中还没有一个确切的字与之对应，只能将该字释为"脱监"或"脱监者"。它与逃亡犯还不一样，逃亡犯是一种笼统的说法，既包括作案后为避免处刑而逃亡者，也包括被处刑后难以忍受惩罚而逃亡者，而后者 🜨 就是指"脱监者"，即在服刑监管过程中脱监的逃亡者。

《明律·刑律十·捕亡》："凡犯罪被囚禁而脱监，及解脱自带枷锁越狱在逃者，各于本罪上加二等。"又司法解释说："从门出者谓之脱监，逾垣出者谓之越狱。" 🜨 字即指带枷锁而脱逃者。因此，将其释为脱监（者）是恰如其分的。如果将其释为意义相近的逃跑、逃脱、逃亡等，那还不确切，范围太宽泛了，没有脱监（者）这个词贴切，脱监（者）一词的内涵、外延与 🜨 字基本一致。

图 68

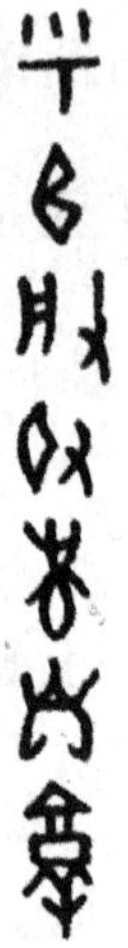

以脱监（者）来解读 🜨 字，相关卜辞都能得到圆满解读。

（前 4.50.8）贞：🜨 羌不其得？（图 68）

全句意为贞人问：脱监的羌人没有被抓获吗？

（存 1.186）乎师盘取 🜨 自敦。（图 69）

盘是人名，师盘是名叫盘的军事长官。这

图 69

则卜辞的意思是（商王）命令军事长官师盘将

脱监犯从敦这个地方押解回来。

（粹1169）壬午卜，宾贞：〔字〕不惧，幸多臣〔字〕羌。（图70）

〔字〕字不识，人名。幸，限制双手活动的刑具。全文翻译成现代汉语是壬午这天占卜，贞人宾说：〔字〕并不怕事，扣留了脱离我方官员多臣监管的羌奴。

（粹262）乙酉卜，宾贞：州臣有〔字〕，自〔字〕得？（图71）

〔字〕，这里作脱监者解。〔字〕字不识，地名或人名。全句意为乙酉这天占卜，贞人宾问：州臣家里藏有脱监者，是从〔字〕那里抓获的？

（续1.29.1）甲午卜，共贞：〔字〕弖〔字〕，得。（图72）

弖，这里是取悦、结交之意。〔字〕字不识，或为人名，或为方国。全句意为甲午这天占卜，贞人共说：脱监者（逃到〔字〕国）结交其首领，但（通过引渡）还是将其抓获回来了。

（甲3510）辛卯卜，宾贞：以子〔字〕〔字〕，不葬，六月。（图73）

图72

图71

图70

图73

63

字不识，子，商王室官员。全句意为辛卯这天占卜，贞人宾说：由于子擅自脱监，（抓回处死后）不准下葬（于祖宗墓地），时在六月。

（菁5）这则卜辞较长，其辞曰：

癸丑卜，㱿贞：旬无祸？王占曰：有祟，有魅。甲寅，允有来艰。又告曰：有，㕚自益，十人有二。（图74）

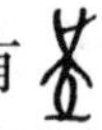

，这里依然作脱监者解。卜辞翻译成现代汉语为癸丑这天占卜，贞人㱿问：十天之内没有灾祸吧？商王占卜说：有祸祟出来，有鬼魅出来。甲寅这天，确实有鬼怪来了。又（有人来）告诉说：有脱监者，从益这个地方割草时（逃跑的），共有十二个人。

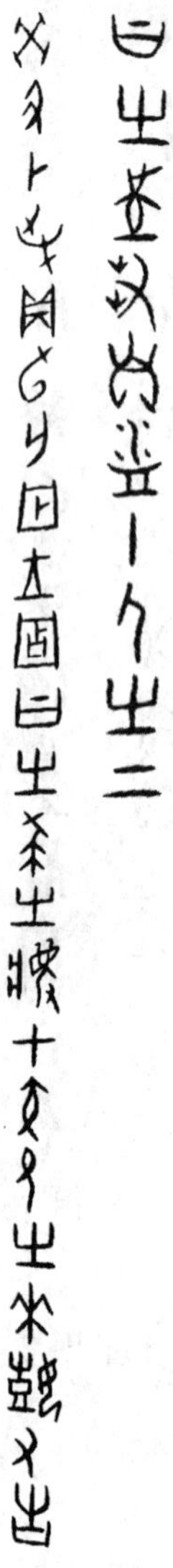

图74

第十七章 畏为"禺"字

甲骨文一期有个畏字,《甲骨文字典》谓该字从甲、从丙,意会不明,在卜辞中疑作为用牲法[1]。有关卜辞如下:

（乙4603）乙酉卜,御新于妣辛白畏豕。（图75）

翻译成现代汉语为乙酉这天占卜,向先妣辛致以御祭和新祭,（进献）白畏猪。

关于这个畏字,笔者认为,宜释为现在的"禺"字,是"禺"字的本字,在此用为"偶"字,也是偶字的初字,读音为ǒu,即发音同偶,其含义为"雌性""母"。白畏豕即白偶猪,"白色的母猪"。

从卜辞句意来分析,该字畏在句子中作豕的定

图75

语,应该是对猪的特性进行说明。我们结合商代祭祀的情况能够知道,商代祭祀有明显的特点,祭品除了人牲,如羌人战俘和掳掠来的羌族女人外,还有牛、羊、猪等牲畜,以这些牲畜

---

[1]《甲骨文字典》卷十三第1470页（徐中舒主编,四川辞书出版社2014年出版）。

图 77 　图 78

图 76

祭祀时，卜辞说得很详细，将它们的性别、颜色、数量，是否圈养、如何处置等都说清楚，以示虔诚。

这些牲畜祭品有公有母，公兽又分去势与否。如卜辞：

（粹 396）辛巳，贞：其 ✷ 生于妣庚、妣丙，牛、羊、白豕。（图 76）

✷，祈求的意思。这里牛、羊字旁边都加以符号 ⊥，表示雄性，豕也是指没有去势的公猪。全句意为辛巳这天，贞人说：为祈求生育，祭祀先王配偶妣庚、妣丙，（奉献）公牛、公羊和白仔猪。

（乙 2854）辛未卜，卯于祖（乙）于羊、豕。（卜辞掉"乙"字，应为祖乙）（图 77）

全句意为辛未这天占卜，向先王祖乙祭祀，剖杀祭品公羊、公猪。

（前 7.1.2）丙戌卜，贞：更犬又豕帝？（图 78）

又，即侑。全句意为丙戌这天占卜，贞人问：犬这个人要侑祭发明阉猪者吗？这里的豕字在旁边加了一点，表示去势的阉猪，"豕帝"或指发明阉猪技术的人。

祭品是雌性者则用妣 ⎰ 字加在旁边，作为合写字。如卜辞：

（续 1.61）贞：来庚戌，又于示壬妾妣乙，妣牛、羊、妣

豕？（图79）

这里又字通侑，妣乙、妣牛、妣豕均为合写字，

即 𠂤、𠂤、𠂤。全句意为贞人问：未来的庚戌这

天，向先王示壬的妾妣乙侑祭，（进献）母牛、羊和

母猪吗？

在我们要探讨的卜辞中，禺 就起到了与 𠂤 同样

表达雌性的作用，两者是等值的。为什么这样说？因

为 禺 字的本义就是指一种类似猕猴的雌性动物，即

"禺"字。禺，《说文》解释为："母猴属，头似鬼。

从由、从内。"清代段玉裁《说文解字注》中说："禺

似猕猴而大，赤目长尾，今江南山中多有。"并指出"为、禺是

一物也"，这是否可信，暂且不论。《山海经》中记载"有兽焉，

其状如禺而白耳"。这也说明了"禺"确实是一种灵长类动物。

这个字演化到今天已经衍生出"偶"字，形成"配偶"这个词

汇，其中依然保留了雌性、女性的性别内涵。因此，甲骨文中，

用 禺 这种母猴来描述豕的雌性特征，是与用 𠂤 字来形成合写字

等价的。

从甲骨文来看，禺 字是个象形字，上部象形为鬼脸，下部

内为猴类脚掌的形状。按《说文》中说，禺字从由，从内。内，

古同"蹂"，《说文》认为是兽足蹂地的象形。《尔雅·释兽》：

图79

"狸狐貒貉丑，其足蹯，其迹内。"邢昺疏："蹯，掌也。此四兽之类，皆有掌蹯，其指头著地处名内。"按《说文》的说法，则〖禺〗字下面的内字偏旁是突出这种动物独特的脚掌印在地上的形状，强调其脚掌的不同。这种通过突出身体某部分的独特特征来造字是当时的通行做法，也是科学合理的。

金文里出现过〖禹〗字，有的网站将这个字解释为禹字，认为禹是代表面具的甲字和代表操持的又字组合而成。这已经完全脱离了〖禺〗字本义。并认为这个字〖禹〗与禺字形近音同，同源产生，应为同一个字。这种观点确实是偏离得太远了。首先〖禹〗字不能解读为禺字，应为禹字。其次，从甲骨文的字形来看，〖禹〗禹与〖禺〗禺字完全不一样。禹字上半部分是蛇头的形状，〖禺〗字上半部分是鬼脸的形状，两者八杆子打不到一块儿来，认为禺字即禹字大谬特谬。

第十八章　宜将 ⚇ 从 ⚇ 字中分离出来

⚇是个组合字，由爪、午、人这上中下三个偏旁构成，是为现在的奚字。这个字在文字的形成过程中应该出现得相对晚些，是先有人字、午字、爪字，才有⚇字，最后才有⚇字。

奚⚇象手牵撚罪隶发辫之形，手下之偏旁⚇即为头上有编发之人形。奚⚇是商代奴隶之一种。《周礼·天官·序官》："奚三百人。"郑注："古者从坐男女没入县官为奴，其少才知以为奚。"《甲骨文字典》中一律将"头上有编发之人形"都归为奚字之列，不管其上是否有"爪"字偏旁。当然，上面有"爪"字偏旁者为奚字无疑，⚇字与现在的奚字偏旁能一一对应，但没有"爪"字偏旁的⚇字，则不能轻易断定为奚字。根据其形状与现在字体大体对应的特征，笔者认为宜确定为"仵"字。

⚇与⚇两者不能混为一谈，道理很简单。正如户（日）字一样，其本意为"一扇门"，如果加上手字偏旁，就变成了启（旧）字，其本义也就变成了"开门"的意思，还可引申为天晴之意。两个字分别形成不同的概念，不能等同。因此，有手没手在甲骨文中有时是一样的，有时则不一样。不能将户（日）

字纳入到启（ ）字中来，等同于启字， 与 两者不能混为一谈也是同样的道理。

字上从午，下从人，释为"仵"字恰如其形。古时文字偏旁的搭配位置并不严格，上下搭配与左右搭配其义相同，其字同一，具有等价性。将 字两个偏旁左右搭配时便成了仵字，仵字可能是 字发展演变的结果，这种将字的两个偏旁由上下或内外变成左右的现象在我国文字发展史上是通例。当然商代时 字不会左右搭配，因为它象形为一个人头发编成发辫，即编成发辫的人或具有这一编发特征的部落，是非常自然的象形文字，也是对当时的部落或人的实描。如果换成左右搭配，其意义就完全变了，会被错误地理解成一个人在看护一束丝，或是视为一个人在执鞭驾车，而成了"御"字。

其实，仵作为一个部落，尽管现在人数少，很罕见，却是中原一带非常古老的部落，主要分布在陕西、山西、山东、河南、安徽一带，后来演化出仵姓这一姓氏。汉代比较有名的人物有仵终古。这是北方仵人的情况，南方仵人则是楚国芈姓一支，有名叫子午者，其后人以午为姓，明代改为仵姓，是为南方仵，主要分布于福建、湖北、安徽、河北、河南等地。

按文字理解，仵 是头上编发之人，与羌人一样。羌是牧羊人，从羊、从人，以放羊游牧为生，但他们头上通常还有一个显著特征，那就是编发，所以甲骨文很多羌字写成 等字形。根据编发方式不同，羌字又有不同的写法，表示羌族各个不同的部落。仵人编发就可能受到羌人文化的影响。不管怎样，这种编发习俗与中原地带的本土部落以绺发、笄发，结成发髻是不一样的，编发者均被中原本土部落视为异类。他们难以融入中原民族，因而受到中原本土部落压制、排挤、杀戮，这成为其人数少、名人少、发展不起来的重要因素。对于仵人，总的说来，商人没有将他们视同羌人，擒获者一律籍为奴隶，用作人牲，而是区别对待，略有等差。

如卜辞（续 5.25.6）己酉，𝌂示十屯，仵。（图 80）

𝌂字不识，人名。卜辞意为己酉这天，整治十副龟甲，仵（记录者）。

这说明仵人在商代有从事占卜者，占卜的贞人中也有叫仵的。这里仵𝌂既是个人私名，也代表其族类。

不仅如此，仵人还是商朝的臣服者，向商王室进贡。

如卜辞（乙 3449）甲辰卜，殻……仵来白马？王占曰：吉。其来马五……（图 81）

卜辞意为甲辰这天占卜，贞人殻说：……仵族部落首领贡来白马？商王占卜说，是件好事。他们奉送来五匹马……

图 80

图 81

这里，联想到"伐"字。甲骨文一般的写法是 🗡 或 🗡，由人与戈构成，戈锋架在人脖子上，即以戈取人头之意。人字可以在左，可以在右；人形可以向里，可以向外。还有这样的写法，如 🗡，虽然其形象不是将戈架在脖子上，而是人手持戈，我国文字学家也将其释为伐字，一般用于人名。还有这种写法，如 🗡，象人手提戉，扬威示武，也释为伐字，这就有所不妥，笔者已有专文在后谈及该字含义同于"吓"字。有的伐字并不是以戈断人头，而是以戉（斧钺）断人头，如 🗡 字，也释为伐字，这种武器的变化似乎表明征伐的力度不同，比戈更加有力、更加凶狠。

更有大量的伐字字形，是与征伐羌人紧密联系的。如 🗡 字，这是将伐字直接表现为杀戮羌人。还有一批所谓的异构字，如 🗡、🗡、🗡，也均释为伐字。我们从这些字的字形上看，其偏旁构成是不一样的，它们大多由伕字加戉（斧钺）字组成，表示用强大的武器掳掠、屠杀这些编发辫者。特别是 🗡 字，表示将伕人抓来，使其下跪，用斧钺砍死，给伐字赋予了特殊而具体的含义，主要用来表示武力征服异族，特指西北方的编发民族部落。这是当时商人为保存自身种族及文化，守护领土，而对羌人、伕人进行征战，并最终留下了多样生动的文字记述。

甲骨文仟字也有不同的写法，如 🔤、🔤、🔤、🔤、🔤、🔤 等，无论上面是从午还是从糸，无论下面从大还是从女，与从人一样，都宜释为仟字。

第十九章 ✦为"缚"字——宜从讯✦字中分离出来

✦字由仵字✦与呈"S"的绳索之形两部分组合而成，表示用绳索将编发辫的外族仵人捆绑起来，即抓获外族战俘。

《甲骨文字典》中，✦字被归于现在的讯字，即审讯之意，与✦字一样。该字典解释说，✦字象形为一个人被反缚双手，旁边一个口字，表示"执敌而讯之"；而✦、✦字则象缚战俘之形，自字形与辞例观之，与✦、✦应为一体，即同样释为讯字[1]。

窃以为这样归纳不妥，没有严格区分这两个字的特征。一个有口字，一个没有口字，这是讯与非讯的主要区别。而✦字从字面形态上看并没有讯问的含义，宜将✦字从中分离出来，释为"缚"字为妥。

---

[1]《甲骨文字典》卷三第 222、223 页（徐中舒主编，四川辞书出版社 2014 年出版）。

字没有现成的字与之对应。它所蕴含的含义是十分明确的：对外族，最有可能是西部羌人一类的仵人，实施抓捕。这是对异族人的一种处罚行为，而不是对本部族、周边相同文化部落的人。因此，我们现行文字中还找不出一个字完全与其对应。而类似的这个字则没有对外色彩，而有缚字的全部含义。该字由人与横写的午构成，人字并无种族、异类色彩，而午表示绳索，与 S 符号意义等同。字释为"缚"字是完全没有问题的，它的含义与缚完全吻合，尽管在字形上与缚字区别很大。而将字释为缚字也是相对妥当的，只是捆绑的对象为外族人。它不完全契合现在的缚字，但大体上可以归入其中。

缚字是一个新字，出现得较晚，大约在春秋战国时期。但它的历史源远流长。其构成有三部分：糸、甫、手。或者说由糸与尃两部分组成。甫字在甲骨文中为、，象形为田地上生长着禾苗，是圃字的初字。甫字可以作人名、地名使用，也可以作动词用，如甫鱼即是捕鱼。而尃字则是表意为用手来经营苗圃，引申出施布含义，"尃，布也"。西周时，其字体为、，有公布、颁布、施行之义，毛公鼎有"尃命尃政"之语，即发布政令。当这个尃字再加以糸字，缚字被创造出来时，其意义就是捆绑、拘束的意思了。糸表示绳索，尃字用来表示发音，同时也有表示行动的含义，是个形声兼会意字。这个周代创造出来的新字，与商代的  字没有任何历史渊源，而其含义几乎完全相同。当然  字仅仅指代捆人，而缚字则没有限定捆捆绑的对象，其外延可以更广，可以引申发挥，如指限制、拘束等。因此，这个  字可以由缚字替代，辨识为缚字。

周朝取代商朝，改朝换代后，在文化上总有一些前朝的字被继承，一些前朝的字遭摒弃。很不幸的是，  、 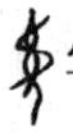 字就在遗弃之列，成为废字。不过，这些字所代表的口语音节并没有消失，后人又创造出新字"缚"来表达类似的概念。今天这个缚字仍然在使用，它与商代的  、 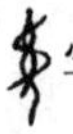 字几乎是等同的。

我们通过几则卜辞来看个究竟：

（存 1.600）丙午卜，央贞：长其缚羌？（图 82）

图 82

长，方国、部落名。其意为丙午这天占卜，贞人央问道：长国会抓捕羌人吗？

（前 2.19.1）癸未……方于……人……缚一、马二十。丙又……一月，在  （鼻）卜。（图 83）

这里，"人……缚一、马二十"，应为"人……缚一，马（缚）二十"，马后面的"缚"字省略，指抓获了一人、（抓获了）马二十四。

图 83

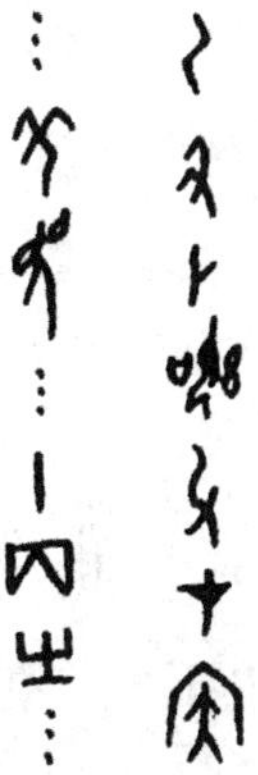

（续 2.18.7）……羌缚……十，丙又……
（图 84）

这里"羌缚"指的是俘获了羌人。如果我们这里将 ![字]、![字]字释为讯字，那就没法理解了，因为这些卜辞里根本没有讯问的意思。

（续 3.31.5）乙丑卜，讯 ![字] 在 ![字]。（图 85）

![字]字不识，人名。![字]字不识，地名，或为宫室。全句意为乙丑这天占卜，（商王）在 ![字] 这个地方讯问名叫 ![字] 的人。这里"讯"的含义是很明确的。

图 84　图 85

第二十章 🀄 含义为"恐吓"

🀄字是由两个象形字作为偏旁组合成的会意字：左边为"页"，象形为一个人；右边为武器戌，戌不是正放着，而是倒放着。该字组合起来会意为一个人瞪着眼睛，倒提着一把戌，展示武力，威胁别人。

该字到底是什么字现在还没有定论。《甲骨文字典》中将其等同于"伐"字，说是用于商代先王名[1]。如以下两则卜辞：

（存196）乙未卜，贞：于🀄告秋。（图86）

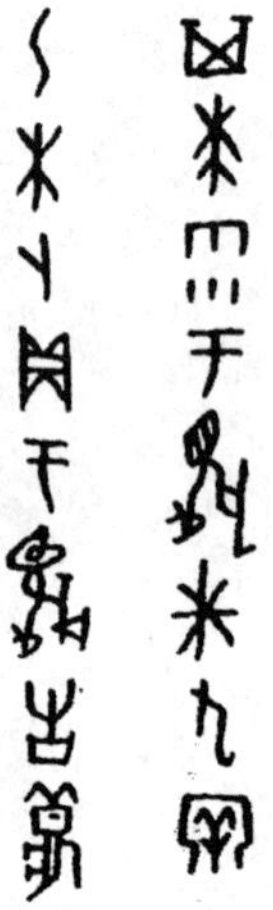

（粹15）其🌾雨于🀄，燎，九🀄。（图87）

这种说法有所不妥。在甲骨文中，伐字是由人与戈组成的会意字，表示以戈割断人头，即征伐之义。伐🀄由🀄（人）与🀄（戈）组成，象以戈🀄砍击人🀄的头部。造字本义为武力杀戮。而🀄字与伐字绝然不同，它由"页"字组成的人与倒放的武器戌组合，表达意义不

图86 图87

---

[1]《甲骨文字典》卷八第893、894页（徐中舒主编，四川辞书出版社2014年出版）。

同，不可能是伐的异体字，应有其独特的含义。

《新编甲骨文字典》认为该字有表示战胜者威武荣耀，取其征伐必胜之义；还认为可以释为华夏人之夏字[1]。

该字除了作为人名使用外，还作为动词。如：

（合集6300）乎  工方。（图88）

（合集6556）乎 兔。（图89）兔，或冕，商代方国。

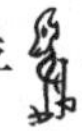

这两则  字作为动词的卜辞中，刘兴隆也认为 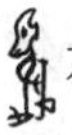 有征伐之义。笔者认为，理解  字必须从其造字的用意来探究。这个字右边是一个倒立的戉，正常情况下它应该正立着书写，以示随时出击，而其倒放着就表示不是处于备战状态的。而左边之所以用"页"字表示人的形象，是为了与戉更好地呼应，建立两者之间的联系，即用手来提握倒置的戉，同时它可能还有表音的作用。而"页"字的写法是突出其头，手提握着倒放的戉，具有恫吓、恐吓之意。戉倒放着，并不是指真的要采取行动，但有采取这种行动的可能性，特别是对方不服从的话，这与后来出现的吓字意义相同。它与吓字的区别是，吓是口头上、语言上的恐吓、恫吓，而这个 字的含义是以武

图89

图88

---

[1]《新编甲骨文字典》第1006、1007页（刘兴隆著，国际文化出版公司2005年出版）。

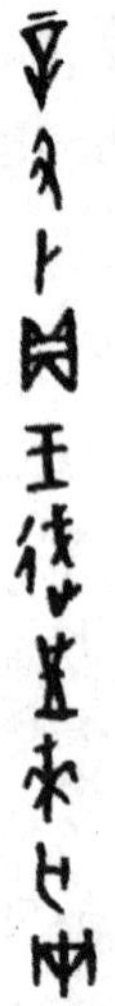

力为后盾的征服性威胁，即军事恫吓、武力讹诈，迫使其就范。因此，上述两则卜辞可作如下解：第一则（合集6300）意思就是（商王）命令（采取军事行动）威逼工方（驯服）；第二则（合集6556）意思就是"（商王）命令（采取军事行动）威逼冕方（听话）"。

"吓" 🐉 与 "愬" 𧗬 的区别。后者指商王前往其地、其国进行镇抚、戒敕，而前者则是直接派军队去扬威显力进行震慑。一个是进行政治活动，一个是采取军事措施，其意都是要震慑不驯服的方国，使其不敢叛乱。如卜辞（戬39.2）辛丑卜，贞：王愬，往来无灾？（图90）即辛丑这天进行占卜，贞人问道：商王要巡视镇抚，（他）出去回来不会有灾祸吧？

图90

第二十一章  为"鬶"字

字在甲骨文中不多见,《甲骨文字典》中谓其象某种鸟形,其义疑为祭名[①]。其实,这个字是个典型的象形字,为鬶字。鬶字的写法还有、,都象形为始见于大汶口文化的一种生活用具——鬶。

作为一种生活器皿,其实物图象如下:

鬶(音 guī),山东地区史前文化的代表性器物,唇口,口一侧出鸟喙状长流,长颈,下承以三个袋状足。器身一侧置绳状鋬手。口沿下及鋬手上端饰乳钉纹。颈、足衔接处饰凸弦纹。器表打磨光亮。

鬶是一种盛食物的陶器,造型像鸟,是太昊和少昊部落的器物,不见于其他文化。该部落以鸟为图腾,以鸟名官,因而将鬶这样的器物鸟形化。《说文》:"鬶,三足鬴也。有柄、喙。"

---

① 《甲骨文字典》卷四第 433 页、卷三第 260 页(徐中舒主编,四川辞书出版社 2014 年出版)。

段玉裁注："有柄可持，有喙可写物。"

陶鬶在大汶口文化至龙山文化的各期各个主要遗址中都有发现，大致起源于大汶口文化中期，盛行于大汶口文化晚期和龙山文化阶段。考古工作者曾在山东胶县三里河遗址中发掘出多达近百件陶鬶。

图92

图91

商代王室祭祀的远祖有王亥，亥字在甲骨文中写为 ⬚、⬚，其典型的卜辞有（掇1.455）其告于高祖王亥三牛。（图91）亥字 ⬚ 上部为佳，下部为亥，说明商人崇拜鸟类源远流长，商人是上古时期山东地区太昊和少昊部落的嫡传子孙，大汶口文化的直接继承者。而且商人使用这种特有的器物鬶，表明其部族虽在河南定居，居中统治，但其文化渊源则在山东半岛。商人将这种器物象形，转化为文字，融入到中华文化的血脉之中，也证明了中国文字起源于山东半岛，起源于黄河下游地区的大汶口文化。是大汶口文化将单个图形符号发展为一串串刻符，从而孕育出表达实在意义、与口语一一对应的甲骨文字系统，实现了刻符的革命性突破，而商人作为大汶口文化的正宗传人，是中国文字的主要创造者、传承者、完善者，是中华文明的主体和先行者，是当时东亚地区最先进的族类，正是他们引领周边其他民族跨过文明社会的门槛。

该字的相关卜辞有（乙3468）祖乙 ⬚ 鬶。（图92）

祖乙，商代著名的先王，武丁祖父的祖父，即中宗。

字本义是指燕子回巢哺雏，这里引申为哺育后代，是盛放食物的容器鬶，这里借喻为食物。卜辞大意为先王祖乙将会哺育我们，赐予（我们这些以鸟为图腾的子孙们）食物。

相关卜辞还有（乙 5307）贞：祖丁鬶居？（图 93）

祖丁，商代先王，武丁的祖父。，鬶，这里作动词用，意为赐予食物。，或为居字，人名。全句意为贞人说：先王祖丁会赐予食物给居这个人吗？

图 93

图 94

（丙 29）贞：不鬶册十祖乙？（图 94）

鬶，动词，以奉献食物祭祀。册，一种正式、隆重的祭祀，应包含有宣读祭文内容。册十，大概是祭祀活动中的十个程序、环节，或十次。全句意为贞人问道：祭祀先王祖乙，不需要进行鬶祭、册祭十项仪式吗？

第二十二章 　凸似可释为"完"字

凸字从月、从盘（凵），《说文》所无，其义不明[1]。笔者从会意的角度来分析，认为可释为"完"字，其含义为"（目标、任务）完成、完毕"。

凸字的偏旁凵为盘。盘者，圆也，这是以盘来作为圆的标准，与月亮对照。月者，缺也，月亮每个月都会经历从月初的蛾眉月到十五、十六的满月过程。当月亮渐渐达到满月时，它就与盘的形状一致了，即与盘的形状达到了完全的吻合。因此，这个凸字是个比较隐晦的会意字，比喻工程、项目等实施、执行，慢慢接近竣工、完成，趋于结束。因此，该凸字会意为逐渐接近目标，可释为"完"字。

现在的"完"字始见于东周时期，由宀、元二部分构成。从宀，示修缮之义；从元，声符，注明音读，兼表义。元，声义同于垣。这两个偏旁组合成完字，会意为修缮墙垣之义。《说文》："完，全也。从宀，元声。"完字除了有宫殿、皇宫本义外，还有"无损的、整个的、齐备的"这些形容词含义，更有

---

[1]《甲骨文字典》卷七第 744、755 页（徐中舒主编，四川辞书出版社 2014 年出版）。

"成全、实现、达到目标、结束"这些动词含义。从其作为动词的含义看，凷字是与完字吻合的。

（合 77）丁酉卜，师自丁酉至于辛丑，虎不其完？允不。（图 95）

这里虎是军队将帅的私名。全文意为丁酉这天占卜，军队从丁酉一直到辛丑这段时间，将领虎还没有完成（战斗任务）？确实没有完成。

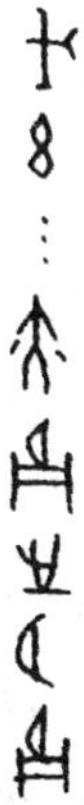

从这则卜辞来看，将凷字释为完字来理解，文意是顺畅的。

（金 727）丙寅……虎不完，执。（图 96）

这则卜辞与上一则卜辞是在谈论同一件事，都是军事将领虎没有完成规定的战斗任务，从没有完成目标到受到处罚的过程。全文意为丙寅（这天占卜）……军事将领虎没有完成任务，被抓了起来。

（文 593）戊午……亦完，之月完。（图 97）

意为戊午（这天占卜）……也完成了，是这个月完成的。

笔者寻找了数个与凷字相关的卜辞，用"完"的含义来进行解释，都能文意顺畅、自洽，没有出现解释不了卜辞的情况。

图 95
图 96
图 97

第二十三章 ![字]含义为"危"

![字]由脚趾朝下的趾 ![文] 和有根有叶的草 ![草]构成，很多字典标示其义不明[1]，或是没有收录。该字不识影响了我们对相关卜辞的理解。

其实，该字的偏旁组成并不复杂，都是日常生活中常见的事物，一个是脚趾，一个是草，说明这是个寻常的会意字。它会意什么呢？从这两个偏旁组合成的素描整体来看，就是脚趾朝下走进草丛中，而草丛中一般是虫蛇隐藏、出没之地，进入其中就有被虫蛇咬伤的危险，那么该字就会意为"危险"。这样认识该字的话，那相关卜辞都可以顺利理解明白。

![字]在甲骨文中并不只有一种写法，其他的字形还有![字]，从 ![文]、从禾。禾是农作物，也属于草类，表达的是相同意思，即禾里面有虫蛇，会伤害人。![徐]，该字是在![字]边加偏旁 ![彳]，表示行走之意，是将![字]字动词化，这在甲骨文中是通例，我们也可看作是同一个字。

---

[1]《甲骨文字典》卷五第 626、627 页，卷二第 171、129 页（徐中舒主编，四川辞书出版社 2014 年出版）。

第三种写法是 ![木止]，尽管该字与 ![字]字偏旁位置是相反的，从木、从止，我们还是可以看成是同一个字，因为其会意是相同的，都是以脚趾朝向草木，会意人走进草丛、禾苗或树丛之中，会受到虫蛇伤害，其本质含义一样。

![危]，是现在的危字，最早出现在大篆中，象人站在高台上，有危险之义；也象人在"爿"（读 qiáng，床形）上，表示病危之义。小篆有两个字：一是 ![厃]（厃），像人站在岩崖边，显示十分危险；另一个写作 ![危]，是在"厃"下边有一 ![卪]（读 jié），即跪姿的人形，会意人在崖上崖下都有危险。这个字也可以解释为从人、从厄（读 è，表示人有危险、灾难）。总之，危字的上部表示人，中间是山崖，字的下部表示跪着的人，表示人在山崖上下，处于危险、恐惧之中。故《说文》说："危，在高而惧也。"

从危字的象形、会意来说，它与 ![字]字表达的含义本质上是一致的，都是处在危险之中，身体可能受到伤害，甚至可能丧失生命。因此，危字 ![危]是在 ![字]字遭到废弃的情况下，取而代之，承担其功能，赓续其意义。尽管造字思路完全不同，但其本质无别，我们可以将 ![字]字与危字 ![危]解读为同一个字，它们描述的是相同的处境和心理状态。

至于危字 ![危]的起源，有学者认为其源于甲骨文 ![字]字，而这个字象形为下尖上弯、不稳定的物体，随时可能颠覆，以此会意危险。比如，于省吾就说，〔图〕字是产字的初文，得到多位学者认同。《说文》说："产，仰也，从人在厂上。"谓崎岖不平、倾侧不安之意。大家都认为危字〔图〕是由产字衍生的。笔者检视了甲骨文，产字〔图〕在卜辞中只当方国和地名使用，并没有后来具有的危险之意，可见当时"危险"含义是由〔图〕字来承担、行使的。在甲骨文中，〔图〕字与〔图〕字没有任何关系，两者互不干涉。

〔图〕字表达"危险"的含义，我们可以从以下卜辞看出来。

（乙288）……贞：其〔图〕，有祸。（图98）

图98

我们将〔图〕释为危字，该则卜辞文意就自然流利。即……贞人说：他（行动）处于危险之中，有灾祸。

有危险，就可能有灾祸，这是一个自然的进程，所以该字释为危文从字顺，文意贯通。

（乙3116）卓无其危？来自南，允无危。（图99）

图99

卓，人名。全文意为卓这个人没有处于危险之中吗？（他）来自南方，确实没有危险。

（乙 8000）……不危，鬼日。（图 100）

鬼日，疑为我们所说的农历三月初三的"鬼节"，是人们约定俗成"看鬼"的日子。这一天很热闹，但实际上没有什么危险，也见不到凶神恶煞的鬼神。这则卜辞意思就是过鬼节没有危险。

（合集 20772）丁丑卜，今日令。

不危？允不。虎十……（图 101）

字不识，人名。，从网、从虎，表示以网猎虎。字不识，从字面理解，从日，从鬼，似乎表示光天化日之下有鬼怪出现，比喻真正的危险。其与危字搭配，构成甲骨文成语，如（乙 55）危，意为真

正的危险迫近。

图 100

图 101

卜辞全文意为丁丑这天占卜，今日（商王）命令这个人去捕猎老虎。没有真正的危险吗？确实没有。（捕获到）老虎十只……

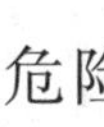

左图为《甲骨文合集》中一块卜

图 103

图 102

骨，其中的字有学者录为（林 1.28.13）……危，其易日  ……（图 102）

易日，郭沫若解释为多云间晴的天气，即阴天。  ，《合集》中解释为射字，射箭之意。那么这则卜辞意为……危险！阴天射箭的话……

阴天视力受阻，看不清周围情况，射箭很容易误伤到人或物，故很危险。

（前 4.33.6）贞：野入……危……（图 103）

，野字，方国或人名。入，进贡。该卜辞意为贞人说：野（向我们）进贡……危险……言外之意是野之进贡，可能不怀好意，阳奉阴违，或是为了让商朝麻痹大意，丧失警觉。

总之，字在甲骨文中表达的是危险含义，担当了危字的功能和用法，能较好地解释相关卜辞。因此，将其释为其后产生的危字，不论是从造字会意，还是从其在卜辞中的用法来讲，都是恰当的。

第二十四章 　𠂤为"挺""脡"的初字

𠂤字从人、从土，象形为人站在土堆上，意为"挺立"，即现在的"挺"字，这是大家的共识。有的字写成从人、从"—"，其义相同，"—"是对土字的简省，如𠂤。它与千字的区别在于"—"在脚底，而千字"—"在腿中。

该字之所以列出来探讨，主要是其含义有争议。𠂤字作为挺字使用时，是"支持"之意，而不是"带领""随同"含义，"带领""随同"之意在当时基本上由"以"字来表达。挺字"支持"的含义今天仍然在延续，如"我挺你"，就是"我支持你""我站在你这边"。

如卜辞（乙5582）甲戌卜，殻贞：雀𠂤，子商𣥺基方，克。（图104）

雀，商代西部方国，为商朝的盟国。子商，商朝的军事将领。基方，商代的方国。𠂤，挺的初字。𣥺，上面从土，下面从止，为徒字，这里假借为屠，杀戮之意。全文意为甲戌这天占卜，贞人殻说：有了

图104

91

雀国支持，我方军事将领子商（率领军队）对基国展开杀戮行动，经过艰苦努力会取得胜利。

有人将这里的挺字 𝄞 解释为"率领""随同"，这大大曲解了文意。一是雀国是商朝西部方国，不可能率领商朝军队开展军事行动，商朝不可能将军事指挥权授予雀国；二是雀国不可能战胜基国。三是全文句意不是以雀国为重点，而是以子商为重点，以商代的军政大事为着眼点来占卜。雀挺 𝄞，只是补充说明雀国对商朝这一军事行动的支持、配合等辅助作用。雀国征伐基国与否，和商朝关系不大，没有必要出现在占卜中，只有自己的将领开展军事行动，其胜败与否才是占卜者最为关切的。所以，有人将挺 𝄞 字含义理解为"率领""随同"都是不妥的。

《甲骨文字典》中，这则卜辞中的 𝄞 字被怀疑为祭名，即下面所述的"脡祭"，更是不妥 [1]。其正确含义应为其自身含义的引申义，即支持、助威呐喊，也即"敲边鼓"。

𝄞 字还有另一层含义，那就是作为一种祭祀，即脡祭。《礼记·曲礼下》："鲜鱼曰脡祭。"即以鲜鱼为祭品来祭祀祖先，以求多子多福。因此，该字 𝄞 也是脡字之初文。

---

[1] 《甲骨文字典》卷八第 927、928 页（徐中舒主编，四川辞书出版社 2014 年出版）。

如卜辞（合集 2646）己卯卜，殻贞：𝌆父乙，妇好生保。（图 105）

这里 𝌆 字为脡字，《甲骨文字典》中将其作为祭名解释至为正确。全文意为乙卯这天占卜，贞人殻说：脡祭先王父乙，（让）商王妃子妇好多生育，多养育。

这里有必要解释这则卜辞的背景和商人的祭祀文化。父乙是商王武丁的父亲小乙。妇好是武丁深爱的妃子、有名的女将军，多次率军出战，战功突出。父乙是妇好的公公，这里是向武丁的父亲，也就是妇好的公公祭祀，让他保佑儿媳多生子女，好好养育，让子孙兴旺发达。根据有关卜辞，妇好曾有孕期流产

图 105

之事，也生过孩子。武丁对妇好生育之事特别关注，多次占卜其生男生女。妇好生育之事王室特别重视，怕她怀不上，养不好，故而向死去的公公祈求妇好生育、养育孩子顺利。商代祭祀很讲究，用鲜鱼来作为祭品有其特殊的象征意义。鲜鱼多子，一次产卵很多，繁殖力强，故奉上鲜鱼祭品，就意谓着祭祀目的是请求公公保佑儿媳多生贵子。商代妇女怀孕流产、早产、难产的情况很多；产下来后，养育不当，意外夭折的情况也不少，真正能养育成人者相对较少，故妇女生育之事，关系到下一代能否人丁兴旺，是一个家族十分重要而迫切的大事。这则卜辞里，生 𝌆 即是多生的意思；保 𝌆 是好好养育，养一个成

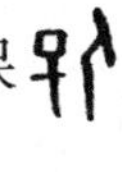

一个，而不要生下来后中途夭折。因此这里的"生""保"要一个字一个字地解释，而不是笼统地说"生育保佑"。实际上，这里的保字 指养育、带大，用其本义，而不是所谓"保佑"之意。

字在甲骨文中还作为人名，这里不再赘述。

第二十五章 似为"颖"字

 在甲骨文中写法不太一样,如、、等,至今无解①。有人解释为禾苗成熟之义,不确。该字似为"颖"字,指的是禾苗生长茂盛、喜人。

 从禾,从。 乍一看可释为人,近乎商代的"页"字,但进一步看,该形象是跳舞、表演的形态。我们仔细观察, 上部强调的是"目"字,表明瞪大眼睛,目光炯炯有神;中部双臂向外伸展,手也张开;下部双脚也是分开的,好似甩开手脚,摆出各种造型。从上述列出的另外几个字形来看,要么是双脚交叉,如;要么是双手叉在腰部,如;要么裹上衣裳,如。总之,看来是一场表演秀,展现出表演者精神焕发、婀娜多姿的形态。

我们来看看与之相近的字。这个字不识,它与字的不同在于其上部不是"目"字,而是"口"字,表示在说话或唱歌。其在卜辞中的意思我们可以大致看出来。

---

① 《甲骨文字典》卷七第 785 页(徐中舒主编,四川辞书出版社 2014 年出版)。

（乙8658）甲辰，王至于……三，戚，🥁四……（图106）

于，地名，即雩，当时为祈雨而集会跳舞的场所。戚，一种祭祀。全句意为甲辰这天，商王来到祈雨之地雩……进行了三次戚祭，歌舞了四次……

与🥁字相对照，那么禾就是个会意字，以人的目光炯炯、神采飞扬、姿容曼妙来比喻禾苗苗壮成长，极言长得茂盛、可爱，像青春焕发的舞者一样，展现出活力和朝气。这个禾字与现行颖字形相似、义相近。

图106

从字形来说。颖字是后起字，其最早的字体为篆文颖，从禾、从页、从刀，这个字所蕴含的意义基本包括了禾字，因为颖字中的页字也代表人，只是增加了刀字，刀表示收割、收获之意。禾苗长得茂盛，最终带来的是丰收，故颖字外延包括了禾字的含义。这两个字只是侧重点不一样，强调禾苗长得秀气者为禾，强调有好的收成者为颖。当然，也有学者说，颖是个形声字，不是会意字，从禾、从顷，顷字表其音。这也是很有分量的观点，《说文》作者许慎就持此说，姑且存之。但两种观点并不矛盾抵触，可以并行不悖。

从颖的含义看。颖有几重含义：一是谷麦穗子顶端的针须，即麦芒。《说文》："颖，禾末也。从禾，顷声。"《诗》曰："禾颖穟穟。"即《诗经》上有诗句唱道："禾穗多么成熟饱满。"再是禾穗谓之颖。《尚书·微子之命》："异亩同颖。"《诗经·大雅·生民》："实颖实贾。"二是东西末端的尖锐部分，锋颖。《史记·平原君虞卿列传》："使遂蚤得处囊中，乃颖脱而出。"三是形容词，即聪慧、聪颖、新颖，才华出众。《南史·谢灵运传》："灵运幼便颖悟。"由此可见，这些解释保留了颖字的古老含义，虽然外延逐步扩大，但在基本含义没有丢失，从禾苗长得秀气、茂盛，蜕变为禾芒、成熟禾穗之意。

甲骨文有两则卜辞能说明该字是比喻禾苗长得茂盛。

（掫续 137）盂田禾颖，其御吉，𥝩。（图 107）

盂，地名。𥝩字左边从禾，右边从弓，弓是类似于镈的农具，与禾组合，意为收割庄稼，故为收获之意。全文意思是盂这个地方的田地里禾苗长势喜人，王室来此视察称心如意，期待好收成。

图 108

图 107

（存 1.1767）栅用，禾延颖。（图 108）

栅用，即用栅，指以栅栏围上田地周边。这是为了防止禾苗受到动物等损害、糟蹋。全文意为在田地周围安装上了栅栏（防止禾苗糟蹋），禾苗会继续长得茂盛。

第二十六章　[甲骨文字]为"鸢"字

　　《甲骨文合集》10198 片甲骨有一段比较长的卜辞，按句子中贞人名为殻，可以确定卜辞时代为武丁时期，即甲骨文一期。

　　该卜辞全文如下：

　　戊午卜，殻贞：我狩[甲骨文字]，毕？之日狩，允毕。获虎一、鹿四十、狐一百六十四、麋一百五十九。[甲骨文字]赤，有友三，赤……（图 109，见第 102 页）

　　翻译成现代汉语为戊午这天占卜，贞人殻问道：我们到[甲骨文字]地狩猎能完胜吗？这一天狩猎，确实大有斩获。捕获走兽老虎一只，鹿四十只，狐狸一百六十四只，麋鹿一百五十九只；（捕获飞禽）[甲骨文字]鸟（一只），是红色的。还有三个同伴，也是红色的……

　　[甲骨文字]字不识，为地名。毕（繁体字为畢）本义是用网具捕鸟，引申为捕获或擒获。

　　关于[甲骨文字]字，《甲骨文字典》列为不识字[1]。笔者探究认为应认定为"鸢"字。

---

[1]《甲骨文字典》卷四第 402、403 页（徐中舒主编，四川辞书出版社 2014 年出版）。

鸾字在金文及以后的演变如下：

金文	篆文	隶书	楷书	行书	草书	繁体标宋	简体标宋
叔咢父簋	暂缺	说文解字	隶辨	陈基	米芾	王宠	印刷字库	印刷字库

金文鸾字一边从鸟，一边从丝或兹，但篆文形态又有了改变，其上丝或兹中间加了言字，说明这种鸟还有鸣叫特长，以进一步表明其特征，与后来"鹭鸶"的鸶字作出区别。

字下半部分从隹，即鸟，上半部分为"栅"字。栅字在甲骨文中有几种不同的写法，如，这些字都象形为横竖的木条，由绳索捆系起来，形成栅栏，作为饲养特殊野生动物，包括鸟类的箱笼、围栏。

关于栅字，《说文》解释："栅字，编竖木也，从木，册声。"甲骨文的写法为栅字初文。因此，字偏旁对应为上栅、下鸟。这个字甲骨文也有几种不同的写法，如、、，该字前两种写法与栅字前两种写法相对应，好辨识。后一种写法象形为鸟装进笼子里，更形象，与甲骨文葬字的写法类似。甲骨文葬字象形为人死后装进木箱，即棺材。

那这个甲骨文字上面的栅字偏旁为何后来演变成金文的丝字呢？笔者认为主要是驯养方式发生了变化。由于这种鸟色彩艳丽，鸣声悦耳，历来为人们所喜爱，人们从野外抓来饲养时，不再用栅栏圈住它们，而是改用丝绳将它们系住。我们看

其金文字 ⿰ 、 ⿰ ，除了标明其从丝，表示系住外，还特地在鸟字下加"十"字或"小"字，表明系其脚跟。正是这一饲养方式的改变才增加了该字的辨识难度。

那么，我们怎么能确定 ⿰ 字就是对 ⿰ 字的继承呢？怎么确定它们就是同一个字呢？这还得从这种鸟说起，因为这两个字指向的是同一种鸟，这种奇特的鸟是确定这两个字含义等价的关键和桥梁。

这种鸟高贵、美丽、神奇，如同凤凰，是鸟中极品，特别宜于观赏，被奉为圣鸟，乃吉祥福瑞的象征。当时的人们，从野外捕获来这类鸟以木制栅栏圈养，或是改为用丝线系足驯养。这两个不同的字 ⿰ 、 ⿰ 就是以丝线系足、以栅栏圈养的表意字。

这个 ⿰ 字和后来的鸑（鸾）字释义大体是一致的， ⿰ 由 ⿰ （鸟，鸟雀）与 ⿰ （丝，联结、系绑）两部分组成，表示系束、圈养鸟雀。这个字在发展的过程中改栅字偏旁为丝字偏旁无疑体现了其珍贵，当然也表明驯服、饲养方法的改进，后来加入言字偏旁则增加了其善于鸣叫的特征，以与其他鸟类更好地区分开来。

以上是从字形的历史传承来解析。我们从甲骨文及以后的史料记载来看，所说的鸟儿是同一鸟类，因而 ⿰ 字即 ⿰ 字，也就是鸾。

鸾鸟有如下要点：

一、这种鸟过去是确实存在的，尽管现在已经灭绝，不见其真身，不知其何物。《逸周书·王会解》："成周之会……氐羌以鸾鸟。"孔晁注："鸾大于凤。"《山海经·西山经》："女床之山……有鸟焉，其状如翟，而五彩文，名曰鸾鸟，见则天下安宁。"《禽经》："鸾，瑞鸟……一曰鸡趣，首翼赤，曰丹凤；青，曰羽翔；白，曰化翼；玄，曰阴翥；黄，曰土符。"这些记载说明在周成王时，鸾鸟仍现于世，可以被捕捉作贡品进贡。

二、这种鸟外形上与凤凰同类，与鸡属同形，而比凤大，颜色呈赤色。《说文》："鸾，亦神灵之精也。赤色，五采，鸡形。鸣中五音，颂声作则至。从鸟，䜌声。"《广雅》与屈原所作《楚辞·涉江》亦皆将鸾鸟归为凤凰一类。

三、这种鸟儿叫声悦耳动听。鸣中五音，即其鸣叫声优美动听，合乎古代的五音调式，给后来的人们留下了"鸾凤和鸣"等词语，比喻太平盛世，或是描述自然景观和谐美丽。由于其声音悦耳和谐，后来人们制作鸾形铜铃挂在车马上，就叫作"鸾铃"。《三国演义》写到关羽温酒斩华雄回到本军时，描述他策马回营，"鸾铃响处，马到中军"。

从卜辞来看，商王武丁这次大规模的狩猎活动，主要是捕获地上走兽，也顺带擒获空中鸟类，并特别提到捕获了四只独特的鸟，叫作🦜，而且一再点明它们的颜色都是赤色，即红色的。可见，当时这种鸟类特别稀少，并被人们视为珍宝，能见到它们，捕获到它们，如同凤凰降世一样，是社会太平安定、生活吉祥幸福的象征，故而在卜辞中特意记载了这件稀罕事，也就是当时的新闻。而点明它们都是红色，也从侧面印证了这种鸟儿与此后史书上记载的鸾鸟是同一种鸟。因此，这个 𣥂 字释读为"鸾"字，是合理的。其卜辞如下：

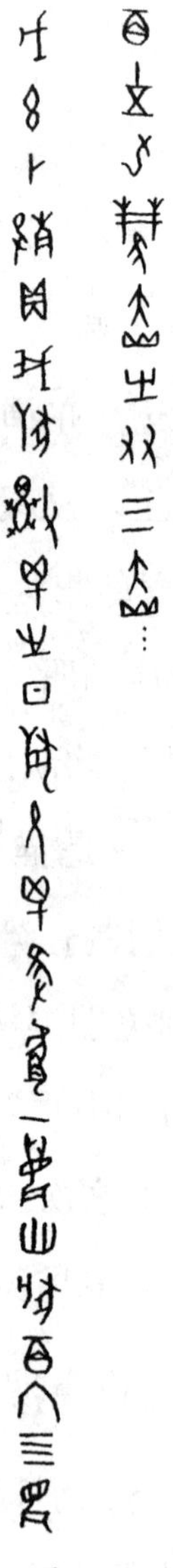

图 109

第二十七章 宜释为"谕"字

字从帝、从口,口在帝中。该字《甲骨文字典》谓会意不明,意义无解①。笔者认为该字其实是个会意字:帝字是上帝化身为人的形象,口字在其上部中间,与人的口在头脸中间一样,形象地表明"上帝在说话"即"上谕",故该字可释为"谕"字,意为"上帝传话给子民"。

关于帝字作何解释,徐中舒说,帝字象架木或束木燔以祭天之形,为禘字之初文,后由祭天引申为天帝之帝及商王称号。这种解释是欠妥的。刘兴隆在其所著的《新编甲骨文字典》中的解释要合理些。他说帝字象人工制作的偶像形,竖杆、肢体、腰绳,应有尽有,是商人想象中主宰宇宙万物,可向人们赐福降灾的至高无上的神明。实际上,帝字就是赋予上帝这个神明以人的形象,按照人的外在形象设计出来的一个具体实在的偶像,以供人祭祀。

如果帝字诚如徐中舒所说的是指架木焚烧以祭天,那么在其上部中间加一个口字是什么意思确实没法猜透,无从推测。但如果将帝字解释为"人偶",则能很好地解释这个

---

①《甲骨文字典》卷一第 9 页(徐中舒主编,四川辞书出版社 2014 年出版)。

字了。既然上帝是人的形象，那也像人一样，其相应的位置有人的特定器官。正因为此，造字者便在其上部中间加了一个口字，表示其"说话"，与人的嘴巴用来说话一样。加上一个口字突出上帝发话的特征，因此这个 字会意为"上帝传话"。鉴于上帝、帝王给子民、臣下发话有特定的专属用字，一般为"谕"字，即"晓谕众臣及百姓"之意，故这个 字宜释为"谕"字。

我们解读两则卜辞：

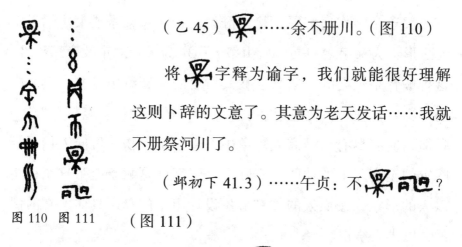

（乙45） ……余不册川。（图110）

将 字释为谕字，我们就能很好理解这则卜辞的文意了。其意为老天发话……我就不册祭河川了。

（邺初下41.3）……午贞：不 ？（图111）

图110 图111

，铸字，铸造青铜器。 ，这里是上帝发话。

这则卜辞意思是……贞人午问：上帝不发话准许铸造青铜器吗？

字如果纯粹按照偏旁一一对应来套用的话，它似乎是"啼"字，但显然，这只是字形偶然的重合，这两个字的含义风马牛不相及。啼字是个后起的形声字，出现在金文大篆中。其开始的形态是![甲骨文字],本义指呼号,表示痛楚、伤痛的感情。后来因其声改为啼字,帝表声,目前这个字用来表示出声哭泣或鸟兽啼鸣。而![甲骨文字]则是会意字,表示上帝发话。这说明在汉语言文字演变的研究中,我们不能机械地套用偏旁——对应的方法来推定甲骨文字就是后来偏旁相同的那个字。这种方法有时是对的,有时不对,只能作参考,要从其字的本义、起源及在文句中的用法等多方面综合论证。

第二十八章 的含义是 "冒犯" "犯上"

字从帝、从矢，出现在甲骨文一期，它还有另一种写法，矢字写在正下方，而不是在侧斜方向。我们以前一种为正式写法，后一种写法为异体。前一种写法会意很明显，就是"以矢射帝"，而后一种写法是便于刻写而为，从字面上看相对难于理解其意。如果说这两个字有什么区别的话，那就是一个是从侧面，另一个是从正面"以矢射帝"，其表达的含义实质上是相同的。

该字《说文》未载，《甲骨文字典》谓字义不明[①]，典型的相关卜辞（乙7842）没法解读。

之所以出现这种情况，关键在对其偏旁帝字含义的理解有问题。徐中舒认为，帝是象形字，象形为架木或束木燃烧以祭天，为禘字之初文，后由祭天引申为上帝及商王称号。帝是商人观念中的神明，主宰风雨灾祥及人间祸福。他进一步解释

---

① 《甲骨文字典》卷一第10页（徐中舒主编，四川辞书出版社2014年出版）。

说，甲骨文帝字₮上加一横，或二横，表示祭天。禘祭起初是商人祭天及自然神，属于四方之祭，其后亦祭先王、先公，故而上帝与商王混同，都进行禘祭。但这一观点没法解释由帝字组成的复合字之含义，陷入了死胡同。

另一种观点则认为，帝为神明的偶像，是人们按照人的形象人工制作出来的东西，它有竖杆、肢体、腰绳等，应有尽有，是对神明的"具象"，尽管神明不见其踪，但其形与人同。帝作为神明看不见、摸不着，但使其"具象"后，神明就变得具体实在了，这个"具象"就是按照人的形象来描绘神明，有头脑、五官、四肢等，和人一样。按照这种对帝字的解释，那 字就好理解了。 是个会意字，表示以弓箭射击上帝偶像。这是对神明的大不敬，说小一点是对上帝的冒犯和亵渎，说大一点是对上帝的公然否定和对抗。在中世纪的欧洲，对于这样的逆天行为，是信仰上帝的教会所不能容忍的，要处以火刑，活活烧死。尽管实际上这种行为只是针对上帝偶像的冒犯，但偶像是上帝的化身，射击偶像等同于亵渎上帝及其他类似者，被认为是不可饶恕、必须严惩的。

这种行为的性质恶劣，实际上是对至高无上的神明的否定与背叛。这种否定与背叛同样可以引申到对君主上。凡是有类似对商王冒犯的行为，都可以视作对上帝的不敬、背叛。那么 字就可以表示对王者的不敬、冒犯、中伤、背叛等。故

上述卜辞 [图] （乙 7842）弗 [图] 王，就是"不要冒犯商王"的

意思。

关于 [图] 字的发音，笔者推测或发矢音。 [图] 字的重点在

矢，帝是以矢射击的对象。在句子中 [图] 字作为动词，充当谓

语，而矢当射击讲，本身就是动词，是问题的核心所在，故该

字发矢音才合理。

第二十九章 [甲骨文字]为"醉"字

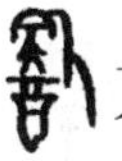

《甲骨文字典》中，[甲骨文]字与[甲骨文]、[甲骨文]、[甲骨文]、[甲骨文]四字一起被当成同一个字，统统释为"饮"字[1]。笔者仔细分析该字在卜辞中的用法后，认为该字宜释为"醉"字。

比如卜辞（合229）贞：王[甲骨文]，有蚩。（图112）

按照字典的说法，将[甲骨文]字释为饮字，则这则卜辞为贞：王饮，有蚩。那商王举行饮祭，怎么会有害呢？将[甲骨文]释作饮字，意为一种祭祀，解说不合理。饮字在卜辞中有二种含义：一是指一种祭祀；二是喝，饮用。如作为饮用的意义解，则该则卜辞更说不通。商王饮酒，怎么会有害呢？

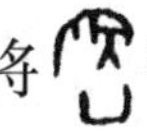

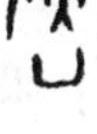

图 112

[甲骨文]字是[甲骨文]字的不同写法，都象形为人站在酒缸或容器前，俯身张口吐舌状，徐中舒认为这是"就饮"的象形。说得基本正确，但不全面。因为"就饮"之状只要张口就够了，并不需要伸出舌头，伸出舌头则表示已被酒香深深吸引，让其垂涎欲滴，欲罢不能。这已经不仅仅是饮了，而是完全沉醉其中了。

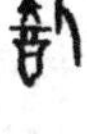

----

①《甲骨文字典》卷八第986、987页（徐中舒主编，四川辞书出版社 2014年出版）。

因此，这个字应更进一步释为醉字，而不是饮字。

其次，在上述卜辞中，释为醉字才能将其中意思表达得通顺自然。这则卜辞应为贞：王醉，有蛊。因为商王喝酒喝醉了，这是不应该也是不合理的事，所以贞人才认为这样不妥，有害，或有鬼怪作祟。仅仅饮酒并无不当，不是什么坏事，而是正常的事。只有一饮就醉，才是奇怪的事，才可能是鬼神作怪或有害处。因此字典将 [字形] 字释为"饮"字不妥；而释为"醉"字无论从象形，还是从卜辞文意来看，都是贴切的。因而，应将该字 [字形] 从 [字形]、[字形]、[字形]、[字形] 这些字中分离出来，释为独立的"醉"字。它不是指以酒来祭祀，而是指人在祭祀或宴筵场合沉醉于酒，对酒有了严重依赖，实实在在酗酒了。

商代是个祭祀、饮酒风气浓烈的社会，三天一小祭，五天一大祭，自王室至社会各阶层，逢祭必饮，都沉湎于酒。在创造了其他文字后，商人又创造出一个普遍需要的"醉"字来表达社会上的酗酒现象，就合情合理了。然而，遍翻甲骨文释文，不知道"醉"字在哪里。不是没有这个字，而是百余年来一直没有识别出来，这个醉字就是 [字形]。

鉴于商代以酒误国，周代统治者十分注意汲取商代亡国的教训，严格限制饮酒，颁布诰令。《尚书·周书·酒诰》中说："文王诰教小子，有正、有事，无彝酒。越庶国，饮惟祀，德将无醉。"西周时期大盂鼎铭文中有："在于御事，叚，酉无敢酖。有祡丞祀，无敢醉。"（图113）大意是："在处理国家政事

的时候，可不能沉湎于酒啊。在进行各种祭祀的时候，也不能酗酒。"这里醉字为  ，其构成从酉、从  。酉指酒；  为一个人踮起脚，瞪大眼睛注视着酉，另一只手还持有勺，意欲舀酒的样子，这与甲骨文  字在表达酗酒、贪酒上有异曲同工之妙。此外， 整体象"页"即人字，这与  字偏旁为人字相同。只不过一个为瞪大眼睛望着酒，另一只手持勺，准备舀酒；另一个为张开嘴巴，伸出舌头，俯身就酒。二者含义是一样的。从这两个字的比较分析也可以看出两字一脉相承的历史渊源。这两个字相距有三四百年历史了，所表达的含义基本没有变化。从周代的醉字  往上推，也能辨识出甲骨文中的  为醉字，而不是饮字。

图 113

图 114

我们再看一则比较长的卜辞（菁 4）王占曰：有祟！八日庚戌，有各云自东宦，女。昃，亦有出虹，自北  于河。（图 114）

这段话的意思是商王占卜说：有鬼祟！过了八天到庚戌这天，有云层自东宦而降，（五彩缤纷、风姿绰约）如（妖艳）女

111

郎。太阳偏西的时候，还有雨虹出现，从北边在黄河醉饮河水。

这里如果将 **字释为饮字，就看不出有什么异常之处，因为雨虹出现在水边是寻常的事，雨虹"饮水"也是正常现象，没有什么值得记载的。但雨虹出现后，老是在水边"饮水"，仿佛喝醉一样，沉湎于此，久久不离去，就不是正常的事了。因其异常，是奇闻，故值得书写记载。从这则卜辞也可以看出，**字只能释为醉字，不能释为饮字。释为饮字不能准确反映该字含义，也不能精准地理解相关卜辞。

至于 **字为何发 zuì 这个音，笔者推测，应与祭祀有关。商代及以前相当长时间里，祭祀必以酒，多饮酒必醉，醉与祭祀密切相关，是祭祀过程中出现的一种现象，于是当时人们便将酒醉归之于祭，便发祭音，即 jì。也就是说，醉与祭在古代可能同音，醉的发声来源于祭音，只是后来这两个字的发音发生了分化，慢慢区别开来，一个读成 zuì，另一个读成 jì 了。

第三十章 “早”字的辨认

我们现在通行的“早”字从日、从十，最早见于周代青铜器颂敦铭文中，其渊源与日字、旦字相关，表示天将亮了。《说文》：“早，晨也。从日，在甲上。”即“太阳出来的时候”。其早期写法、演变如下：

不过在战国时还有比较复杂的写法，如：

到了秦代以后，该字写法基本定型，与现在相同。如：

秦　汉　楷书

从这个字的渊源来看，其造字方式基本上走的是象形与会意相结合的路子。所谓象形，就是以太阳在天空中的位置来描述，形象性地反映白昼这一段“早”的时间；所谓会意，即是说太阳出山、出云、升起越过地平线的时候就是“早”时，一看就知道是“早”这个时辰了。

商人在甲骨文中有没有创造出这个“早”字呢？

有人认为甲骨文中没有“早”字。这种观点笔者认为是不妥的。甲骨文中不是没有“早”字，而是没有辨认出来。笔者通过研究体会到，甲骨文中不仅有“早”字，并且一字多体，没有定型。甲骨文"早"字采用同音假借、兼及会意的造字方式。由于甲骨文的早字没有定形，在周代金文中遭到废弃；而象形、会意相结合的金文早字，从日字、旦字中衍生出来，最终形成了现在通行的"早"字。

甲骨文中以下这些字均可释为早字：

我们知道，文字是从属于有声语言即口语的，口语经过漫长的历史才逐渐成型，在特定的社会中普遍使用。文字的作用就是要用刻符（笔画）的方式将这种有声语言记录下来，基本上按照一个有具体意义的音节与一个具体的字对应的方式来进行。当有一定意义的声音没有相应的字来表达时，就要借用相同音的字来替代，这就是文字的"同音假借"，简要地说就是"假借"。这是在文字产生的早期过程中为解决文字不足或没有的问题而出现的现象。在假借过程中，只要文字发音相同就可以替代使用，而不必非要合乎所需文字的意义不可。

比如甲骨文中要表达"颜色"这一概念怎么办？书写者就用另一个相同音的"啬"字来替代或借用。其实"啬"字的本义是将粮食作物收储起来，与颜色这一概念沾不上边。在甲骨文所处的商代，已经有了"色"字，但那时这个色字不当"颜色"用，"色"字的本义根据其字的偏旁组合是"人跪在刀前"，即战俘或犯罪者被刀伤害或杀死，与颜色含义没有一点关系。周代以后，在表达颜色这一概念时，人们才使用"色"字，以替代商代所使用的"啬"字来表达颜色这一概念，并一直沿用至今。因此，在表达颜色这一概念上，不管是使用"色"字还是使用"嗇"字，都是同音假借，因为不存在原始的象形字来表达"颜色"这一抽象概念。

有一段长卜辞，取其中一部分文句：（卜2）三嗇云 ![], 其既祝启。（图115）三表示多的意思，"三嗇云"即色彩缤纷的多色云彩。![] 字不识，上为眉字，下为三个矢字，"三矢"会意为多个箭头。该字 ![] 会意为"多箭直射（指）眉目"，有"直接受到威胁""危险迫近""令人惊怵"之意。这句话的大意是色彩缤纷的艳丽云层澎湃涌来，让人心惊胆颤，这样的云层散去之后，祷告活动才正式启动。

图 115

甲骨文的"早"字，也是采取类似方法，假借"草"字，与之同音。估计那时的人们要确定早晨这段时间便发"草"音，因为天色微明时，人们能分辨得清楚入眼的草木了。那怎么准确记录这个时段的特征呢？当时的人们就契刻"草"来代替，于是便写成 ![] 或 ![] 这种草的符号，表示"早"这段时间。这些草字都是指生长成熟的草，有的还将根也描绘出来，以与刚发出嫩芽而无根的草 ![]（意为生）相区别，或是刻画成地平线上大小不一、有嫩有老的一丛草，如 ![]，或是看得清地平线上的土和草 ![]。为了与一般的小草相区别，有的字又在草字下

115

加"口"字，表示这段时间也是吃饭或说话、议事的时候，"口"字表意，草字表音，这样表达，"早"字就完整了，即  字或  字。

《甲骨文字典》将这些字确定为纪时名词，无疑是正确的，但并不具体①。有些人说这是春、秋、条等字，皆不妥。而这些字释为早字不仅在造字上能说得通，在所处的卜辞中也能解释得顺畅。

（邺1.32.4）丙寅卜，甲戌  勺戚，早雨？（图116）

 ，有学者释为饮字，指一种祭祀。勺，一种祭祀。戚，一种祭祀。

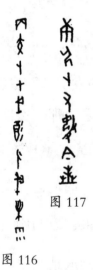

图116

这则卜辞意为丙寅这天占卜，甲戌这天举行  祭、勺祭、戚祭时，早晨会下雨吗？

（乙8818）庚申卜，又 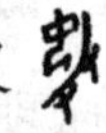 ，今早。（图117）

又即佑， 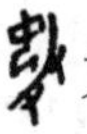 为女神，女巫。

卜辞意为庚申这天占卜，今天早上要向女神祈求保佑。

图117

---

①《甲骨文字典》卷一第48、50、60页（徐中舒主编，四川辞书出版社2014年出版）。

（后上 29.10）丁巳卜：今早方其大出，四月。（图 118）

方，商代方国之一。其意为丁巳这天占卜：今天早晨方国的人员大量外出（意为不正常），时在四月。

（甲 436）……周侯今早于 ![字符]，无祸，从东卫。（图 119）

![字符]字不识，地名。东卫，军队职官名。

全文意为……周侯今天早上（呆）在 ![字符]这个地方，没有灾祸，（他）跟随着东卫。

关于该字 ![字符]，学者探讨相对来说不多。有一种看法认为该字为"者"字。刘钊在其所著的《古文字构形学》一书中认为，卜辞中的"今 ![字符]"作为一个记时的词，含义很虚，即"今者"，相当于今天所说的"近来"，或"这一段"。其倒写 ![字符]或 ![字符]很有可能为同一个字。而其倒写旁边加水的偏旁字 ![字符]应释为现在的"渚"字，表示地名①。笔者认同其将 ![字符]、![字符]、![字符]、![字符]等倒写体均看成是同一个字的观点，但他认为该字是"者"字的观点值得商榷。

图 118

图 119

---

① 《古文字构形学》第 18 页（刘钊著，福建人民出版社 2011 年出版）。

关于者字，其金文形态为 [甲骨文字形]、[甲骨文字形]、[甲骨文字形]、[甲骨文字形]、[甲骨文字形]、[甲骨文字形] 等。目前大家一致的看法是者字由两部分构成：上部象形为木柴着火，火星喷溅；下部分为口，或"曰"（言语），强调部落成员围绕火堆漫谈交流。该字整体表示古代人们燃烧篝火，烤煮食物，聚众社交的场面。该字是煮、渚、诸等字的本字。金文中最早称诸侯为"者侯"，就是取者字"众多人在一起"之义。因此，"者"本义是"生火煮食，大家围而聚餐，商议事情"。其本义消失后，再加"火"另造"煮"表示生火做饭；当水中的小块陆地口语发音为"者"时，便创造"渚"字来表示这一水文地理特征。者字用来表音，水字用来表意，即水中小块陆地为渚，其构成与"洲"字相似，为形声字。

当然，在甲骨文中，有的字本来该用木的偏旁，却写成了草的偏旁，或者禾字偏旁，其义不变，这是常有的事。因此，将 [甲骨文字形] 或 [甲骨文字形] 看成 [甲骨文字形] 字似乎合理。也许有人说，燃烧篝火，既可以用木柴，也可以用干草。这固然不假，但使用干草是特殊事例，一般是用木柴的。燃烧木柴火力足，火星四溅既表示篝火火力猛烈，也表示篝火体量大，适合部族成员聚会，而纯粹草字偏旁是看不出生火燃烧或篝火的含义的。这就是说，在商代时期，人们不会将 [甲骨文字形] 字看成是 [甲骨文字形] 字，其区别太明显了。

更重要的是该字 [甲骨文字形] 有很多异体字，如 [甲骨文字形]、[甲骨文字形]，根据其在卜辞中的用法，与 [甲骨文字形] 字含义相同，应为表达同一个含义的不

同表现方式。将 ⿱甘曰 释为者字，那其异体字怎么解释？还有早字

的 ⿻木火 和 ⿻木火 等字形，其下不带口字，是不是者字？我们还没有

发现者字有异体字的情况，者字也不可能去掉其下的口字偏旁，

去掉了就不成为者字，而成为其他的字了。因此将 ⿻木火 释为者字

是没法站住脚的。尽管将"今 ⿻木火 "解释为"近来"或"这一段

时间"也能说得过去，但远不如将其释为早字自然贴切。释为

早字，"今 ⿻木火 "为"今早"，表示时间概念是具体实在的。

有的网站将 ⿻米火 字释为者，谓其上部表示木柴着火，火星喷

溅；下部为火字，整体会意为古代部落燃烧篝火，用以煮食，

聚众社交，即是煮的本字。

以上解说是十分不正确的。事实上， ⿻米火 字在甲骨文中是最

为普通的字，可释为燎字或焚字，前文专文探讨过该字，兹不

重复。

以上说明，甲骨文中并没有出现者字，其原因只有两种：

要么这个者字还没有被创造出来；要么已经创造出来了，但甲

骨文卜辞中没有用上这个字。比如金、姚等字在甲骨文中就没

有出现，而是在西周初期的金文中才出现，但这并不表明它们

是在西周才创造出来的。可以肯定地说金、姚这两个字在商代

就已经创造出来了，只是卜辞中没有用上，者字也可能是这种

情况。因此将 ⿻米火 字牵强地释为者字不妥，正如将 ⿻木火 字释为者字

一样。它们的外形与内涵均没有明显联系，明显为不同的字，有必要分别对待才对。

第三十一章　𣏟为"木之高大者"

𣏟，或写成𣏟，从木、从𠈌，学者一般都遵从《说文》所述，即𣏟为𣏟，含义是"两刃臿也。从木、干，象形"①②。

甲骨文没有出土时，谁也不知道《说文》的解释究竟是对还是错。发现甲骨文并辨识了其中一些字后，人们才发现《说文》里面的观点对错参半。对这个𣏟字，《说文》的观点目前还没有定论。不过，将《说文》对该字的解释应用于卜辞中肯定是没法圆满解释文意的。许慎的解释难以站住脚，或者说是错误的。

笔者对𣏟字的理解是：𣏟为象形兼会意字。其下偏旁为木字，其上偏旁𠈌象云雾，这是理解该字的关键。其含义是树木长得高大，伸展到了云层之中，极言树木之高大。说其象形，是两个偏旁均为对木与云的象形；说其会意是指其组合形成的

---

① 《甲骨文字典》卷六第 647 页（徐中舒主编，四川辞书出版社 2014 年出版）。

② 《新编甲骨文字典》第 339、340 页（刘兴隆著，国际文化出版公司 2005 年出版）。

复合字 🌲，会意为树木伸展到云层里，极言树木高大。理由如下：

一、偏旁 ⋀ 象形为云雾、云层。⋀ 为云雾、云层之形可以从另一个"岳"字的甲骨文形态体现出来。

甲骨文岳字有 🌲、🌲、🌲 等写法，基本上是其下从山，其上从 🌲。亦有对这一偏旁简化的岳字，如 🌲。对于偏旁 🌲，有学者认为其为芈字，为羊的鸣叫声。这种观点没法解释岳字的构成。岳，《辞海》解释为高大的山。古人将岳与山两者区分开来，不是没有参照物或标准的，这一参照物就是云雾、云层，那些山高大到直入云雾、云层之中，就是岳，极言山之高也。因此，🌲字，或其简写 🌲，象形为云雾、云层，这与《说文》对岳字的解释有相同之处。《说文》："岳，东岱……王者之所以巡狩所至。从山，狱声。🌲，古文，象高形。"我们从 🌲 的上面偏旁可以看出，其形状好似流云状，与 🌲 或 🌲 大体相同，也与 🌲 字的上面偏旁 ⋀ 大体相同，而 ⋀ 这一偏旁与岳字的简体偏旁 🌲 也大体相同。

据此，窃以为 🌲 或 ⋀ 均为云雾、云层或流云的象形，以衬托山之高大、木之高大，其顶耸入云层中。那么，在木字

上面加上  偏旁，与在山字上面加上 或 偏旁，即是同一种造字法，均象形为流云、云层，以突显树木之高大，穿入云层之中，而与一般的树木区别开来，正如岳与山的区别一样。如果说山之高大者为岳 ，则木之高大者为 。

以此来理解以下这些难解的相关卜辞就豁然开朗了。

（合集13582）隹丁家 。（图120）

家，人之所居也，房屋之意。 本义为木之高大者，这里用以形容家之高大。全句意为只有丁家建得特别高大。

如果不能理解 此处引申为"高大"之义，则这则卜辞确实难于理解，不知所云。

（合集18405）贞：不其 ？（图121）

其意为贞人问：那不是很高大吗？

（合集9552）…… 石有从雨。（图122）

石，高大的石头，这里为地名。从，为纵的本字，纵雨，即暴雨。全文意为……高石这个地方有大暴雨。

二、 字为木之高大者，还可以从甲骨文相字的写法看出来。

图120

图121

图122

123

相字有三种写法：1.⿰目木目与木偏旁并列，这种形态比较普遍；2.⿱偏旁目在木上。3.⿰偏旁目在⿱一侧。其含义均为人爬到树上去观察远处的事物。要把在地上看不真切的事物看清楚，当时情况下就是爬上树。爬得越高，看得越远、越清楚。因此，相字会意为"眺望""高瞻远瞩"，引申为通过一定的方法从整体全局了解事情全貌，理出个头绪。

这里，⿱字作为⿰字的偏旁就十分值得注意。它与木字偏旁含义是等值的。那为什么写为⿱而不写成木呢？⿱字的不同就在于它表达的意义更为准确具体。它代表"高大入云的树木"，⿰字这样写表示人爬到高耸入云的树上去看，是为了将远处的事物看得更清楚，更符合相字的本意。

综上所述，⿱字的本义为木之高大者，在商代一般用法中含义为"高大"，这与现在用"大"字来描述事物高大有区别。在商代，表示事物高大用⿱字，而大字则与天字是同一个含义，没有分化出来。如商人称呼自己的国都为"大邑商"也可以识读为"天邑商"，即"伟大的城邦商国"，这里的大字乃伟大之意。

⿱字随着商朝的灭亡遭到了废弃，此后也没有相应的字来承续和替代。这种文字传承的中断给我们辨识甲骨文带来了极大的困难，但我们通过古人造字的思维方式，还是可以窥探到字的真实含义，继而完全解读这些简约、质朴的卜辞。

需要指出的是，甲骨文 字在流传过程中发生了讹变，其上偏旁本为云雾、云层之象形，却讹成了"丘"字， 字成为岳字，而 字则完全废弃。如果照其偏旁来构形，现在似应写成"枟"字。这个字也是存在的，只是很生僻，《玉篇·木部》解释说："枟，木文。"即树木的纹理。可见，该字与其本义已经风马牛不相及了。

第三十二章　🌿为"果"字，非"叶"

　　甲骨文🌿是最基本的象形字，在树木枝条上刻画一个个小圆圈，象形为树上结的果子，也有人认为象形为枝上长的叶片。究竟是果字还是叶字，学者多有分歧。罗振玉认为应释为果字，该字就是象果实在树上之形；但郭沫若却认为该字为叶的初字，应识别为叶字。一直以来，是果是叶，对错莫辨。

　　甲骨文采字🌿由🌿与爪🖐构成（也有另外的写法🌿，由🖐与✕构成，为采字异体字，🌿字为简写），🌿这种写法为规范写法。由于涉及对采字的准确解释，确有认定🌿字真实含义的必要。罗振玉说，采字为取果于树木之意；而郭沫若则认为采字为取叶于树木。而东汉学者许慎的《说文》对采字的解释则避免了这一争论，只说采字是"捋取也，从木从爪"。徐中舒在其《甲骨文字典》中认为皆无确证，不置对否，而存其说[1]。《新编甲骨文字典》中，刘兴隆认为🌿是果字，象枝头结果之形。他引述《说文》对果字解释说："果，木实，从木，象果形

---

[1]《甲骨文字典》卷六第654页（徐中舒主编，四川辞书出版社2014年出版）。

在之上 ①。"

笔者认为，罗振玉的观点是正确的，不仅郭沫若的说法错了，许慎在《说文》中阐述得也不准确。事实上，采字乃"捋取也，从果从爪"，即 🌿 确定无疑是果字，不可能是叶字。这就要在甲骨文卜辞的语境中来理解、分析、判断，才能确定其为果字。

果与叶皆为名词，在卜辞中，当作为地名、人名使用时这两个字是没法区分的。必须在它们作为其他词性，充当其他句子成分时才能真实显露其含义，从而判定其为果字还是为叶字。

图 123

如卜辞（宁 1.506）乙酉卜，王 🌿 令。（图 123）

这里 🌿 字应当释读为果字，表"果真、果然"之意。其意为乙酉这天占卜，商王果然下达了命令。见甲骨图片中间卜辞。

---

① 《新编甲骨文字典》第 337 页（刘兴隆著，国际文化出版公司 2005 年出版）。

对这则卜辞，《甲骨文字典》中则是将 ✹ 字作为人名看待，认为这是宾语倒置的用法，✹ 令即令 ✹，王 ✹ 令即王令 ✹。这种动宾倒置句式在甲骨文卜辞中比较常见。如若这样理解则仍然没法确定 ✹ 字是果还是叶字。徐中舒将此句卜辞解释为宾语倒置用法，没法反驳，可存一说。

《甲骨文合集》中一则卜辞，如图：丙午卜，亘贞：妇 ✹ 娩，嘉，四月。（图124）

图124

这里，✹ 字是商王一个妃子的私名，作人名用。其意为丙午这天占卜，贞人亘说：商王妃子妇 ✹ 分娩，生了个男孩，时在四月。

卜辞（金369）甲申贞：王于丁……步 ✹。（图125）

这里 ✹ 字作地名用，其卜辞意为甲申这天占卜：商王在丁这个地方……走在 ✹ 地路上。

再有卜辞（粹72）……卜：又于五山，在 ✹。（图126）

图126

图125

这里，又通侑，侑祭。✹ 字也是作地

128

名用。其意为……占卜：在♁地侑祭五位山神。

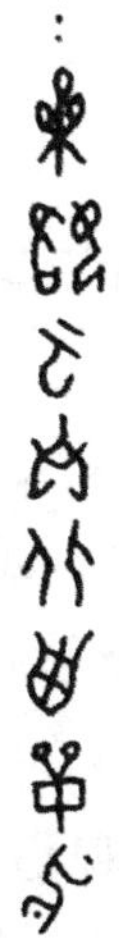

我们再看这则卜辞：

（前7.26.3）……♁，各云自北，西单雷……（图127）

图128

图127

这里♁字为各，来、至的意思；亦有学者认为应释为降字，笔者认同后一种解释。西单，地名。

全文意为……♁，云层从北边降落，西单那里雷声滚滚……♁字在这里只能释为果然，如果释为叶字则卜辞意义没法文从字顺。当然，这则卜辞前面阙文，没法确定♁字在句子里的成分，释为果然，还算可取。

再如卜辞（乙5303）贞：亘其♁？佳执。（图128）

这里，如果将♁字释为果字就很好理解，表达引申意义"结果"，以动词充当谓语。卜辞意为贞人说：亘这个人会有什么结果？还是被抓起来了。文句意义很通畅、完整。《甲骨文字典》中将此处的♁字释为人名，不妥。如果这里将♁释为叶字，则这则卜辞完全没法通读。这里的♁字当"结果"理解，那么♁字就一定是果字。这是♁为果字最有力的证明。

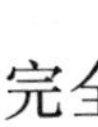

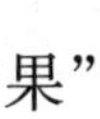

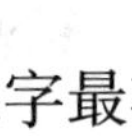

第三十三章　谈 🅧 为"屋"字及其衍生字 🅧 "吾"

一、🅧 乃"屋"字

🅧 字表达什么意义，是现在的什么字，目前还没有形成一致的观点。徐中舒在其主编的《甲骨文字典》中说，该字字形与帝字相近，疑与帝字同义[1]，笔者深以为不妥。

刘兴隆编辑的字典中说，该字的结构从 🅧，从 ▎，前者为五字，后者为指事符号。🅧 字偏旁标音，▎ 或指屋中的立柱，因此该字为形声兼表意字，疑与现在的庑、屋字义同，在卜辞中表示放置灵牌、祭祀用的房屋[2]。笔者认为这种观点比较合理，该字为屋字，在卜辞中释为"灵堂"比较妥当。

该字主要有两种写法，另一种是 🅧，其下从口，与 🅧 字同，不改其意。这种写法 🅧 成为后来吾字的初字，晤字也源于此。

---

[1] 《甲骨文字典》卷一第 9 页（徐中舒主编，四川辞书出版社 2014 年出版）。

[2] 《新编甲骨文字典》第 946、947 页（刘兴隆著，国际文化出版公司 2005 年出版）。

将其作为屋字解释相关卜辞，卜辞文句流畅自然。如：

（卜796）……叀北屋用……（图129）即……只在北边的灵堂里使用……

（佚211）叀新屋用。（图130）即只用在新建成的灵堂里。

（合集1117）辛丑……勿隹女屋用。（图131）即辛丑这天……不要在女性灵堂里使用。

（屯1104）……御自上甲，至于大示，叀父丁屋用。（图132）

图129

图130

图131

图132

图133

御，祭名。上甲，商王先祖。大示，自上甲至示癸直系先王祭祀的统称。父丁，商王父亲名丁。

这则卜辞的意思是……举行御祭，从远祖上甲往下一直（祭祀）到示癸，只在父亲丁的灵堂里举行。

（怀141）……贞：其……亦……勿屋用。（图133）即贞人说：这些……也……不要在灵堂里使用。

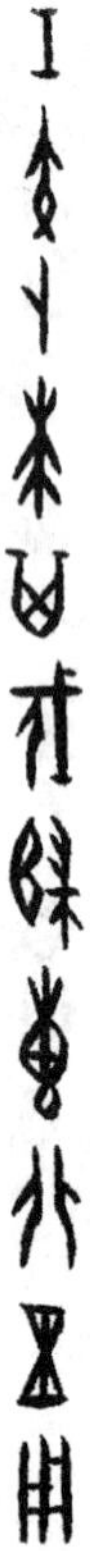

（合集 34121）壬寅卜，✳ 其成归，叀北屋用。（图 134）

即壬寅这天占卜，祈求戍边将士归来，只用北边的灵堂。

如果将该字 ✕ 释为帝字，应用到这些卜辞中则文意不通，没法圆满解释这些文句含义。

将 ✕ 字作"灵堂"解，则其异体字 ✕ 也能很好理解了。✕ 字既为"灵堂"，则指众人祭祀先祖、神灵之场所，必然会人声鼎沸、众口一词地发声祈求，故而在其下面加口字来示意，以与一般的房屋区别开来。因而该字异形体 ✕ 也是个形声兼会意字。

图 134

笔者认为，✕ 字更为规范，内涵表达得更全面、准确。但 ✕ 字出现得早，先有 ✕ 字，在 ✕ 字基础上才创造出 ✕ 字。不过，在卜辞中这两个字都只表示"灵堂"，特别是 ✕，是吾字的初字，并没有后来所衍生的"我"的含义及用法。

如此，我们对该字 ✕ 的渊源就有了一个清晰的推断：商代口语将房屋的屋发声为 wū，造字者为表达好该音节的意义，将 ✕ 借用过来（五 ✕ 作为刻符最早用来记数），即以 ✕ 字表音，加上表示房屋中撑起房顶的木柱符号 ▍，便完成了屋字的

创造。这样创造出的 ⊠ 字大家都能理解，很快就固定并传播
开来。后来为了突出其作为灵堂专用的房屋，便在该字基础上
再增加口字，与一般房屋相区别，专指用来祈祷、祭祀的房屋，
这就是 ⊠ 字的起源。由此可知 ⊠ 即吾字的本义为"灵堂"，与
⊠ 字义同。

关于庑与屋字。庑，形声字，以广字表意，为房屋；以无
字表音，音与屋同。这个字为后起字，或与屋同为异构字。在
春秋战国时期，它指的是大屋，与小屋"室"相对。《管子·国
蓄》中说："夫以室庑籍，谓之毁成。"尹知章注："小曰室，大
曰庑，音武。是使人毁坏庐室。"而《说文》则将其解释为"堂
下周屋"。《说文》说："屋，居也，从尸。尸，所主也。一曰尸
象屋形。"

从 ⊠ 字的偏旁构成、音节来源及其在卜辞中的用法来看，
它都与后来字庑、屋含义相同，尽管它们源于不同的造字方法，
但都可以认定是同一个字。它们最大的共同点是音相同，这是
由于表达屋的口语音节 wū 一直未变的原故，前后造字者均取
其音作为造字的基本要素。

二、⊠吾字缘何有"我"含义？

吾字的历史演变如下：

在西周金文中，其形态为 吾吾吾吾，可见它继承了甲骨文
⊠ 字的结构、写法，从 ⊠，从口。但我们也看到了后期的一

133

些变化，有的写法已经是上面从 ，下面从口了。从 ，表示的是房屋，从 ，表示的是数字。尽管这种变化对于吾字本身没有什么影响，都是读 wū，但对于吾字的来源则成了一个问题，改为 字偏旁，是省去了笔划，却掩盖了其本来含义。

后来的小篆却采用了简写体 ，以此为本，遂演变成现行的吾字，导致人们对其本义不甚了了，发生误解。《说文》解说："吾，我，自称也，从口，五声。"现在某些网站以吾字解释 ，已经本末倒置了。

《说文》解释，吾字从口，五声，从本源来讲，说得不错。但确切地说，吾字应该是从 ，从口， 声。当然，究本求源， 声也来源于 五声，因而《说文》解说也不算完全错，但这样解说掩盖了吾字的造字本意，即其作为"灵堂"的含义没有得到反映，如果仅仅作为形声字来解，则没法探究现行吾字的本来含义。

《说文》《尔雅》皆称吾即我。《左传·僖公三十年》有"寡君闻吾子将步师出于敝邑"，东晋陶潜有诗句"吾亦爱吾庐"，唐代李泌《长歌行》中有"天覆吾，地载吾，天地生吾有意无"，吾的用法均等同于我。

为什么吾字有"我"的含义，用法等同于"我"呢？这必须从吾字的本义溯源来解。吾字的本义为"灵堂"，是同一族人祭祀祖先的地方，同一氏族，同一血脉。在古人的观念里，灵堂体现的是"我""我们"这一族人，整体上是一家，如同同种物质的分子或原子，每个人的本质特征都相同。故而吾字本质等同于"我"，以与外族、异族区分开来，其所强调的是同族同根、同为一脉，故"我"义蕴藏其中。这经历了漫长的历史文化积淀，至少从商代开始，从表示灵堂的 字慢慢演化出"我"的含义。

第三十四章　🐟似可释为"虞"字

🐟字从自、从鱼，《说文》所无。徐中舒谓此字义不明[1]；刘兴隆谓此字象鼻下有鱼，为会意字，当是🐟字之异文（刘谓🐟从生、从鱼，为"鱼生""鱼星"，即腥字），卜辞中作生肉解[2]。

刘的解读不妥，因为在卜辞中，该字与勿字组成"勿🐟"成语，在卜辞中用得很普遍，🐟作谓语用，不可能是名词。若以"生肉"之义套用，没法解释。

该字似可作"虞"字解，表示担心、忧虑之意。当时的成语"勿🐟"即"勿虞"，是不用担心、不用忧虑之意。

🐟是个形声字，以其偏旁鱼表音，另一偏旁"自"在此不作"鼻子"本义解，而是当作"自身"解，当作反身代词，这也是自的含义之一。当时的人们口语发"yú"这个音时，就是

---

① 《甲骨文字典》卷十一第 1255 页（徐中舒主编，四川辞书出版社 2014 年出版）。

② 《新编甲骨文字典》第 770 页（刘兴隆著，国际文化出版公司 2005 年出版）。

136

表示自己担心、忧虑之意，表达自己的一种心理状态。这个字可能是虞字的本字。甲骨文中并没有虞字构形的踪影，字承担了虞字表达担心、忧虑的功能。

虞字最早出现在金文中，如、、。其字形构成为代表虎头的虍，加上象人起舞挥臂之形的夨，再加上表示歌唱的口，整体表示头戴老虎面具进行歌舞。造字本义：打虎得胜后，戴着老虎面具，表演打虎的歌舞。也有学者解释说，虞是一种祭祀仪式，戴虎头面具跳舞。因戴面具跳舞非真实，故有欺诈或猜度之意。《说文》："虞，驺虞也。白虎黑文，尾长于身。仁兽，食自死之肉。"虞字与吴字、娱字密切相关，应为同时产生。目前已知最早出现的吴字在西周时期的同簋上。司马迁《史记·吴太伯世家》："自太伯作吴，五世而武王克殷，封其后为二：其一虞，在中国；其一吴，在夷蛮。"这说明，虞国出现得较晚，在商代晚期。甲骨文中没有发现该字，那么当时的"虞"字可能就是由字来充当了。

我们看相关的卜辞：

（合集 2630）勿虞妇好御。（图 135）

妇好是商王武丁的配偶，也是古代有名的女将军。御，一般指驾驶马车，也可引申为统领军队，这里取后者。全文意为妇好统率军队，没有什么可担心的。该卜辞表明当时人们对妇好的军事指挥才能予以高度肯定。

图 135

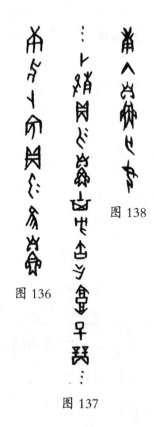

图 138

图 136

图 137

（乙8314）庚申卜，宾贞：勿隹虞。（图136）

意为庚申这天占卜，贞人宾说：不要这样担心切切的。

（合121）……卜，殼贞：勿虞，基方缶作墉。子商……（图137）

这则卜辞翻译成现代汉语为……占卜，贞人殼说：不要担心敌国基方首领缶开始修筑城垣。子商……

（合集31882）庚入虞，亡女。（图138）

关于这则卜辞，刘兴隆认为此句中的  字当作"生肉"解，"庚入虞"意为"庚这个人进贡生肉"。但这样理解说不通，没法与"亡女"即"不后悔"前后联系。其实，此处的  字仍然当虞字讲，或为地名，即虞地，也就最早的吴地。这则卜辞全句意为"庚这个人进入虞地，不后悔"。甲骨文卜辞中，入字有进入、来（进贡）等含义。如卜辞（佚407）丁巳卜，又入日。（图139）日为地名或国名。"又入日"即"又进入日地去"。这则卜辞的句子结构"入日"与上述卜辞的结构"入虞"相同，同时虞与日一样，指的是地名。

图 139

第三十五章 [字形] 为"察"字

[字形]从[字符]、从[字符]，除这一字形外，还有另外两种写法[字符]、[字符]。《甲骨文字典》谓其意会不明，含义不明，相关卜辞自然得不到解读[1]。其实，该字宜释为"察"字。

该字偏旁[字符]可识为祟，也可识作蔡或杀，其本义为一种类似于豪猪的野兽，是蔡氏部落的图腾。《说文》："[字符]，修豪兽。一曰河内名豕也。……读若弟。"作为一种野兽，它演变成祟字，有祸害之义。[字符]同时也是蔡字的初文，祟、蔡、杀三字均是由其分化而来，这三个字古代读音相同、意义相近。

[字符]字象形为半开放式圈舍、墙垣等，在甲骨文中类似[字符]的字还有[字符]、[字符]等，其中的[字符]偏旁均象形为有两堵墙垣、篱笆的半开放式建筑设施。

因此，从字形上讲，[字符]是两个偏旁组合成的会意字，表示将野兽祟半开放式地驯养起来。这是古代畜牧业的初始形式，

---

①《甲骨文字典》卷一第 43 页（徐中舒主编，四川辞书出版社 2014 年出版）。

与刻画圈养牛、猪的牢、豢二字含义相近。

而察字由宝盖头 和祭字两个偏旁组成， 表示房子，这与半开放式墙垣之类的符号 类似，而祭字则是 字的伪变。目前所知最早的察字在西周晚期的弭叔师察簋中，如图 ，其下面的偏旁与 字形明显相似，可知是 字的延续，即偏旁由 演变成了 ，而 与 这两个偏旁本来表达的意义就相近。这说明察字圈养野兽 的本义从商代到西周晚期一直得到了传承，尽管其字形在长期演变中有所改变。

字中间偏旁 字演变为祭字，左右偏旁 演变为 ，也表明 的源头是 字， 是察 的初字、本字。察与 两者一脉相承，其外形在历史的长河中有所变化，而含义始终不渝。

察字的含义从圈养野兽 的本义转变为看视、视察、了解清楚的含义，这种转变是怎么发生的？笔者认为这或许是同音假借所致。也就是说，商人表达"眼睛看清楚了东西、事情"时，便发"chá"这个口音，而圈养野兽 也发这个音，于是占卜者（也是文字创造、使用及传承者）便将 字假借为"观察""看清楚"。大家相因成习， 字便有了"察看""视察"

这一层含义，用于表达"看清楚"这一意义。

相关卜辞有：

（拾 10.3）贞：病目，不察。（图 140）

这则卜辞意为贞人说：患了眼病，看不清楚。

不察即看不清楚，是眼睛患病的结果。这样解读卜辞就文从字顺，文意推进连贯自然。

（合集 19036）目其察。（图 141）

即眼睛是用来看清楚事物的。

（合集 2955）子商其察祸。（图 142）

子商，商代著名军事将领。这则卜辞意为将军子商会察觉到祸害。

（合集 29703）……

贞：子不察？（图 143）

这则卜辞意即……贞人说：子这个人会看不清楚？

（合 121）辛卯卜，殼贞：基方缶作墉，不察弗云。（图 144）

基方是商朝的敌国。

即缶，本为瓦器，这里为基方首领的私名，即

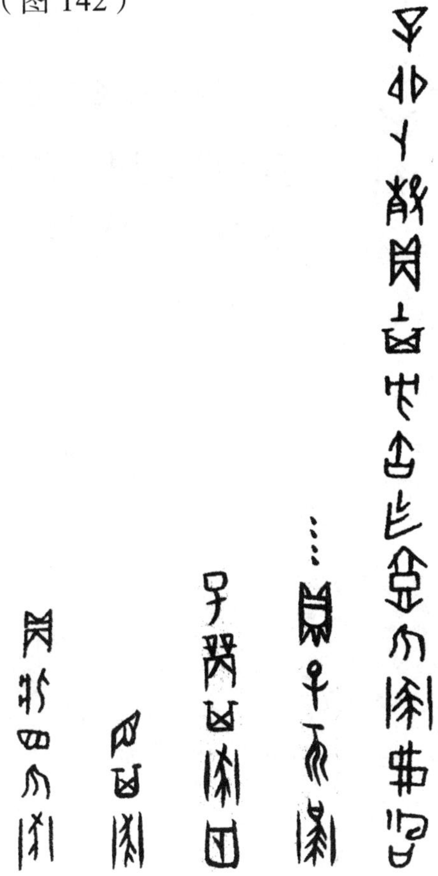

图 140　图 141　图 142　图 143　图 144

基国名叫"缶"的首领。🔼作为基国首领的私名，在其他卜辞中能得到验证，这里不述。全文意为辛卯这天占卜，贞人殻说：基国首领缶修筑城垣，没有搞清楚不要乱说。"不察弗云"意为"没有搞清楚就不要乱说"。

（合121）辛卯卜，殻贞：基方作墉，其察！（图145）

全文意为辛卯这天占卜，贞人殻说：基国修筑城垣，一定要仔细观察！

综上所述，将 🔲 字释为察字，不仅从字的源流上说得过去，在相关卜辞文句语境中也是自洽的，文意推进自然流畅。

图 145

第三十六章 [字形] 为 "焖" 字

[字形]从倒扣的皿、从热，该字字典中均标明其意会不清，意义不明[1][2]，笔者分析后认为宜释为 "焖" 字。

该字是个会意字。手持火炬，用器皿倒扣住，会是什么情况？内部闭塞，里面的热量不能散发，温度就会迅速升高，闷热得很。这个[字形]字就很好地描述了这种情况，通过两个象形偏旁的组合，以生活中的实际感受，确定了 "焖" 字的通行含义。我们看两则相关的卜辞。

（合 262）……[字形]，今六月……七月。（图 146）

商代的六、七月大致相当于现在公历的七、八月，正是一年中最为炎热的时节。那种闷热就好像在倒扣的器皿中燃烧火把一样，热得让人喘不过气来。因此，[字形]字会意为炎热，很好地描述了夏季之炎热的状况。全句意为……今年六月……七月，闷热得很。

图 146

---

[1]《甲骨文字典》卷十第 1121 页（徐中舒主编，四川辞书出版社 2014 年出版）。

[2]《新编甲骨文字典》第 651、652 页（刘兴隆著，国际文化出版公司 2005 年出版）。

（合262）……亥卜，殻贞：🦇，今六月……（图147）

其意为……亥这天占卜，贞人殻说：今年六月格外闷热……

焖字契合🦇这个字，是无可非议的，放在卜辞中十分贴合文意。但是，我们从历史来看，这个🦇字并没有得到继承延续，而是遭到废弃。直到西周时期才产生了一个类似的"闷"字，而这个字侧重表现心理状态，即心灵象门一样打不开，情绪不好。

图147

在金文大篆中，其字体为🦋，从门、从心。造字本义为情绪无法交流、释放而不快乐。《说文》："闷，懑也。从心，门声。"

这个🦋字确立后，才产生了焖字，在🦋字旁边加火字，表示像火一样闷热。但焖字现在的用法主要是指一种烹饪手法，即盖紧锅盖，用微火把饭菜煮熟。从内在性质上讲，这个焖的含义，与🦇字所表达的情景是相同的，都是指高温、高热，而又密不透风，叫人难受。从其字形上讲，它们都带有火字，一个是反扣器皿，一个是把门关上，都是形成密闭空间。而焖字从火、从闷，是个形声字，以闷标音，兼有表意成分。闷中有心字，表达的是一种心理感受。由此，我们可以将🦇字释为焖

🔥字。但鉴于这个焖字不多用，我们谈到闷热的时候，通常也是采用闷字，而不是焖字，故将该字🔥释为闷也是可以的，其义相通，用法一样。

谈到这里，笔者联想到另一个甲骨文字🔥，该字从宀、从热。《说文》中说，这个字为突，其意为老，从又、从灾。朱骏声认为其为搜的本字，象手持火炬在屋里寻找东西的样子。徐中舒亦认可这一观点。笔者认为，《说文》所讲不妥，朱骏声的观点也难以苟同。🔥字仍然为焖字，与🔥字同，两者是同义异构字，所会意的都是在封闭空间里燃烧火炬，十分闷热，表达的是这样做带来的后果，而不是会意为点着火把在屋里寻找物品。将🔥字构成确定为从灾、从又，是产生释义错误的根本原因，正确的拆解应为从宀、从热。

相关卜辞有：（前4.28.7）乙未卜，夬贞：🔥，王🔥曰🔥。（图148）

这则卜辞极为难解，主要是生字太多。如🔥字不识，或释为镂，从其偏旁组合来讲，是指双手奉献货贝之意，与"贽"字含义类似。🔥字不识，或释为侑，指一种祭祀的进献仪式。再就是🔥字，由于

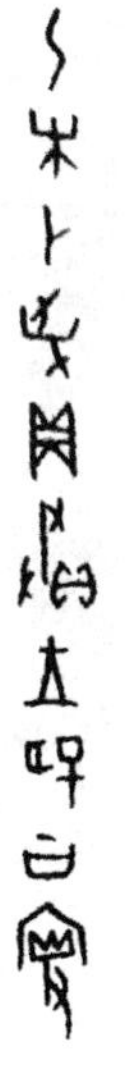

图 148

字迹漫漶不清，有人认为是曰字，有人释为甘字。笔者认为应为曰字。全文的意义，大致是"乙未这天占卜，贞人夬说：进献货贝，商王祭祀时说，这也够时兴的了"。将 字作为字的异构字来看待，为焖字，引申为"有热度""时兴"，能说得过去。因为按照当时的传统，祭祀时一般奉献的是酒、肉、五谷、人畜牺牲这些东西，还没有奉献货贝的。但在商王武丁时代，商品经济发展了，货贝即货币的作用越来越大，起到了一般等价物的作用，可以替代上述那些酒、肉、五谷、人畜牺牲等东西。故在祭祀时直接奉献货贝这种新时尚流行起来，商王也只好认可这一做法，于是他便产生了这种感慨，并被占卜者记录下来。而将这个字释为字，即当老字理解，或当字讲，这则卜辞就没法释读得通，不知所云。

第三十七章 ᗦ为"喃"字

ᗦ字从南，南中间有口，《说文》所无，其义不明[1]。笔者认为，该字宜释为"喃"字，表示说话口齿不清。

卜辞有（乙452）贞：病齿，隹ᗦ。（图149）

如果将ᗦ字释为喃字的话，那这则卜辞的意思为贞人说：牙齿患病了，说话呢喃不清。文意很通顺。

从字形上讲，现在的喃字，偏旁部首延续了甲骨文的形态，只是将中间的口字移到左边来，从南、从口不变，没有其他偏旁部首的增减。也就是说，今天的喃字与甲骨文ᗦ字在形态上是对应的。这可以视为该字的连续性，一脉相承数千年。我国文字在历史演变过程中经常出现这样的现象，将偏旁部首从文字中间挪到左右或上下，是文字发展史上的正常现象。

ᗦ字遵从这样的作法，并非例外。

关于南字的起源有多种说法。有学者认为，甲骨文南字，下面部分从舟，讹为凡字，凡既是音旁，

图 149

---

①《甲骨文字典》卷六第 686、687 页（徐中舒主编，四川辞书出版社 2014 年出版）。

也是形旁，表示用于水上祭祀、系吊于舟中的小鼓，远古时代流行于闽越地区，祭祀时用来伴奏巫师的说、唱、颂、念等。

而学者唐兰则认为，南字下部从  ，象倒置之瓦器，上部象悬挂瓦器之绳索，故该字象形为古代瓦制之乐器。这一观点得到徐中舒等学者赞成。后来，该字逐渐演变为表示南方的方位字。不管学者的观点怎样，南字象形一种乐器是形成了共识的。

是在南字中加口字，里面的口表示说话，外面的南表示口中发出"南"的声音，因此这个字是个发"南"音的形声字。这个字的口音今天还在继续使用，如有人情绪波动或神志不清时讲话给自己听，别人听不清，叫作"喃喃自语"；还有描述燕子的叫声为"呢喃"，都是话听不清、语意不明的意思。

此外，南字在商代有表示"幼小"的含义。

如卜辞：（合278）寮于东西，又伐，卯南黄牛。（图150）

南，这里是幼小之意。南黄牛即乳黄牛。全文意为"在东西方向放火举行寮祭，又进行伐祭，还将幼小的黄牛对半剖开（奉献给神灵）"。幼小的动物或小孩，其发音是含混不清的，发音不清是由于幼小，声带发育不全。因此，从南的含义看，由发音不清而产生了幼小的含义。

最后，从上文卜辞的语意来看，释为喃字也是与文意融洽的。"贞：病齿，隹喃"，病齿是指牙齿患病，可能是牙齿因各种原因而脱落，造成齿缝洞开，影响了说话发音。那么发音不清就是病齿自然而然产生的后果。所以 释为喃字是合适的。

图150

第三十八章 ⿱云口 为 "云" 字

⿱云口 字出现于甲骨文一期，从云、从口，《说文》所不载，其义不明，相关卜辞无解 [1][2]。

其实，该字依然是云字，只是其意义不作天空中的云字讲，而是作 "胡言乱语" 解。⿱云口 是个会意字，以口字为主，表明是说话之意，而上面的云字则是对说话内容性质的认定，会意为其话如云。云者，无根无底，随风飘荡，这正合了所言所说无根据、不负责任的特征，即胡言乱语。这个字创造得十分形象。另外，这个云字偏旁还表音，表明 ⿱云口 字读音同云。因此，⿱云口 是个既形声又会意的字，是以天上的云朵来比喻没有根据的话而创造出来的字。

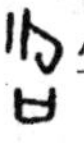

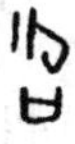

下面这则卜辞很典型地说明了该字的用法。

（合 121）辛卯卜，殼贞：基方缶作墉，不察弗云。（图 151）

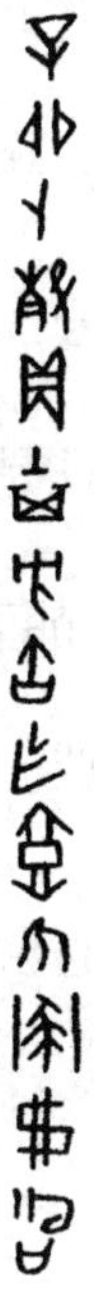

图 151

————————————

[1]《甲骨文字典》卷十一第 1253 页（徐中舒主编，四川辞书出版社 2014 年出版）。

[2]《新编甲骨文字典》第 760 页（刘兴隆著，国际文化出版公司 2005 年出版）。

　　基方是与商为敌的方国。即缶，本为瓦器，在此为基方首领的私名，即基国名叫"缶"的首领，这在其他卜辞中可得到验证。全文意为"辛卯这天占卜，贞人㱿说：基国首领缶修筑城垣，（这件事）没有搞清楚不要乱说"。"不察弗云"意为"没有搞清楚不要乱说"。

　　其实，云字的"说话"含义是一直存在的，例如"子曰诗云"。而其作为胡言乱语这一层含义也保留下来了，如成语"人云亦云"，这里的云字就是胡言乱语之意。"人云亦云"，即别人胡言乱语，自己也跟着胡言乱语。应该说，字是"人云亦云"中云的初字，云字胡言乱语这一含义源远流长、一脉相承，只是在文字演变过程中，字下方的口字被省略了，在表达"胡言乱语"这一层含义时与表示云朵的云字一模一样，没有区别。而在甲骨文卜辞中，表示云朵的云字是，表示胡言乱语的云字是，两者是有严格区别的。

第三十九章 🔲 为 "拘" 字

🔲 字在甲骨文中比较常见，一期和三期出现较多，相关字典都说会意不明，无解，或怀疑为祭名[1]。刘兴隆著的《新编甲骨文字典》中，将该字释为叹字，不妥。该字从又、从口，想当然地认为又和口的组合即为叹字是不对的（叹是简化字，其繁体为嘆）[2]。🔲 字之口并非口字，而是古代的 "围" 字，它与商代的口字在形态上有严格区别，商代口字其两竖在上方出头。徐中舒主编的《甲骨文字典》中认为该字意会不明，疑为祭名，没有确认是什么字。笔者认为，该字宜解释为 "勾" 或 "句" 字，"勾" 与 "句" 这两字在古代同为一字，演变为现在的 "拘" 字，是 "拘" 的初字。

先说偏旁 🔲。这个方框实际上应是个圆圈，在甲骨文中记录者为便于契刻，才刻划成方框的，它所描述的是一个围成圆形的栅栏、场地、凹地、牢狱等，将人或动物关进里面，以限制其自由活动。这一圆的刻划符号后来一般演变成口字形，如

---

[1] 《甲骨文字典》卷三第 298 页（徐中舒主编，四川辞书出版社 2014 年出版）。

[2] 《新编甲骨文字典》第 155 页（刘兴隆著，国际文化出版公司 2005 年出版）。

困字等；还演变成"厶"字形，如允、弁等字。对此，徐中舒主编的《甲骨文字典》序言中作了很好的解释。他以弁字为例，说明在甲骨文中其上"厶"偏旁即为圆形冕，应刻作圆形，因契刻不便才刻成口字形的。因此，该字偏旁▯转化成如今"勾"字中的厶形，或"句"字中的口形，是有迹可循的。

▯字的偏旁✗在甲骨文中最为常见，它象形为手或爪，演化到现在，除了作又字偏旁外，还演变成多个不同的偏旁。如"寸"字偏旁，这样的字有封、对、得等；如"🗲"字偏旁，这样的字有妥、印、奚、孚等；还有如"🗲"字偏旁，这样的字有妻、聿、隶、秉等；还有"勹"字偏旁，这样的字有刍字等。刍的繁体字为芻，刍字的甲骨文为🗲，本义为收割禾草，饲养牲畜。这说明，▯字的偏旁✗演变为勹是常例，并非例外。因此，这个字的两个偏旁▯与✗合起来就逐渐演变为"句"字，它所表示的意义就是用手将人或动物强制关进围栏里去，限制其行动自由，亦即现代的"拘"字，乃拘留、拘禁、监禁之意。现在的拘字是在句字基础上添加偏旁扌（表示手的动作）形成的，偏旁扌的增加，在"又"的基础上更强化了强制的意味，以与其他字区别开来。

以上是从其偏旁部首演变作出的判断。其实，通过该字在相关卜辞中的应用来检验其含义，也是没有什么问题的。

（海1.4）……获兕五，⬚于东，十二月。（图152）

将⬚字释读为拘字，这则卜辞就能很好理解。其意为……捕获犀牛五只，将它们拘留在东这个地方，时在十二月。

至于为什么要将捕获的犀牛关进围栏里去，笔者认为这是当时通行的畜牧作法，即将捕获的野生动物驯化饲养，以备后用。《淮南子·本经训》中说："拘兽以为畜。"田猎所获而拘系之，斯为家畜。留待后用，用作什么？商代王室用作牺牲，即作为祭品，是其用处之一。这就是《周礼·天官》郑玄注："始养之曰畜，将用之曰牲。"

（乙8815）壬寅卜，贞：四子⬚页？（图153）

⬚字为页，即首的意思。将⬚字释读为拘字，则其文意为壬寅这天占卜，贞人问道：四个王室子弟（犯事），要将为首者拘留吗？意思十分自然、完整。不然，这则卜辞就很难释读，茫然不知所云。

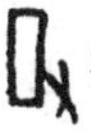

（后下22.16）戍値往，于来句（拘），乃自丙貴卫，又灾。（图154）

图 153

图 152

图 154

这里 ▢ 字即拘字，作限制、截留解。⊞ 字乃 ⊞ 字变体，⊞ 即贵字，商代作动词用，有两重意思：一是农田劳作；二是设陷阱捕获野兽。总之，都是农猎行为，旨在获取生活资料糊口。在该卜辞中它是第二种意思，即围捕之意。由于商代贵字作设陷阱讲一般指捕获野兽，而在此作围捕、包围人用，对象是人而不是野兽，故契刻者在此字边加了人字偏旁，以示区别。又，通有。因此，该则卜辞翻译成现代汉语就是"守边长官前往外地巡视，在来这个地方被截留，（他）于是从丙地去卫地，却在卫地被包围，（看来他）有灾祸"。

与该字相关的一个字是 ▢，它与 ▢ 字构成方式相同，只是方框小些，笔者认为，这应为同一字，即拘字。

相关卜辞有（前4.1.2）乙巳卜，▢？色？葬？（图155）

图155

这里 ▢ 字释为"拘"字，仍然是贴切的、合理的。色，用其本义，以刀对待下跪之人，即杀伤或杀死战俘、犯罪者。葬，在此意为活埋。那么，该则卜辞就涉及到对战俘、罪犯的惩罚方式，即一步步加重，在三种处罚中选择，向神灵求问选择哪一种。整个卜辞意思就是"乙巳这天占卜，（将其）投入牢狱？还是刀剐？还是活埋处理？"这里 ▢ 字既不是人名，也不是祭名，而是商代惩罚犯人或战俘一种最轻的刑罚：拘禁，即坐牢。

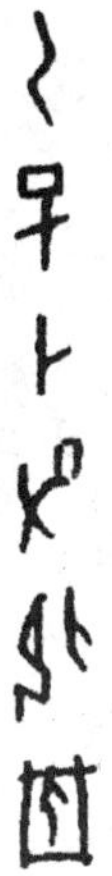

当然，句字作名词用时，指臣属于商朝的一个方国。如卜辞 （图）（库 1931）句入。其意为句国进献（该枚龟甲）。

还有卜辞（合集 23708）丁酉卜，祝贞：隹句老……以小（图）葬？八月。（图 156）

（图）字不识，"小（图）"乃商代著名先公。"以"字作动词，在此意为靠近。老，商王室重臣称呼。全句意思是"丁酉这天占卜，贞人祝问道：句老……（死后）靠近先公小（图）安葬吗？时在八月"。

笔者没有找到更多的卜辞，如果有的话，（图）字释读为拘字应该都是与其语境融洽的。该字相关的卜辞越多，文意越能解释得通，则这个字释读为拘字就越能成立。

图 156

第四十章 ⿰臣勹 可释为"窥"字

⿰臣勹字在《甲骨文合集》的龟甲片 05350、05351、05352、05353 卜辞中出现，分别为 ⿰臣勹、⿰臣勹、⿰臣勹、⿰臣勹。

关于该字，《甲骨文字典》中说，它从臣、从勹，意会不明，疑与占卜的占字同义[①]。刘兴隆所著的《新编甲骨文字典》中也认为此字多与占卜有关，但意义不明。另外，刘兴隆注释说，该字或与⿰臣勹字为同一字，《集韵》说这个字是"足辰"，是动的意思[②]。

笔者研究后认为，该字与占卜没有任何关系，就是一个普通的文字，其构成由臣与勹两部分组成。前文已经谈及，勹字释为勾或句，是拘的初字；而臣字即目字，是眼睛竖看的一种表达，有省察、看视、监视的意义，带有蔑视的意味在内。那么这个字⿰臣勹就是会意字，表示对拘禁者进行监视，观察其动

---

① 《甲骨文字典》卷三第 322 页（徐中舒主编，四川辞书出版社 2014 年出版）。

② 《新编甲骨文字典》第 173 页（刘兴隆著，国际文化出版公司 2005 年出版）。

静，即"看守"。同时该字也形声，以 ![] 表音，当发拘或勾音，即 jū 或 gōu 音。

卜辞有〔王〕![] 固曰……即（合集 05352）王 ![] 占曰……（图 157）

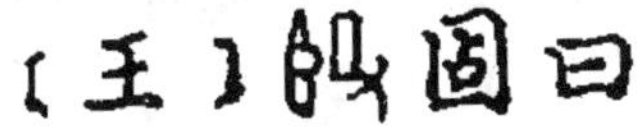

图 157

![] 与占并排在一起使用，则表明该字 ![] 与占卜没有任何关系。卜辞用字是十分简洁的，绝不会使用重复的字表达同一意义，多此一举，徒费精力契刻。它与占字并列，必有另外的意义。

其次是该字与 ![] 字是两个完全不同的字。![] 字的偏旁为 ![]，是殳字，而 ![] 字的偏旁为 ![] 字，即勾字。两者风马牛不相及，不能混为一谈。

![] 可释为窥字从两个方面来看：

一、两字的意义相近。![] 字由两部分组成：一是臣字，表示看管；二是勾字，表示拘留者，是看管的对象。整个字的含义是对投入监所的违法犯罪者实行监视、看守，观察其一举一动。由于违法犯罪者在监所中，看守在监所外对其观察，所以，这个字有从外向里窥探，暗中侦察、监视之意，这与窥字含义相近。窥的字形从穴、规声。从穴，指洞穴；规声，表示读音。从穴表示从孔隙中窥视别人。《说文》："窥，小视也。"《广雅》："窥，视也。"《论语·子张》："窥见室家之好。"《孟

子·滕文公下》："钻穴隙相窥，逾墙相从。"这些解释及用法说明窥字的含义十分明确，就是从穴隙、小孔暗中察看别人。它们共同的含义是暗中察看，同时又不让被察看者察觉到，因而在很多语境下通用。

二、从语音方面说，其音相近。我们知道，口语是十分久远的社会信息传播方式，要经过成千上万年才能在一个特定的社会群体中形成。从文化上讲，区分一个民族或部落的首要标志就看其有无自己独特的语言，而一种语言的首要标志便是口语，其次才是文字。文字是在刻符发展的基础上产生的，只有数千年时间，其主要作用就是记录有声语言，即口语，将这种无形无影的口语通过一一对应的方式转化为文字，记录下来。文字是人类社会最伟大的发明创造，是社会进入文明时代最显著的标志，它的出现是史前社会与文明社会的分水岭。有了文字，我们就有了历史的记忆；没有文字，我们对历史情况的了解就是一片荒漠。只有通过那些史前文物，我们才能知道一些史前社会的概况。而有了文字后，知识经验通过文字传承，社会进步的速度不断加快。文字是从属于有声语言，为有声语言服务的，是有声语言的延伸、附庸。文字可变，而特定的有声语言一般很难改变（当然，有声语言也是在不断发展的，但总的来说，要比文字稳定）。我们可以创造不同的文字来描述一个特定的口语音符。当一个特定的口语音符在社会成员间传播时，其所表达的意义是明确而特定、相对稳定且能准确理解的。具体到我们涉及的 字，它所对应的发音为 kuī 或相近的音，

表示偷偷地看，在商代时人们用 𝕀 来表示；到了周代，人们用新创造的窥字来表示，那么我们就可以将 𝕀 与窥这两个字等同起来。尽管这两个字没有必然的历史传承关系，而是通过不同的造字思路创造出来的。它们音相近，义相近，是我们将 𝕀 字认作窥字的依据。

我们在卜辞语境中来考察：

（铁 255.1）……殻贞：王窥曰，戊其灾。（图 158）

图 158

全句意为……贞人殻说：商王暗中观察后说，戊这个人恐怕有灾祸。

前面的卜辞（王）𝕀 固曰……翻译成现代语言即"（商王）暗中了解后占卜道……"

另一则卜辞庚午（卜），（贞）……王取（𝕀）……即庚午这天（占卜），（贞人说：）……商王夺取了（窥国）…… 𝕀 这里是方国名称。

以窥字来诠释 𝕀 字，在上述各卜辞语境中语义明白通顺，没有费解和矛盾冲突之处。

第四十一章　[字形]为"蠢"字

　　甲骨文中出现了屯字[字形]，也出现了[字形]蚰字，但并没有出现将这两个字作为偏旁组合起来的蠢字。蠢字我们发现最早出现在周代的篆文中，如图[字形]，其含义有两层：一是指愚笨；二是指虫子爬行的样子。《说文》："蠢，虫动也。从春声。"其本义为虫蛇在回暖的春天苏醒活动。蠢字籀文为[字形]，由春（表示冬后回暖季节）和载（表示搭乘）组成，意为结束冬眠的虫子"踏春"而来。那么，商代要表示愚笨这一概念该用什么字呢？

　　我们可以想象，商代口语中肯定会有表达愚笨这个概念的音节，这个音节与 chǔn 相同或近似。根据文字遵从口音的原则，当时的人们一定会用一个音节近似 chǔn 的字来借代，因为表示特性的这类形容词是没法象形，也没法会意创造出来，只能由同音字来借代，这个字便是[字形]。但这个字既要用来表示人愚笨之意，又不能与春天树木生枝、长叶、开花之含义相混淆，那怎么办？于是，商代人们想出了一个简单实用的办法，将这个字倒写，以取其音而去其意，即[字形]，这就是蠢字的来源。《甲骨文字典》怀疑其为祭名，不可取①。

---

① 《甲骨文字典》卷一第 47、48 页（徐中舒主编，四川辞书出版社 2014 年出版）。

笔者将此猜想放在其所在的卜辞语句中进行检验，发现还是很适合的。如：

（合119）贞：祖乙若，王不🗡。（图159）

祖乙是商代先王。若，诺，意为许诺、答应、同意。

图 159

图 161

图 160

这则卜辞的意思就是贞人说：先王祖乙认定，（如今的）商王并不愚笨。

（粹315）🗡父己、父庚，叀御往，🗡！（图160）

🗡，祈求，或释为拜字，可参。父己、父庚，均为商人先公。御，商王外出活动。

这则卜辞意为向先公父己、父庚祈求，只有商王孤家寡人去，那是件愚蠢的事！（意谓应组织大家一起去）

（人1978）王其🗡否？篝雨🗡禘。（图161）

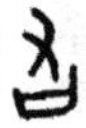

🗡，即不，放在疑问句末，表示语气，同否。🗡字不识。禘，祭祀上天、上帝。

这则卜辞意为商王是不是愚蠢啊？碰到下雨还说要举行郊天大祭。

然而，🗡并不仅有愚笨这一层含义，只以此含义来理解肯定是不充分的，否则就会碰到困难，如下面这则卜辞：

（甲 3588）乙卯卜，饮品， 🔖 自祖乙至
毓。（图 162）

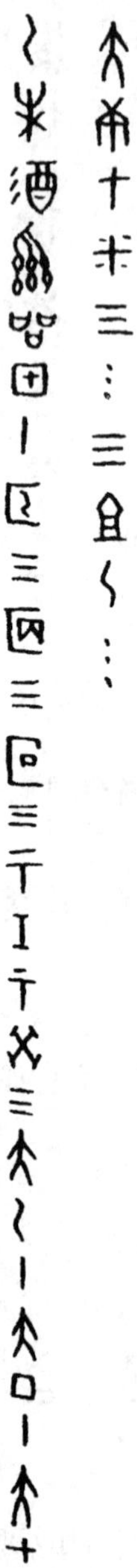

这则卜辞中， 🔖 字绝不是愚笨之意，其
音应该与 🔖 音相近或相同，其义应为总共、
集中之意。它不作动词而是作副词，起补充
说明的作用，表示范围。

为什么这样说呢？我们可以通过另一
则记载"饮品"处置的卜辞来理解。

（粹 112）乙未，饮系品上甲十、报乙
三、报丙三、报丁三、示壬示癸三、大乙
十、大丁十、大甲大庚十、小甲三……三祖
乙……（图 163）

饮品是向列祖列宗进行的综合性祭祀，
从其首领上甲开始，一代一代往下传，一直
往下祭祀。过程中，按照每个祖先的功绩、
地位分配祭品多少，落实到每个祖先头上，
如上甲、大乙（即成汤，商朝开创者）、大
丁等各是十份，而报乙、报丙、报丁各是三
份，示壬、示癸两人才三份。这说明这次饮
祭是将祭品细分到各个先王身上，有等差数
额不同。但我们讨论的这则卜辞（图 162）不一样，同样是综
合性祭祀，祭祀的起始先王是祖乙，一代一代下传到最近的先

图 162

图 163

王，而饮品则不再细分到每个先王身上，而是总合在一起，一道供奉。那么这个 𝆑 字应该就是表达集中、统一，不细分拆开的意思。这则卜辞意为"乙卯这天占卜，大祭的祭品，集中供给先王祖乙以下直至最近的先王"。这里的 𝆑 字应是同音借代的"统"字。

综上所述，甲骨文中没有出现蠢字，而是以倒写的屯字 𝆑 借代，目前已知它有两重含义：一是指愚笨；二是指统一、集中。因此，《甲骨文字典》中说，该字 𝆑 "似为屯字之倒形"正确，而其义"疑为祭名"则不妥。它实际上是商代的蠢字、统字，或者说是现行蠢字、统字在商代的假借字。

第四十二章 ↫ 为"洋"字

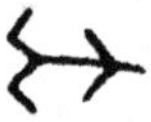

有个横写的羊字 ↫，出现在甲骨文四期，至今没有得到破解，相关卜辞（屯南2161）（图164）意义不明①。笔者认为，这个字宜释为"洋"字，而过去学者将另一个字释为洋字则是误释。

↫ 字之所以横写，主要是起到指示作用，是对阅读者的一种提示，表示这个字属于同音假借，只认其发音，不认其字义。那么，这个羊字 ↫ 发音为 yáng，在当时商人的口语中，发音 yáng 表示众多、盛大之意。这个 yáng 音的来源恐怕还是和羊有关，羊是群居性的动物，经常一起集体活动，一大群一大群聚集，就是众多、盛大之貌。故口语发音为 yáng，就与"众多""盛大"联系起来。

当占卜者要表达众多、盛大的含义时，找不到相应的字、也很难创造具有这个含义的字，就找相同发音的字来替代。为了不让读者误解为替代字的含义，于是他们就将同音的羊字横

图164

①《甲骨文字典》卷四第421页（徐中舒主编，四川辞书出版社2014年出版）。

164

写，以示区别，即不使用作为动物的羊的含义，只是发音相同。这在当时是种省事的做法，当然也是无奈的做法，但不管怎样，这样做达到了目的，起到了预定的效果——让读者明白无误。这与笔者前面文章谈到用"乙"字表示"已"字一样，有的在上面加一横，有的不加，在卜辞中相应的地方出现时，大家都将其当成已经的"已"字看待，而不是当成乙字来理解。后来这个字便从"乙"字中分化出来，变成单独的"已"字。而这个 ↔ 字在周代被改造，加上水字偏旁，再将羊字正写，演变成现在的"洋"字，其含义不变，表示"众多""盛大"。

卜辞（屯南 2161）壬申卜，川，邑洋。（图 164）

川，指发大水、水灾。邑，当指当时的京城大邑商。全文翻译成现代汉语为壬申这天占卜，发大水了，我们的京城大邑商（被淹），一片汪洋。

由于甲骨文处在我国文字发展的早期阶段，创造的字数不够用，加之契刻不易，故卜辞行文十分简约，更没有创造标点符号断句，这些因素都增加了我们理解卜辞的难度。

现在的洋字最早以小篆出现，从水、从羊，那是很晚的事了，相隔甲骨文超过了千年。《尔雅·释诂》："洋，多也。"郝懿行义疏引《匡谬正俗》云："今山东俗谓众为洋。"故洋有众多义，亦指盛大。商人的故乡在山东半岛，他们是太昊氏、少昊氏的嫡系子孙，虽然向西发展，定居河南，但仍然保留着自己的文化传统和语言风俗习惯。这里介绍的《匡谬正俗》所云"今山东俗谓众为洋"，就是商人口语的最好记录。《诗经·卫风·硕人》有"河水洋洋",《诗经·陈风·衡门》有"泌之洋洋"。现代汉语也有洋洋大观、洋洋万言等,说明洋字具有"众多""盛大"之意。卫、陈等国均在河南一带,其文化属于商人文化圈,这样的口语发音表义,是正常现象。

过去,学者将甲骨文⛎字释为洋字,至今仍然有不少人受蒙蔽,相信这一结论,谓这个字就是指"一群羊走在水中",有足够的肥美羊群生活在水草丰盛的区域,能够提供丰富的肉食,那就"吉祥安详",也就喜气洋洋。因此,这个⛎字从字形偏旁上看可释为相应的洋字,也是祥的本意。

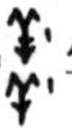

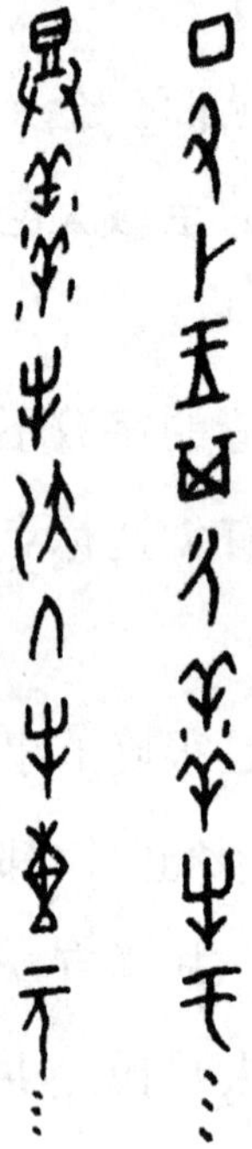

但严谨的学者早已指出了这一谬误。徐中舒说,过去学者将⛎字释为洋字,不确,该字疑为羔字的异构。虽然到目前为止,⛎字还未有定论,但释为洋字肯定是不妥的,在卜辞中没法理解文意,这是最大的问题。如两则卜辞(邺3.42.9)(甲827)(图165、图166)均出现了⛎牛之词,如果将⛎字释为洋字,则没法解释⛎牛的意义。如果释为羔字,则⛎牛意为刚生下来不久的小牛,意思还说得过去。

图 165 图 166

第四十三章　[甲骨文]为"达"字

前文谈过，羊字横写属于同音假借现象，仍然发羊音，为"洋"字。其实，在甲骨文中，这种将文字横写的例子不是个别现象，本文[甲骨文]字①又是一例。

[甲骨文]字从彳，从大，其正写应为[甲骨文]。典型卜辞有（佚234）癸卯卜，令[甲骨文]田[甲骨文]。（图167）

[甲骨文]或释为正，征，有进犯之义，这里为人名。[甲骨文]，这里为地名。卜辞意为癸卯这天占卜，（商王）命令[甲骨文]这个人到[甲骨文]地去田猎。

[甲骨文]正写为[甲骨文]，有相关卜辞（存1.2011）[甲骨文]往于……灾②。（图168）

这则卜辞意为[甲骨文]这个人到……去，有灾祸。

图 168

图 167

---

① 《甲骨文字典》卷十第 1159、1160 页（徐中舒主编，四川辞书出版社 2014 年出版）。
② 同上卷二第 173 页。

关于 字，有另一种形态，这说明该字含有行走之意。根据偏旁对应的特点，或为现在的"达"字[①]。

现在的达字从其历史演变来看，是走了一段弯路又重新回到起点，与其甲骨文字偏旁一一对应上了。以下是西周以来达字的演变历程。

金文	战国文字	篆文	隶书	楷书	简体

从中我们看出，在周代时，达字变化极大，由转变为，其中的偏旁由大逐渐变为，后来演变为，最后复归于大。《说文》对当时的字也解说道，或体从，从大。这说明达字的发音一直未变，而且现在来看，许慎所说的或体，就是商代正规的写法，是原生字，而字反而是在原生字基础上发展出的修改字、新型字，成为繁体字的前身。

好在简化过的达字经历三千多年走了一圈后，重新回到了甲骨文字的形态结构。

关于达字的含义，依《说文》的说法，字为小羊，那达

---

① 《甲骨文字典》卷二第 173、174 页（徐中舒主编，四川辞书出版社 2014 年出版）。

字就没法知道其含义。有学者解释说，从甲骨文来看，🖼字像治病的石针，则其义与挞字同，与石针治病、针砭有关。但自从百年前发现了甲骨文后，我们知道达字即🖼字，其重要偏旁为大字，而大字是人的正面象形，说明这个字与石针治病、针砭没有任何关系，也与小羊沾不上边，很有可能就是"人通过自身行走到了目的地"的意思，即抵达。从古代相关典籍来看，解释有所不同。如《说文》："达，行不相遇也。"《广雅》："达，通也。"在达字的用法上，《国语·吴语》有"寡人其达王于甬句东"，《尚书·舜典》有"达四聪"，《尚书·禹贡》有"达于河"。从先秦时期达字的这些实际用法来看，还是《广雅》解释得对，达即通的意思，而通就说明能抵达。

　　在卜辞中，🖼字为人名，🖼字为地名，并没有发现其作为动词的用法。笔者猜测，该字🖼之所以作为地名横写，估计也是出于同音假借，因那地方口语发音为 dá，故借用同音字🖼来表达。但🖼字有"通达""抵达"的含义，为不使读者产生错觉和歧义，于是占卜、锲刻者将其横写，以示只借其音，而不涉其义；不用其义，即消除其自身的"通达""抵达"含义。🖼字横写就是起到这个作用，说明该地叫达，但没有涉及"通达""抵达"的含义。

第四十四章　 [字形] 为"逸"字

[字形]字从衣、从又,《说文》所无。《甲骨文字典》谓其义不明[1],其音也不清楚。《新编甲骨文字典》将这三个类似的字[字形]、[字形]、[字形]统统归于同一个字,认定为"袁"字[2]。这种简单粗浅的做法,不仅不能解释上述卜辞,而且将甲骨文字的辨识当成了一种猜测,颇不严谨。依笔者看来,[字形]、[字形]、[字形]这三个字分别为独立的字,具有不同的含义。[字形]字目前还没法辨识,但[字形]字可释为"逸"字,[字形]字可理解为侍奉、赡养(见后文)。

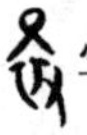

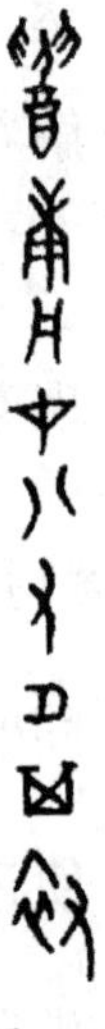

我们从相关卜辞(粹518)分析。[字形],召,本义为双手持勺取酒,招待宾客。[字形],鏞,即大钟,一种乐器,用作宴饮助兴、歌舞表演奏乐。[字形]字不

图 169

---

①《甲骨文字典》卷八第935、936页(徐中舒主编,四川辞书出版社2014年出版)。

②《新编甲骨文字典》第522、523页(刘兴隆著,国际文化出版公司2005年出版)。

识，非八字，此处为地名。为肉字。这则卜辞直译断句为：

召、鏞在 , 有肉, 其 ！（图 169）

召，这里引申为供应美酒。鏞，这里引申为演奏音乐。肉，这里指高档饮食，包括肉类。这些字就是指在 这个地方生活条件、设施很好，是花天酒地、声色犬马的安乐乡。其 ，这是就前面情况进行总结性概括、评论。根据 字从衣，可以推测"其 "就是"其逸"的意思，意即"那生活可是太安逸了！"因此，这则卜辞可以翻译成这样的现代汉语：在 这个地方有美酒飘香，音乐妙曼，又有珍羞罗列，那生活可是太安逸了！

在商代社会，逸字已经创造出来了，但没有"安逸"这一层含义。甲骨文逸字即 ，从止，从兔，表示追逐兔子或兔子逃跑。逃跑、奔逸是其本义。在讲到生活安逸时，并不使用 字，而是用这个 字。随着周革商命，取代商朝之后，这个字遭到了废弃，不再使用，被人们遗忘了。但在日常生活中，人们谈到生活过得很好时，口语还是用 yì 音节来表达，于是人们便借用 字来指代这种耽于享乐的生活。

逸字原本没有安乐生活这一层含义，那为什么后来被赋予这一含义呢？答案应该是同音假借。逸字有安逸这一层含义，最早出现在周代初期，周公姬旦作了一篇《无逸》的文章，后收录在《尚书》中，内容是他告诫成王，不能贪图安逸，应当以商代灭亡为戒，学习周文王勤政的品质，居安思危。他的立论是"君子所，其无逸"。如果商代的这个  字没有废弃的话，表达无逸含义应该用"无 "才对。但这时离商代灭亡已有时日，人们早已淡忘了商代已有的这个  字，而用逸字借代。而周公这篇《无逸》的文章影响深远，朝堂上下当成政论范文研习，指导为政治国，大家相因成习，在著文立说时都这样使用，于是逸字便具有了安逸这层含义。

在甲骨文中，  字除了当形容词外还可当名词用。如卜辞（乙 7200）  入五十。（图 170）这里  为人名或国名。卜辞意为逸进贡了（物品，一说龟甲）五十（件）。另外，还有一个异体字  ，增加了彳字偏旁，表示  之动作，同样为逸字，在甲骨文中充当地名。如卜辞（屯 3759）王其田逸？（图 171）

即"商王会到  这个地方去田猎吗？"该字  被刘兴隆释为"远"，不妥。

图 170

图 171

事实上，该字  按照偏旁一一对应的原则来隶定的话，它似乎是扻字，这个字是存

在的，只是其含义以讹传讹，离其真实含义已经越来越远了。
《篇海》将其等同于旅字，发音为 lǚ，同旅。如今该字基本上没
有人认识和使用，运用拼音输入法搜寻生僻字都找不出来了。

第四十五章　的另一层重要含义——"都"

"全部"

衣为象形字，一般认为其上为领口，其下为左右襟，旁边为衣袖。许慎在《说文》中说："衣，依也。上曰衣，下曰裳，象覆二人之形。"他将衣的象形分为两部分，上部分为衣，下部分为裳，被如今的学者认定为不准确。罗振玉认为，衣字象形为襟、衽左右覆盖之形，得到大家的认可。

关于衣在甲骨文中的意义，除作其本义外，它还当地名、人名、方国名使用。

图 172

图 174

图 173

当地名用有：（合集 24247）在衣。（图 172）（甲 3914）王其田衣，无灾？（图 173）

当人名、国名用有：（合集 5884）衣入五十。（图 174）入，进贡。五十，指五十副龟甲。衣，方国首领名，或方国名。

然而，在衣作为一个最具实在意义的字使用时，大家却不知道其义为何，对卜辞中衣的这重含义茫然。

比如卜辞（后上 20.1）甲辰卜，贞：翌日乙，王其宾宜于

敦，衣不遘雨？（图 175）

又如：（后下 34.1）贞：翊甲……协自上甲，衣亡蚩。七月。（图 176）

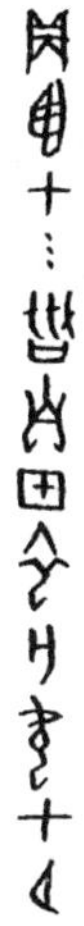

图 176

对于上述卜辞中衣字的含义，王国维认为，衣是一种祭祀，衣祀即殷祀，为合祭之名。如今，大家基本上都同意他的观点，认为衣是一种祭祀[1]。

但笔者认为这种解释是不妥的，衣字在这些卜辞中的含义应为"全部""所有（人）""都"的意思。从上古时代衣的特征来解释，衣被认为是不能再分割的，如同一枚硬币一样，不能再加以分割，再分割就不成为衣了，故其含义可引申为整体、全部。从这个意

图 175

义上讲，衣字的含义类似于"一"，有"统统""一概"等囊括事物全体的意思，而与衣祀或殷祀等祭祀扯不上边。

上述卜辞中，用"都"或"全部"的含义来解释衣字，可以顺利读懂句意，而没有诘屈聱牙、违和之感。

甲辰卜，贞：翊日乙，王其宾宜于敦，衣不遘雨？即甲辰这天占卜，贞人说：次日乙（巳）这天，商王大概要在敦这个地方主持宜祭，全体人员（参与者）不会碰上（老天）落雨吧？

---

[1]《甲骨文字典》卷八第 933 页（徐中舒主编，四川辞书出版社 2014 年出版）。

贞：翌甲……协自上甲，衣亡蚩。七月。即贞人说：次日甲这天……举行祖先合祭，自上甲（以下的子孙全都到场），所有人员都没有害处。时在七月。

事实上，"衣亡蚩""衣亡忧""衣亡祸"等，构成了商代的成语，其意即全都无灾祸、无烦恼、无害处。

如卜辞（后上20.6）……卜，贞：王宾自武丁，至于武乙，衣亡忧。（图177）翻译成现代汉语即为……占卜，贞人说：商王主持祭祀，从武丁一直排到武乙，全部没有出现什么问题。

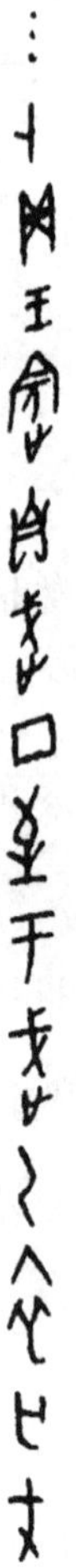

又如：（合集23005）……昱日于祖辛，衣亡蚩。（图178）即……次日（祭祀）祖辛，（结果很好）全都不会有灾祸。

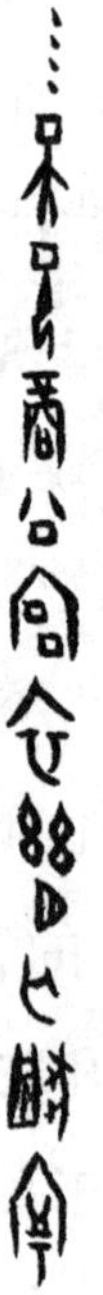

用"都""全部""所有"来解释衣的含义，在其他类型的卜辞中也是说得通的。

比如：（合集27148）贞：其衣又？（图179）

又通侑。其意为贞人说：要全部进行侑祭吗？在这里，衣就是"全部"的意思。

再比如：（合集26543）……大邑商公宫，衣兹夕亡祸，宁。（图180）

图179

图178

图180

图177

大邑商，商代的都城。公宫，举行大型集会如祭祀、誓师等的宫室。"衣兹夕无祸"同于"兹夕衣无祸"，即这天晚上全程没有出现什么灾祸。卜辞意为……商代都城大邑商公共宫室这天晚上全都没有出现什么灾祸，安宁、安静。

衣字具有"全部""所有"这一层含义，实际上是得到了继承延续的。在周代的金文中，我们仍然能发现衣字当"全部"的意义解释。如西周晚期的多友鼎铭文中，出现了三个衣字，这三个字均作为副词来使用，都是表示"都""全部"的意思。

多友鼎上的金文记载了西周晚期将领多友在讨伐西部游牧民族猃狁的战争中所取得的战绩，并受到赏赐的情况。其中衣字出现三次，如下：

一、癸未，戎伐筍，衣孚。（图181）

戎，指猃狁。筍，地名，现为陕西旬邑县东。孚，俘也，变为俘虏。全文意为癸未这天，西戎猃狁侵扰筍邑，将当地人员全部掳掠。

这里的衣字，有学者认为其通"殷"，依据是《尚书·康诰》中有"文王殪戎殷"，而《礼记》作"壹戎衣"，故衣通殷。殷字，《诗经·郑风·溱洧》中有"士与女，殷其盈矣"，殷即众多之意。笔者认为，这种解释有一定道理，但不是很准确，因为这

图181

里的殷字也可以解释为"全部"之意。这里衣孚的衣字，应通"一"，为全部之意。按该篇文章意思，猃狁侵扰筍邑，应是将整个筍邑的人口虏掳而去，不论男女老少，还包括各种动产都一扫而光。

二、衣复筍人孚。（图 182）

复，恢复，收回。孚，俘也，俘虏。多友率军西追后，经过战斗，斩首二百多人，俘敌二十三人，缴获战车一百一十七乘。而这句话意思是全部夺回被掳的筍地人员。但对这里的衣字，有学者还是作"众多"解，认为与殷字同，这是不准确的。

图 182

三、车不克以，衣焚，唯马殴 。（图 183）

克，能够。以，动词，携带，使用之意。  ，伤痛，这里指伤员。殴 ，运载伤员。这段话意思是缴获的战车不能够携带回家，一概予以焚烧，只用战马将伤员运载回来。这里的衣焚，学者解释为全部焚毁，衣，谓全部之意，解释得非常正确。事实上，整篇文章中的三个衣字均为"全部"之意，都是作副词使用，同于现在的"都"字。

图 183

只是到了周代以后，衣字所具有的"全部"这一含义居然中断、消失了，再也见不到用衣字来表示"全部""所有""都"的含义。如何解释这一现象？笔者认为，衣表示"全部""统统"的意义，属于同音假借的范畴，通"一"，而自周代之后则不用衣字而用一字来表示"全部"的意义了，这样的说法现在有"一共""一总""一概"等，这里的"一"字就相当于"衣"字，只不过现在通行写"一"字，而不用"衣"字。事实上，"一"字作为全部、统统、整体等含义都是衣字含义的延续，也是衣字具有"全部"这一含义的余辉。

第四十六章 [字形]宜释为"兆"字

[字形]字在甲骨文一期大量出现，对于它为何字至今无解，《甲骨文字典》中，谓其象甲骨上契字之形，疑有祸祟之义[1]。笔者认为不妥，该字宜释为"兆"字。

兆的本义，象形为占卜时的甲骨灼烧裂纹。商人使用龟版占卜，是通过火灼龟版后裂纹呈现的不同图案而确定吉凶。《说文》："兆，灼龟坼也。"坼即裂开、撕裂之意。段玉裁引《周礼》注："兆者，灼龟发于火，其形可占者。"

我们从该字[字形]形态上分析，其外部轮廓就是一片甲骨（正确地说是牛肩胛骨，商人占卜龟甲、牛甲皆可）的形状。在其骨板内中间一条横线是烧灼分区，正像我们看到的龟甲卜辞中有分区线一样，而这骨板上几个点就是表示灼烧的部位，或是表示烧灼出现的裂纹，即征兆。因此，这个字是在甲骨上进行占卜的真实写照。它强调的不是甲骨外形，而是整个占卜的过程，为的是预测未来，也就是通过征兆了解未来的结果如何，故而该字可以解释为兆字。

该字的写法大同小异，如[字形]、[字形]、[字形]、[字形]、[字形]、[字形]、

---

[1]《甲骨文字典》卷四第 465 页（徐中舒主编，四川辞书出版社 2014 年出版）。

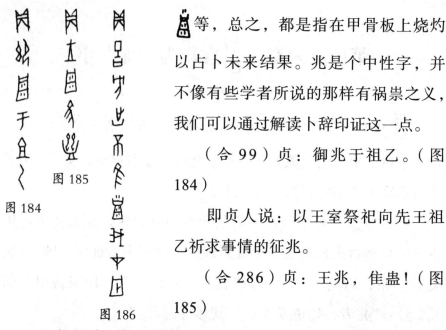

图 184

图 185

图 186

等，总之，都是指在甲骨板上烧灼以占卜未来结果。兆是个中性字，并不像有些学者所说的那样有祸祟之义，我们可以通过解读卜辞印证这一点。

（合 99）贞：御兆于祖乙。（图184）

即贞人说：以王室祭祀向先王祖乙祈求事情的征兆。

（合 286）贞：王兆，隹蛊！（图185）

即贞人说：商王推断事情的来龙去脉，果然是有人造谣蛊惑！这里兆引申为推断。

（遗 172）贞：工方出，不隹兆我在祸？（图186）

工方，商代周边的强大敌国。这里兆字引申为说明、预示讲。全文意为贞人问道：工国业已出兵，不是说明我方正处于灾祸之中吗？

按，现在的兆字  最早出现在东周时期，写为  ，距商代甲骨文已经相隔了千年左右，此时已经不时兴龟卜，而代之以卜卦，龟卜成为残存在人们头脑中的一种历史记忆。所以商代甲骨文字中的兆字 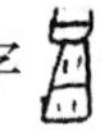 也被废弃，很少使用，为人们所遗忘。正是由于历史上这两个字没有继承关系，完全断层，后来兴起的  字与商代  字差异太大，基本上面目全非。

第四十七章　为"裕"字

字外围是衣字，里面一般为两个交叉的笔画，有的是三个，有的是一个。该字与衣有关，但不能释为衣字，与衣字有显著的区别。《甲骨文字典》列为待考证字。

在《新编甲骨文字典》中，刘兴隆将其释为卒字，谓该字象粗布衣服做成的上衣，为下等人隶卒所穿，是个会意字。卒与是一字，是单衣也，音碎。祭名，用作。《说文》说，"卒，隶人给事者衣为卒。卒，衣有题识者"[①]。

不过，徐中舒指出，该字释为卒字与《说文》之说解亦不相合，故存疑[②]。

其实，将该字释为卒，除了地名、祭名外，几乎所有相关卜辞都没法释读，不能得到合理理解，特别是作谓语，充当形容词或动词的时候。所以，解读为卒字毫无疑问是不对的。

笔者将该字解读为裕字。从字的演变上讲，周代进行文字改革的时候，将里面的偏旁提取出来，列为左右偏旁，然后

---

① 《新编甲骨文字典》第 518、519 页（刘兴隆著，国际文化出版公司2005 年出版）。

② 《甲骨文字典》卷八第 936、937 页（徐中舒主编，四川辞书出版社2014 年出版）。

再将这交叉的形状，改为谷字偏旁，以形其声，即由过去的象形字改成了形声字。这种情况并非罕见，比如袯字，甲骨文为 ⬥字，卫字包含在衣里面。周代文字改革后，这个字由内含型变成了左右型，即 ⬥字变成了袯字（偏旁由卫变为韦）。而 ⬥字改成左右型的裕字后，《说文》解释说："裕，衣物饶也，从衣，谷声。"《周易·晋卦》曰："罔孚，裕，无咎。"其意是没有被别人信任，暂且宽裕待时，就没有祸害。裕字的含义就是富裕、宽裕、充裕的意思。

徐中舒认为，该字 ⬥衣中的交叉形，象文饰之形，与甲骨文"文"字中的交叉表示文饰一样。这种观点，笔者不敢苟同。虽然都是交叉形状，但 ⬥字中的交叉形状表示的是衣服的褶皱，即谓衣服宽大、蓬松，与身材体量相比，尺寸绰绰有余，超过了合身的程度，宽大而显得有些不称，所以形成了褶皱，而不是泛指文饰。这与《说文》中的解释也稍有区别，不是指衣物丰饶，而是指衣服宽大，这是裕字的本身含义，并没有作出过分的扩大解释，《辞海》中裕字就有这一层含义。

我们以裕字的自身含义及其引申义来理解 ⬥字，其相关卜辞就文从字顺了。

（乙 3222）贞：勿裕，寮于河。（图 187）

图 187　　这里裕字取其引申义，即松懈、怠慢、掉以轻

心之意。全句意为贞人说：向河神举行燎祭，不要掉以轻心。燎祭是在山上放火，很容易引起火灾，伤人毁物，所以说要提高警惕，即"勿裕"。

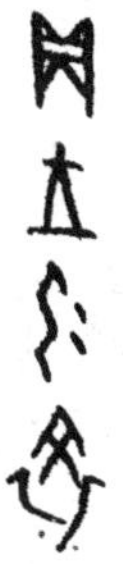

（乙4983）贞：王勿裕。（图188）

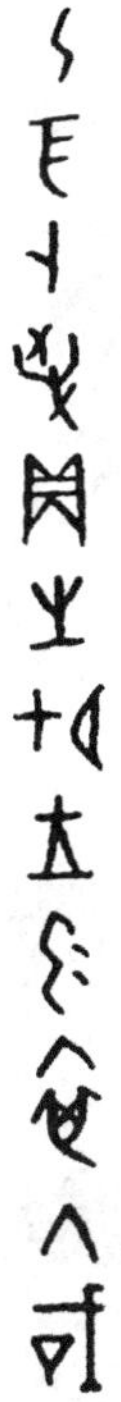

图 188

图 189

意为贞人说：商王不要懈怠吧。裕这里取其引申义懈怠之意。

（乙862）贞：妇㛸冥，佳裕。（图189）

图 190 图 191

冥通娩。裕，本义为衣服宽大，这里引申为放松的意思。全句意为贞人说：商王妃子妇㛸要分娩生产，只要（身心）放松就行了。

其实，在甲骨文中，"勿裕"已经成为一种固定用法，即为当时的成语，意思是不要掉以轻心，要慎重其事。类似的卜辞还有：

（前4.6.3）乙亥卜，夬贞：生七月，王勿裕入敊。（图190）

生是"下一个"的意思，生七月意指下个月七月，现在是六月。敊是作为祭品的干肉。全文意为乙亥这天占卜，贞人夬说：下个月七月份，商王不要忘了（向先王）进奉祭品干肉。

（前8.14.2）丁丑卜，王贞：余勿裕占，余敊，三月。（图191）

183

占是指通过观察龟裂的纹理来确定吉凶，即占卜。全文意为丁丑这天占卜，商王说道：我不会疏忽占卜的，我会进献祭品干肉，时在三月。

（合 268 正）勿裕 ⿰ ⿰ 师（次）。（图 192）

图 192

⿰ 字从攴、从各，各是降、落的意思，攴是当时一种通用工具。该字为形声会意字，发音为各，意为"削减""减少"。⿰，音敦，地名，当时的要塞、城堡。

⿰，是师字的增繁，指军队驻扎。全文意为削减 ⿰ 地驻军，不要马马虎虎。

从这些卜辞可见，⿰ 乃裕字，本义为衣服宽松，在甲骨文中可引申为放松，并形成了"勿裕"的成语。该成语有多重含义，有"不要松懈""不要掉以轻心""要提高警惕""不要疏忽了"等含义。其实际含义应根据卜辞的语境来确定。

第四十八章 ⿰衣交字含义为"满意"

⿰衣交字从衣、从交，《说文》所无。该字至今不知其意会何物，亦不知其义。《玉篇》中说："袚衧，小裤也①。"这种解释恐怕是后起含义，不确。该字可能为形声字，从交，交或表其音。在甲骨文中，有两则卜辞，我们可以从中解析、窥探到其含义。

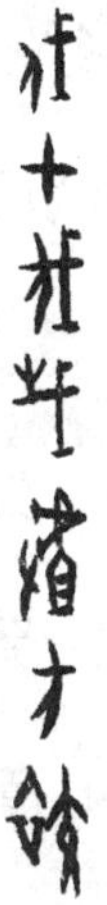

（合集 27995）戍甲伐，灾蕇方，⿰衣交。（图193）

图 193　图 194

戍，边境戍守部队长官。甲，边境戍守部队长官私名。蕇方，与商朝为敌的相邻方国。⿰衣交字是对卜辞所讲述的军事行动成效的评价。这么判断，⿰衣交字即是"赞成""满意"的意思。

这则卜辞翻译成现代汉语为"边境戍守部队长官甲开展征伐行动，重创敌对方国蕇国，很好"。

（合集 27995）戍及⿰衣交于又襄。（图194）

---

① 《新编甲骨文字典》第 521 页（刘兴隆著，国际文化出版公司 2005 年出版）。

185

及，边境戍守部队长官私名。又，通有。襄，这里是（军事行动）配合、支持，相互呼应协调之意。有襄，即得到配合支持。全文意思是"边境戍守部队长官及对于得到军事配合与支持感到满意"。

从这两则卜辞的解析可以推断出，⎛⎞字是作为形容词用，用于评价事物和行为，乃满意、赞许之义。

图195

在这则卜辞中，⎛⎞襄字的含义为配合支持，如果这一层含义没有得到正确理解的话，那么就直接影响到⎛⎞字的破译辨认。在《甲骨文字典》中，解释襄字时，有一则相关卜辞难住了学者。即（续1.47.3）（图195），对于这则卜辞中襄字⎛⎞的含义，学者不理解，只好标为其义不明①。襄作为地名、部族名称好理解，作为动词充当谓语是什么意思则难住了大家。其实，这里的⎛⎞字与上则卜辞中的襄字（⎛⎞）一样，也是（军事行动）配合、支持，相互呼应协调之意。该则卜辞直译即，贞：沚馘不襄……有于黄尹。

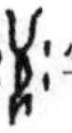

沚，商朝的盟国。馘，沚国的首领私名。有，通侑，祭祀进献祭品。黄尹，人名，商代先公、商朝世代邦交国黄国的首

---

① 《甲骨文字典》卷九第1006页（徐中舒主编，四川辞书出版社2014年出版）。

领。卜辞全文意为"贞人说：沚国首领聝不提供支持、不配合行动……（我们）向先公黄尹进献祭品（问讯求助）"。

为什么沚国首领聝不配合支持，商代占卜者就要向黄尹求助？这涉及商朝与黄国交往的历史背景和宗教文化问题。

黄尹是商朝时期的黄国国君。黄国源于黄帝轩辕氏公孙姓，其建国国君为嬴姓伯益长子大廉，崛起于中国南方，是古代淮河流域的霸主。早期称为黄夷，是东夷集团的后代，九夷的一支。大廉的后代孟戏和中衍曾有功于商朝，于是嬴姓便世代辅佐商王。黄国还世代与商朝联姻，所以商朝的卜辞中经常以舅主称之。商王武丁在位时期，曾经隆重祭祀过黄尹，其规模远胜于历代商王对伊尹的祭祀。商朝卜辞这样记载"侑于黄尹，十伐（杀），十牛"。

沚国类似于黄国，是商朝的盟国，其首领聝与黄尹地位相似，商王希望他能像黄尹一样，对商朝忠心耿耿，同心同德，凡事互相配合支持，成就大业，有功于商朝。但实际上，沚聝并未做到这一点，而是存有异心，这让商王感到很恼火，于是寻求先公黄尹神灵帮助，希求启示以决定如何应对。

商代占卜有个特点，那就是祈求什么事，就给情况类似的祖先进奉祭品，向他们问讯。比如，祈求生育之事，就找先王的配偶，特别是那些繁育子孙多而强健的配偶问讯，进奉牺牲贡品在性别上也有讲究，以示心诚，与所祈求的事情相配，然后通过占卜来得到他（她）们传递的讯息启示。这则卜辞的背景就是沚聝行动不配合，商王转而占卜，祈求黄尹启示。

㑡字作为动词，其含义既然为配合、支持，那么这则卜辞（合集 27995）"戍及㑡于又襄"（图 196）就能很好理解了。文句中㑡字是描述得到配合、支持后卫戍长官高兴、满意、赞许的心理状态。

图 196

第四十九章　[甲骨文字]意为"赡养""侍奉"

[甲骨文字]字从止，从[甲骨文字]。《甲骨文字典》谓该字会意不清，意义不明，含义现今仍未破译[1]。

笔者在前面的文章中将[甲骨文字]字释为逸字，发音亦为 yì（逸音），含义是生活安逸。逸，本应写为[甲骨文字]，只因为这个[甲骨文字]字被废弃、遗忘，在周初时为逸字所替代，也就是说[甲骨文字]是逸字的前身（两者的构成没有内在的历史渊源）。

[甲骨文字]与[甲骨文字]搭配构成[甲骨文字]字。[甲骨文字]除了指趾这层含义外，还有另一层含义，与祉同义。《说文》谓祉即福也。一些学者也解释说，祉，从示，从止。祉即祖先降临，赐福于人，故止亦有降福、赐福之意。卜辞有止日、止雨之说，作为祉祭，是祈求上帝赐予阳光、甘霖之意。

所以在[甲骨文字]字中，[甲骨文字]即福，它与[甲骨文字]字组合形成的意义就是"带来安逸的生活""使人过上幸福的生活"。

---

①《甲骨文字典》卷八第 936 页（徐中舒主编，四川辞书出版社 2014 年出版）。

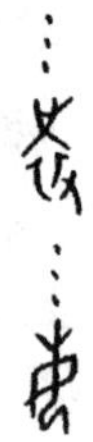

相关卜辞有（存 2.506）…………母。（图197）

卜辞两个字，十分简练。根据以上分析，这里的字作为动词用，就是让母亲生活过得安逸、幸福。那么，字便有赡养、侍奉之意。该则卜辞意为……侍奉……母亲。

图 197

第五十章　🔣 含义为"赡老哺幼""尊老爱幼"

　　🔣 字在甲骨文中是个复杂的组合字，由多种偏旁组成，可以将其拆分成多个偏旁。《甲骨文字典》将其拆分四个部分，即从🔣育，从🔣止，从🔣衣，从🔣又[1]。该字典之所以拆分为四个部分，主要是没有辨识出🔣字为何义。前文笔者辨析出🔣字为赡养、侍奉之意，则这个🔣字实际上由两个独立的字构成，从🔣育、从🔣。那么其含义就很好理解了：🔣者，哺育幼小；🔣者，赡养老迈。两者合起来就是扶老携幼、赡老哺幼或尊老爱幼之意。

　　字典中讲到，该字《说文》所未载，疑为养育之意，这无疑是触及了部分含义。根据其在卜辞中的用法来看，它既指为上老下小提供周到的物质生活和精神关怀，同时更强调个人的美好品质，赞扬某人具有"赡老哺幼""尊老爱幼"的美德。我们通过相关卜辞可以看出来。

---

[1]《甲骨文字典》卷十四第 1583 页（徐中舒主编，四川辞书出版社 2014 年出版）。

（前 2.11.3）……辰，王卜，在兮…… 🔣🔣，嘉。（图 198）

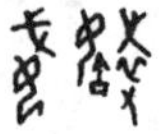

兮，地名。🔣，商王妃子私名，指来自戈国的女子。🔣，一般指对生男孩感到的高兴状态，这里是赞许的意思。全文意为……辰这天，商王占卜（说）：在兮这个地方……我的妃子🔣对上能赡养老人，对下能养育小孩，值得赞许。

图 198

第五十一章　🀄含义近似"矫"

🀄字有两种写法，另一种写为🀄。前者从父、从弗；后者看起来从左、从🀄。笔者认为，从左是对从父的简省；从🀄是对从弗的简省。之所以如此，可能是便于契刻所致。将弗字刻写成🀄，是弗字的伪变。因此，该字应以🀄字为规范字、标准字。如果将该字确定为从左、从🀄，则没法解释其会意内容，更谈不上破解。

以🀄字从父、从弗，我们来分析其中的含义。

父字从手、从一竖。一竖象形"棍棒"，父字本义是指手持棍棒"管教"之意，即成年人教育子女晚辈遵守规矩，含有指导、开导、教育之义，行使管教权力。《说文》："父，矩也。家长率教者。从又举杖。"郭沫若认为，从一竖的竖不是指杖，而是指斧，父为手持斧子进行劳作的劳动力，因而父、斧同源，这可备一说。

弗字象形为用绳子捆绑箭、矛等兵器，表示休战。另有一说是用绳子捆绑箭身，使之平直。笔者认为后一说可取。虽然弗字在甲骨文中借用来充当否定词，但其本义是用绳子捆绑箭身，减少箭飞行过程中的挠度，能使箭杆上下左右摇摆幅度变小，能够平直飞行，准确中的。《说文》："弗，挢也。"即矫正之意。《尔雅·释诂下》也说："弗，治也。"

造字者将这两个含义相近的字组合在一起，构成 ![字] 字，我们就很好理解了：父字偏旁意为指导、教育；弗字偏旁意为矫正、改造、使……回归正轨。那么，![字] 字的含义就是管教、教导犯禁者，使之改邪归正，近似于现在的"矫"字。《甲骨文字典》谓该字意义不明 [1]。

现在的"矫"字出现得很晚，始见于战国秦简文字 ![字]，其篆文为 ![字]，由矢和乔组成。矢，箭也；乔，迁移、改变。该字的意思是使弯箭变直。《说文》："矫，揉箭箝也。从矢，乔声。"即揉压弯曲的箭杆，使之恢复平直。《广雅》："矫，直也。"

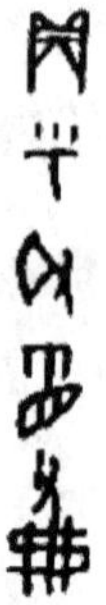

这两个字从本身的含义来看是相近的，将 ![字] 作为矫字来理解，有关卜辞能准确地解读。

（前 7.3.4）贞：乎取 ![字] ![字]。（图 199）

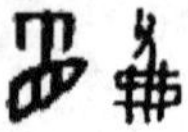

![字] 字有学者将其释为省字，不妥。笔者认为这

图 199

是不同于省字的字，含义为"挑选""计算"，具体

---

① 《甲骨文字典》卷三第 301 页（徐中舒主编，四川辞书出版社 2014 年出版）。

分析见后一章。

⟨字这里作名词用，可释为"管教人员"，是动词⟩的对象，充当宾语。全句意为贞人说：（商王）命令取这个官员去挑选管教人员。

（合 220）丙申卜，古贞：乎见前，⟨，勾，弗其离。（图 200）

这里，见⟨是人名，管教对象。前⟨，本义为在桶里洗足，去除污垢，这里取其引申义：洗心革面。⟨，服从管教。勾⟨，和颜悦色。离⟨，擒获。这则卜辞翻译成现代汉语便是："丙申这天占卜，贞人古说：（商王）要求见这个人洗心革面，重新做人并服从管教，做到容色和悦，知错能改。不要把他抓起来（投入到牢狱中去）。"这则卜辞实际上讲述了对一个犯事者的处理，要求从教育、挽救的方式出发，只要其认错改正就好，不将其投入监狱，留下一条出路，这与现代社会对待犯错人员的处理手法是一致的。

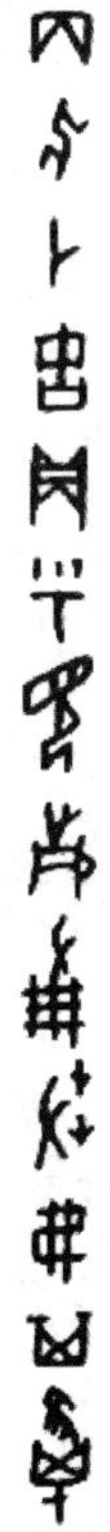

图 200

第五十二章 🔣 含义是"清点""计算""挑选"

🔣 在甲骨文中仍然是个未识字①，它上从🔣，下从目，会意不明。

有学者认为其可能与省字含义相同。比如下列卜辞：

（前 3.23.3）贞：🔣 牛一百。（图 201）

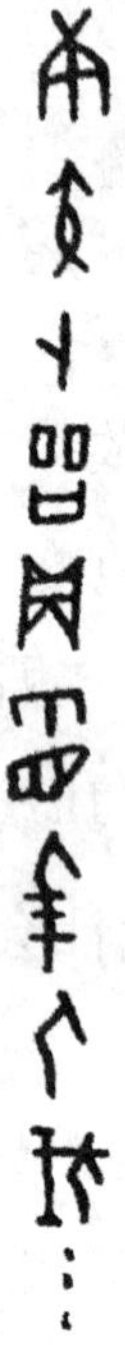

（佚 982）庚寅卜，🔣 贞：🔣 三千人伐……（图 202）

图 201

图 202

在这两则卜辞中，徐中舒怀疑该字 🔣 与省字等同，即省视、检查之意。前者可翻译为"贞人说：检查一百条牛"。后者可翻译为"庚寅这天占卜，贞人 🔣 说：省视三千人马，去征伐……"。

笔者认为这样理解是不妥的。首先，🔣

---

① 《甲骨文字典》卷四第 369 页（徐中舒主编，四川辞书出版社 2014 年出版）。

字与省□字有明显的区别。省字其上从生□，其下从目。两者尽管都是下半部从目，但上半部分一个是从□，一个是从□，稍微想一下就可得出它们是两个不同的字的结论，相互之间也绝不会通假使用。其次，省字是个形声字，其上从生□，表示这个字发"生"音，其下目字表义，即用眼睛去看，即省视、检查之意。而□字应是个会意字，其上□字可能表示头发（后面分析、解释），其下目字亦是表示检视、检查之意，暗含清点、计算含义。那么，□字的基本含义就是清点、计算、挑选。若如此理解，则上面两则卜辞的准确意义就分别是：

贞人说：挑选一百条牛。

庚寅这天占卜，贞人□说：挑选三千战士，去征伐……

笔者认为这样理解卜辞更贴近原意。

为什么□字包含清点、挑选、计算的含义呢？从□字本身是难以推断出其意义的，有必要从其衍生字□聝字探源，触类旁通。

□字从戈、从□，大家一致认为其为现在聝字的初字，其含义为征战过后，打扫、清理战场，对敌方战死者割其左耳以代替其首，带回作为记功邀赏的凭据。对于战争中被活捉者则带回，此则为"俘"。故典籍中俘与聝常常合用。当然打扫战场时还有缴获的车马、兵器、粮草等战利品，兹不涉及。《说文》谓："聝，军战断耳也。"又引《春秋传》云："以为俘聝。"即作为俘虏和歼敌证据。

聝字，从耳，或字为声旁，是形声兼表意字。其篆文为 🔣，从或，从首。这说明聝与 🔣 是异体字，一个偏旁从耳，另一个偏旁从首。两个字发音同为或声。

考察这个字的历史演变，我们发现，该字在周革商命后，其形态发生了极大变化，最主要的特征是由会意字转变为形声字。🔣 字从戈、从 🔣。戈者，寓意战争也；🔣 者，或释为首（寓意取其头颅）。🔣 字本身含义为战争结束后将敌方头颅挂在戈上作为战绩（取回记功），也就是清扫战场，清点歼敌数目及战利品的意思。

在卜辞中，该 🔣 字一般作人名，如沚 🔣，即沚国的首领叫 🔣 者。目前还没有发现该字有作为其他成分使用的，这给我们破解 🔣 字，继而解读 🔣 字带来了困难。李孝定认为，该 🔣 字象形为取首系之于戈。其中目字代首，以主要部分代替全体，这在甲骨文中是常见手法。去掉目字的偏旁 🔣 示意为垂缨之戈，则 🔣 偏旁就象形为垂缨。李孝定这一观点得到一些学者认可。

但这个 [字] 字到了周代则改造成了馘字。西周晚期的多友鼎铭文中有"多友乃献俘 [字][字] 于公，公乃献于王"。这里的 [字] 字即馘字，是馘字形成前的过渡字，在甲骨文 [字] 字之后，馘字之前。其异体字为 [字]，亦即篆文 [字] 字。不管是 [字] 字还是 [字] 字，其中的或字偏旁都是用来表音的，即发 guó 音，而其偏旁"爪"或"首"表义。[字] 字在多友鼎中的形态为 [字]，其上为或字偏旁，有学者将其下偏旁定为"爪"字，不一定确切。这个看似"爪"字的偏旁应是因袭甲骨文 [字] 字中的 [字] 偏旁而来，其与 [字] 字偏旁有一定的差异，是文字演化过程中的正常变化。而这个 [字] 字将 [字] 字中的目字偏旁省略了。

尽管该字形态变化大，戈字变成或字；[字] 字变成了首字或所谓的"爪"字，但其继承关系还是很明显的。这就是或字含有戈形。首 [字] 字是从 [字] 字演化而来，用以表义，都含有目字。也就是说，甲骨文 [字] 字基因还是隐藏在 [字] 字或是 [字] 字中，一直保留未变。

关于馘字，甲骨文中实际上有两个字与之对应。一是 [字] 字，从戈、从耳，会意为以戈断（左）耳之意，表示战争中割下敌方的耳朵，凯旋作为论功行赏的凭据。另一个字就是

[字形]，从戈、从[字形]，会意为割下敌方头颅，系挂在戈上，彰显战绩，回去邀功领赏。这两个字，笔者认为[字形]比[字形]古老，因为远古战争中，最初肯定是将敌方战死者的头颅割下，带回去显示战绩的。割下头脑并不便于携带，特别是在战死者数量多的情况下，不如只割下其耳朵带回方便，同样能起到证实战绩、确定数目的作用。因此，中国古代战争慢慢发展出这一惯例做法。而这两个字都是对这种惯例做法的客观描述，但由于割耳示功比取首示功更为方便，故[字形]应比[字形]出现得晚。

至于首字，甲骨文一般是这样的形态：[字形][字形][字形]，都是对头脑的实描，上面多毛者为头发，下为脑袋，脑袋中间为眼睛。有的写法将上面的头发省去。《说文》认为，[字形]字中的偏旁[字形]象形为头发。而在[字形]字中，[字形]演化为首字偏旁，与甲骨文一般的首字[字形][字形][字形]差异较大。实际上，[字形]字偏旁的[字形]形是对[字形]形的继承。之所以如此，笔者认为主要是战争中取首的特殊作法造成的。古代男子，不论是中原地带汉族还是边缘少数民族部落，都毫无例外留长发。只是少数民族，比如羌族等是编发，而中原汉族是绾发，区别只是保留长发的方式不同而已。在战争中，要将敌方脑袋取回，只需要将其颈部截断，用其头上长发打结，挂在戈上带走就行。因此，馘[字形]字中的

偏旁 ，其上 形就是描述用头发打结而将头挂起来，下面目字则表示脑袋。 字含义为挂起来的脑袋，也就是特殊的首。在长期的战争中，慢慢发展出不挂脑袋而采取割耳代替的做法后， 字就应时而生。因此， 字表达了 字的基本含义。

如此看来，对 字的解释，李孝定谓其象形为取首系之于戈是正确的，但他说其字中的 形象垂缨之戈则是不妥的。首先，这样分形就不对。这个 字只能是从戈、从首分形，而 形不是垂缨，而是对头发打结以系挂的象形。另外，在甲骨文中， 字是个独立的字，具有具体实在的意义。由于我国古代战争记功凭证的发展，取首变成了割耳，故在商代出现了 与 两种写法，又因此后来的聝字出现异体字 。

鉴于这两个字 与 都是指清扫战场，核定敌方战死者数目之事，故而它们都暗含计算、清点之义。当 字单独出现时，它就是指计算、清点、挑选，去除了戈字，也就不是特指战场，而泛化为各种场合的计算、清点、挑选了。这样来看， 字与省字是毫无关联的，其义也各有所指，两者风马牛不相及。

当然，在甲骨文中还充当人名，字也充当人名和方国名。而从字中分离出的字最初作为首字，则是指战场上敌方战死者的头颅。当它独立存在时，演化出的基本含义是计算、清点、挑选，这是没有疑问的。在甲骨文中，字还可以作为名词充当人名。比如，卜辞有"叀戍马乎，允。王受右右？"（图203）戍马，职官名称，指戍守马匹的军官。，这里指戍马官员的私名。前"右"为又，后"右"，通佑。全文意为商王会命令戍马官吗？确实会。这样商王会得到又一次保佑吗？

卜辞见图，中间文字。

图203（《殷契粹编》第1156片）

202

第五十三章 𣏟工 含义是"造船"，
不是"泛舟"

𣏟在甲骨文中有几种写法，如𣏟、𣏟、𣏟等，其构成从木、从攴。因此，将该字释读为"枚"是正确的，枚字偏旁部首与甲骨文字形𣏟一一对应。

甲骨文中，该字与舟相随，曰枚舟，如以下卜辞：

（戩4.7）勿比枚舟。（图204）

（粹1060）癸巳卜，复枚舟。（图205）

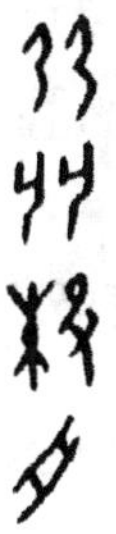

枚舟，郭沫若解释为泛舟或操舟①。此一说法，尽管有学者怀疑，但鉴于其名声在外，影响力大，得到了广泛传播，不少学者在解释"枚舟"时采用了郭的观点，但这种说法是经不起推敲的。其实，枚舟是指制造舟船，并非泛舟或操舟。

图204

图205

甲骨文卜辞中谈到行舟时，用的是两个字，一个是"浮"字，另一个是"航"字。除这两个字外，目前没有见到用其他

---

①《甲骨文字典》卷六第645页（徐中舒主编，四川辞书出版社2014年出版）。

的字。乘船、泛舟或操舟等表述在商代是不存在的。甲骨文中，"浮"与"航"这两个字中都包含了舟字，不会再与舟字搭配使用。商代文字发展还处于幼年时期、初定阶段，口语和文字都谈不上丰富，表述更谈不上多元化、复杂化、精细化，记录社会生活的甲骨文十分质朴，表现为句子简单，说法单一，能将事情真实、客观地记录下来就不错了，谈不上辞藻华丽多姿，表情达意细致入微。这是文字发展的早期阶段所决定的。

浮，从舟、从水，象形为舟在水面、水中行进，如  、  。《说文》即谓泛、浮二字互训。可见，如果要表达泛舟、操舟意思的话，在甲骨文中只用一个"浮"字就足够了。与之相关的卜辞举两例：

（前6.2.4）甲戌卜，共贞：来辛巳，其  浮？（图206）

 字不识。卜辞意为"甲戌这天占卜，贞人共问：未来的辛巳这天，（商王）会  泛舟吗？"

（人3097）庚寅卜，王浮，辛卯易日？（图207）

易日，即多云间晴的天气，可以笼统地说是阴天。卜辞意为"庚寅这天占卜，商王要乘船，在辛卯这个阴天的日子吗（意谓这天天气不好，有危险）？"

图206　图207

航字在甲骨文中象形为人在船上，手持桨橹划摇的样子，有侧面形态，也有正面形态。如侧面形态☺，正面形态☺、☺。现在航字右边的亢字偏旁即是由甲骨文航字的正面形态☺演变而来。航，即杭，渡也，以舟济水也。

其用法举三则卜辞说明：

（人3220）庚午卜，师贞：勿衣航河，亡若，十月。（图208）

衣，这里是"全部"之意，作副词（其含义见本书第四十五章）。全文意为："庚午这天占卜，贞人师说：不要全部乘船渡过黄河，不顺当，时在十月。"

（后下43.7）甲戌卜，☺贞：方其航于东，九月。（图209）

☺字不识，人名。方，商朝时的方国名称。全句意为："甲戌这天占卜，贞人☺问：方国人会向东航行吗？时在九月。"

（合303）贞：勿令☺☺航，☺取舟不若。（图210）

☺字不识，商王室官员。☺字是事先准备的意思。☺字释为由字，

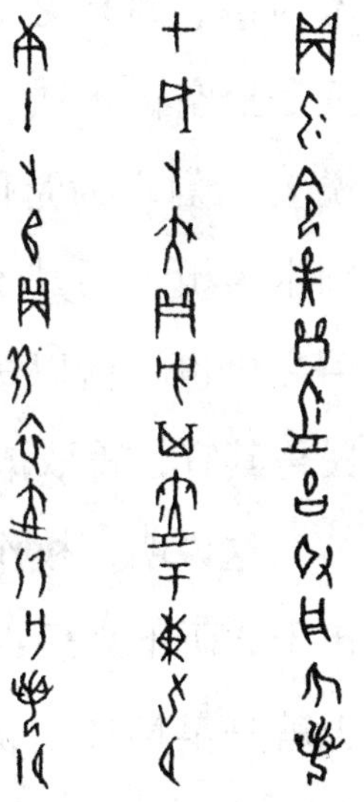

图208 图209 图210

205

表原因。全文大意为："贞人说：（商王）不要命令下属 ![图] 事先准备航行，因为获取舟船不顺利。"

其次，从枚字的含义来看，其从木、从攴，表示以攴击打木头。![图] 字本身即为会意字，其木字偏旁中间特意加了一点，作为指示符号，表示攴所要击打的位置，即击打的是树干，将树干砍斫下来使用。那么枚字在本章开头的两则卜辞里使用，就是指将木头砍斫下来造船。枚舟就是斫木造船。

枚，从周代《诗经》中的用法来看，是指树干。如《大雅》中有诗句"莫莫葛藟，施于条枚"，其意为"绵绵不绝的葛藤，蔓延缠绕树枝和树干"。东汉许慎《说文》："枚，干也，从木攴，可为杖也。"说明该字后来演变为树干之意，与树枝相对照。但从甲骨文字来看，该字的本义是砍斫树干的意思。

关于上古时代造船方法，《周易·系辞下》："刳木为舟，剡木为楫，舟楫之利以济不通。致远以利天下，盖取诸涣。"大抵是挖空树木成为船只，削制木材成为桨楫。宋俞琰《周易集说》："刳木为舟因其木之长，大而中空，遂刳剔之以为舟也。剡木为楫，因其木之纤长而上锐，遂剡削之以为橹，为桨，通谓之楫也，楫以进舟，舟以载物，为舟楫之利，以济不通，而民得其宜，盖取诸涣。"

这说明，枚作为砍斫树干之意，是造船的一项基础性工作，树干砍斫下来后，还要经过风干、挖空等工序，才能变成舟船，也就是早期独木舟。而甲骨文在此用枚字，是以点代面，以一个造船的主要环节代表造船的整体过程，枚舟就是制造舟船。

因此，上述两则卜辞的意思就清楚了。"勿比枚舟"，即"不要偕同去造舟"。"癸巳卜，复枚舟"。复，人名。全句意为"癸巳这天占卜，由复这个人来负责制造舟船"。

第五十四章 㺿为"玫"字

㺿字有多种写法，如狂，这是其镜像，还有㺿、㺿。其构成从玉、从殳。有人依其偏旁组成，将其释为玴字，但现代汉语已经没有这个字。从玉、从殳是其主要写法，也有个别字写成㺿字，即从玉、从攴。按此，则该字对应为现在的"玫"字。

卜辞有（金 415）……子㺿叀牛，二月。（图 211）

子㺿，人名。这则卜辞句意不是很清楚，因为没有动词，不构成一个完整的句子，不太好翻译成现代汉语。在卜辞中，牛与猪、羊、羌人一样一般是用来作为祭品，故这里的牛字可能是子㺿死后对其祭祀所用的祭品，用牛来充当祭品则表达了对其祭祀的等级。这则卜辞似可释为……子㺿这个人（死后祭祀），其祭品用牛，时在二月。

图 211

在商代甲骨文中，殳与攴经常混用，区分不清，这个字就是典型的例子，同时也说明在文字表达的含义上，㺿与㺿这两个字能达到同样的效果，混用亦不为错，写出来的字大家都

208

能理解，互为异体字。因此 [玉攵] 与 [报] 等值，可以释为现代汉语通用的"玫"字。

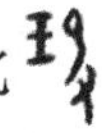

关于玫字的含义，有人说，从其字形上讲，是象形为手持锤子敲玉之形[1]。若是这样理解，则玫字在卜辞中没法与文意贯通，我们也不能真正理解卜辞的意义，这样解释是不合理的。古代的玉器既作祭品、礼器，同时也作装饰品，制作十分不易，需要十分精细、耗时长久的手工制作，制成后非常珍贵，不是常人能用得起的，大多只能为以王室为代表的上层贵族所享用。故制作好的玉器，人人所宝，是不会随意损毁的。因此，望文生义说该字为手持锤子敲玉是不妥的。正确的解释应该是手持工具，将玉器打造得更加完美，达到理想效果。这里，玉字偏旁是指手持工具加工所要达到的效果。由此可知，玫字的本义是器物初步制作好后，再进行修饰，如打磨、抛光等，以达到既实用又美观的效果。这是器物加工的最后环节，旨在臻于完善。

我们看以下卜辞：

（簠游 67）贞：[玉攵] [字]，归于有。（图 212）

[字] 字不同于 [車] 叀字，两边生出枝条，是与 [車] 字完全不同的另一个字。根据其字形，[字] 字应是一

图 212

---

[1]《新编甲骨文字典》第 26、27 页（刘兴隆著，国际文化出版公司 2005 年出版）。

种植物的果实，可以食用，但究竟是什么东西无从得知。有通侑，即祭祀、奉献。这则卜辞的意思是"贞人说：加工好 🜚 这种食品，将其作为祭品（奉献给祖先）"。这里，🜚 字引申为加工之意。

（合集 143）庚午卜，宾贞：八、🜚、彐、奠……（图 213）

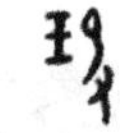

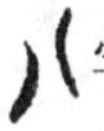

八字不识，不是八字，《甲骨文字典》谓该字只当地名使用，是不全面的。从该则卜辞来看，八字不是作为地名，而是作为动词来用的，它与后面三个字一样都是生产农作物、加工器物或修建建筑中的环节和程序。彐字是收割的意思，奠字可以释为举行竣工或奠基仪式。该则卜辞大意是"庚午这天占卜，贞人宾说：先进行八，再加工，收获，然后举行竣工仪式……"。

（粹 1059）丁卯贞：王令 🜲 奠，🜚 舟。（图 214）

🜲 或释为卓，人名，这里应为职官身份。全句意为"丁卯这天（占卜），贞人说：商王命令官员 🜲 去主持舟船制造竣工祭奠仪式，并进一步装修、装饰舟船"。

注意，这里的 🜚 舟与前面一章中的"🜚工"即"枚舟"

图 214

图 213

是不一样的。是指伐木造船，而不是郭沫若所称的"泛舟"，谓在水中乘舟航行。这里的玟舟，是指舟船制造好后进一步进行装饰，以达到美观、气派的效果。尽管两者发音相同，但一个是枚字，另一个是玟字，意义是完全不一样的。

关于这则卜辞，于省吾在其所著《甲骨文字释林》中，谈到"析舟"的含义时附带说，字为字，而乃"设"字之异文。他还举例说，卜辞还有"皿"之语，是为设皿，乃陈列器皿之意[1]。

关于设字，甲骨文为，从，从殳。于省吾认为为言字初文，故他将该字释为设字。此说或不为谬，但他将与看作是同一个字，则难以让人认同。

这两个字的区别是很明显的，前者其中一个偏旁从玉，后者其中一个偏旁从言，玉与言两者代表不同的意义，不可能是同一个字，不能等同互换。故字释为玟字比较妥当，偏旁能一一对应，含义在商代应是"进一步加工以臻于完善"。

---

① 《甲骨文字释林》第 285 页（于省吾著，商务印书馆 2010 年出版）。

第五十五章　🔲含义为"墓场""墓坪"

🔲字从于、从🔲，🔲形不识。该字《说文》所无，意义不明，在甲骨文第一期出现。在甲骨文第二期中，有一个字与其类似，其形态为🔲。徐中舒认为，该字疑与🔲字相同。[①]其观点至为正确，它们本来就是同一个字。

由于🔲字最早出现，是🔲的本字，我们从🔲字入手来分析：该字偏旁🔲上部与高字的上部相同，象形为高地，下部为"院子"形态，结合其卜辞文意来看，是对墓地前的场地的描绘。商代墓葬，特别是王室墓葬，面积很大，要起很大的封土堆，墓前或有碑石，碑石前则留有空地，供后人参拜、祭祀，这种墓地格局为此后历朝历代沿用，直至今日。人们举行祭祀活动时，先要登上神道台阶，来到墓前场地，在祭司主持下进行祭舞等仪式。因此，🔲偏旁便是对墓场或墓坪的素描、概括。

于，古体为雩，在甲骨文中有多种写法，或是从雨、从舞，或是从雨、从于，都会意为以乐舞降神求雨，即古代祈求降雨的一种舞蹈。《说文》："雩，夏祭，乐于赤帝，以祈甘雨也。从

[①]《甲骨文字典》卷五第 510、511 页（徐中舒主编，四川辞书出版社 2014 年出版）。

雨，于声。"同时雩也指开展这种舞蹈的专门场所，春秋时期叫作舞雩。孔子与弟子谈到各自的志向时说："莫春者，春服既成，冠者五六人，童子六七人，浴乎沂，风乎舞雩，咏而归。"风乎舞雩，即到"舞雩"这个公共场所沐浴和风吹拂，心旷神怡。"舞雩"就是承接商代的雩而来。一般舞雩建在高处，可凭槛观景，沐浴天风、阳光，与云雾接近，通过跳舞祈求老天将云雾化为甘霖降下。这里的 🔲 字，表明其墓前场地亦作为舞雩使用。

为了进一步明确 🔲 为墓场，不致被误解，该字创造者在其偏旁里面写入了于字，表明其为舞雩场所，也表明其音读为于，除了祈雨之外，还供死者的亲属、子孙等前来瞻仰、祭祀。因此，🔲 这个字是个象形加会意构成的复合字，兼有形声的要素。

我们看一期的一则卜辞：

（后下 16.2）庚戌卜，夬贞：王乞正河、妣辛 🔲，允正，十月。（图 215）

河，商人先公。妣辛，过世商王的配偶。正，这里是修理、修葺、修缮的意思。全文意为"庚戌这天占卜，贞人夬说：商王提议修缮先公河、先妣辛的墓场，确实需要修缮了，时在十月"。

🔲 字到了甲骨文二期，其外面的偏旁 🔲 演变成了 🔲，应该是商王的祖墓经修缮后外形发生了改变，

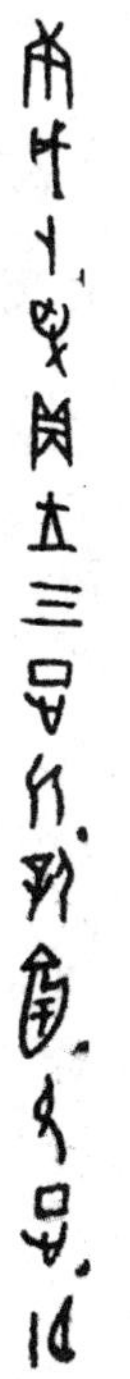

图 215

故其字也作出相应改变，但其核心元素没变，这就是仍然在其中加于字，表明其是个祭祀、雩舞的特定活动场所。

如卜辞：（佚 722）……卜，出贞：王正 𤕦 ……（图 216）

卜辞意为"……占卜，贞人出说：商王修缮墓场……"。

同时期还有一则卜辞：（铁 139.1）辛酉卜，出贞：其 帚 妣辛 𤕦 ，陟告于祖乙？（图 217）

图 216

图 217

这里 帚 与上述卜辞中"正"字的意义相同，为修理、修缮之意。祖乙，有名的贤主中宗，与二期商王已经隔了六七代。全文意为"辛酉这天占卜，贞人出说：（商王）大概要修缮先妣辛的墓场了，要再往上向先王祖乙禀告吗？"

因此，𤖝、𤕦 含义为墓场，其中的于字偏旁用以表音。

第五十六章　🔣含义为"修建陵园（陵墓）"

前文所述，🔣含义为"墓场""墓坪"，它从于、从🔣，🔣

形即是该文的🔣字。🔣字在甲骨文中还写成🔣，《甲骨文字典》

谓其字形结构不清，意义不明[1]。从字型上看，其上为亭台形状，

下为一块空场地的形状，因此是个象形字，表示"陵园"，即商

代先王、先公去世后，后人在坟茔边修筑的园地，供人凭吊、

瞻仰，还附有其它功能，如举行祈雨等活动，或是平时供人们

休闲等。

关于🔣字，笔者认为，它可能是🔣字的初字、本字，或是

异体字。🔣字是在🔣字中间加于字，对🔣标音，同时表示其作

为舞雩之用。其区别在于：从卜辞来看，🔣尽管象形为陵园，

但实际上是作为动词来使用，即修建陵园；当然，🔣也作为地

名使用。而🔣字则纯粹是名词，就是墓坪、墓场的意思，也可

以说是陵园。

我们从两则卜辞来看其用法：

---

[1]《甲骨文字典》卷五第 576 页（徐中舒主编，四川辞书出版社 2014 年
出版）。

215

（南明 453）乙巳贞：叀 🔯 先，方。（图218）

方，这里指祭名，即四方之祭。全文意为"乙巳这天贞人说：要先修建陵园，（然后）举行四方之祭（以告慰于四方神灵）"。

（佚 887）牢有，大 🔯 于祖乙，其告 🔯。（图219）

图218

图219

有通侑。🔯 字不识。告，一种祭祀，即所谓告祭，是指向祖先禀报对外征战、王位继承等涉及国家存亡、宗祀承续的重大事项。告 🔯，向祖先禀报有关 🔯 的事项。全文意为"以特地圈养的羊进献，将祖乙的墓地大规模扩建为陵园，要举行告祭，禀报有关 🔯 的事项"。

学者刘钊将这个 🔯 字当作龟字的简写，认为甲骨文龟字去足即为 🔯 字，卜辞"尞于 🔯"即"尞于龟"，烧灼龟以占卜也[1]。

这种观点之所以不妥，首先是它的所谓"尞于龟"即"烧灼龟以占卜也"不对。甲骨文尞字只有二种意思：一是放火烧山林草木（以捕获野兽等）；二是尞祭，祭祀祖先、天地、四方、神灵等。这些活动都是在大面积场地上进行的。至于灼龟，

---

[1]《古文字构形学》第 34 页（刘钊著，福建人民出版社 2006 年出版）。

是从来不用尞字的，因为尞字本义就是架起木柴燃烧，与灼龟这种点灼龟甲的方式大相径庭。"尞于🔯"谓为"尞于龟"，即"烧灼龟以占卜也"，如此理解表明其对于商代占卜的具体过程还不是很了解。"尞于🔯"正确理解是"在🔯地举行尞祭"。

🔯或🔯不仅仅是名词，还当动词用。把该字误认作龟字，就没法解释其为何能作为动词使用，因此不能自圆其说。就像上面两则卜辞，是不能将其当作龟字来理解的。

第五十七章 ⚌、帯含义为"修理""修缮"

⚌与帯是同一个字，前者在后者的基础上加双手，是后者的动词化，表明对后者施加动作。《甲骨文字典》怀疑⚌为一种祭名[1]，笔者在深入研究辨别了帯字的用法后，认为这一观点不妥，其含义为"修缮""修理""修葺"。

帯字从止、从巾，会意不明。关于该字，《甲骨文字典》中将其认定为耑字[2]，和耑或耑相同，这种观点也不妥。耑字下部与字帯都是"巾"，而上部不同，一为近似山形，一为止字；耑字上部与帯字上部同为"止"字，而下部不同，一为不字，一为巾字。有学者说，耑的含义为"伐木后留下的树根（伐桩）边缘（垂、缘、朵）长出小树枝"。本义为伐桩的头（端）部。其引申义如下：一、长出小树枝，表示小、细、短。二、伐桩像囤，表示囤类之物。三、由伐桩可知原树木的大小，

---

① 《甲骨文字典》卷七第 866 页（徐中舒主编，四川辞书出版社 2014 年出版）。

② 《甲骨文字典》卷七第 797 页（徐中舒主编，四川辞书出版社 2014 年出版）。

218

表示测量、揣度。四、伐桩直立着，表示"端"。五、用木头做的纺锤、收丝器，即"专、専、叀"。

笔者认为，耑字不是帚字，其含义不适用于帚字。帚字含义应从其所在卜辞来考察。

关于对墓场𠂤的修缮，卜辞有：（佚722）……卜，出贞：王正𠂤……（图220）"王正𠂤"即商王要修缮墓场陵园。

还有卜辞：（后下16.2）庚戌卜，共贞：王乞正河、妣辛𠂤，允正，十月。（图221）

全文意为"庚戌这天占卜，贞人共说：商王建议修缮先公河、先妣辛的墓场，确实需要修缮了，时在十月"。

修缮墓场，卜辞均用正字𠙵。

而在另一则卜辞中则用了这个帚字。如：（铁139.1）辛酉卜，出贞：其帚妣辛𠂤，陟告于祖乙？（图222）

卜辞意为"辛酉这天占卜，贞人出说：（商王）准备修缮先妣辛的墓场了，要往上向先王祖乙禀告吗？"

这说明，在表示重新修整先公、先妣的墓场时，既用正字，又用帚字，

图 220

图 222

图 221

219

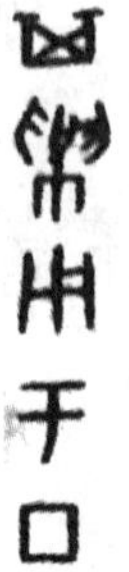

则 帚 字的含义与正 足 字相同，均为修缮、修葺之义。由于 帚 字本来就是对 帚 字的动词化，故其含义也是修缮、修葺。

我们看另一则相关卜辞：（人 2269） 帚 ，壴于大乙。（图 223）

图 223　图 224

即"修缮（先王大乙的墓场），打鼓击乐（欢天喜地）告慰于大乙"。

还有一则卜辞：（粹 474）其 帚 ，用于丁。（图 224）

卜辞意为"要将其修缮好，用于（祭祀）先祖丁"。

关于 帚 字，有学者将其与另一字 帚 混同，也是不妥的。 帚 字从巾、从爪， 帚 字从巾、从止，两者构成不同，应是不同的字。尽管我们不能准确理解 帚 字的会意，但两者在组成偏旁上的区别是十分明显的。

第五十八章 🈁、🈁均为"吃苦耐劳（者）"含义

🈁与🈁两字《说文》均未载，《甲骨文字典》中也列为未识字，均注明其会意不明，所在卜辞不解①。这两个字均属会意字，含义相同，🈁②是🈁的简写，省去日字，不改其意，含义为"吃苦耐劳（者）"。

先从🈁字谈起。该字还有一种写法🈁，可以看作是🈁的简写，省略了字中的小点，这些点表示人在太阳底下干活时洒下的汗水。在🈁的基础上省略"汗水"变成🈁字，不改其"勤劳"之意，故省去其点亦无妨。综合比较，这三种写法中，🈁字写法最细致，表达含义最完备、充分，可以视为规范字。

🈁字从日、从卩、从数点。卩即甲骨文字中的🈁字偏旁。这个🈁字是手放在膝盖上、腿跪着的人的侧面形态素描。在其

---

① 《甲骨文字典》卷七第 727 页（徐中舒主编，四川辞书出版社 2014 年出版）。

② 《甲骨文字典》卷九第 1004 页（徐中舒主编，四川辞书出版社 2014 年出版）。

作为偏旁组成的甲骨文字中含有多种意义：表示人坐在马车上，执鞭子和缰绳，驾驭马车，如御字；表示人跽坐在垫席上闲居，如宿字；表示人在指认或压迫下屈服之状，如印或抑字；表示以刀节制服从者，如色字。这就是说，尽管是当时商代人们日常生活中的常见姿式，在复合字中却可以表示坐、蹲、跪、跽、拜等多重含义。在字中表示人蹲下劳作的状态，因为要表示人的劳作行为，在所有描绘人的形态的字中，只有字合适。描述人的形象或行为的字不少，如人的侧面形象——人，人的正面形象——大，甩开膀子走路的形象——夭，还有人的倒立状，人的匍匐状等字，但在表示劳作时只有人蹲下的姿势最为适合。字就是表示在烈日之下，人在室外劳作时挥汗如雨的场景。商代的人们已经建立了许多抽象的概念，如愚蠢、安逸、懒散等，这些抽象概念要用文字表达出来，需要借助生活中的具体形象、场景或是采用同音假借等方法。这样创造的文字便于理解、传播。我们知道，对生活中的具体物品、场景、行为等进行刻画而形成的素描即是刻符。刻符就是简笔画，就是用最少的笔画描绘出事物的核心特征和含义。这种刻符为大多数人所认可、理解，能与其他刻符连接在一起表达确定的含义时，就具有了普遍意义。这种刻符固定下来，被大家所采用，含义也明确，最后就演变成了文字。而商代表达同一含义和特征往往有不同的刻符，即多个异体字，说明这个文字还处于过渡时期，没有统一字形，这也是文字发展过程中的正常现象。比如，䏆字三种写法，都表达同一意义。其次，䏆描述的是生活中的具体场景，是生动具体的形象，人们将这一烈日下挥汗如雨的劳作场景刻划为䏆字，上升到抽象概念，就是现在的"辛勤""吃苦耐劳"之意，表示的是人的品格特征。以具体的形象表达抽象的概念，是古人的思维特征，文字的产生过程证实了这一点。

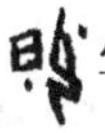

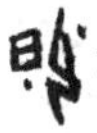

我们看相关卜辞：

（邺3.39.3）……午卜，更卓䏆，析舟。（图225）

这则卜辞中，卓为商代王室官员名字。析舟，建造舟船。这里的䏆字即"吃苦耐劳"，是对这位官员卓吃苦耐劳品质的赞誉。那么，这则卜辞就很好理解了，即"……午占卜，只有卓这位官员能吃苦耐劳，（就让他负责）建造舟船吧"。

"析舟"，于省吾理解为"解舟"，析即解也，"解舟"即解开舟船，与"索舟"含义相对，"索舟"即系上舟船。这样分析这则卜辞，显然是不对的，没法自然流畅地理解文句。笔者认为，"析舟"与前文所述的"枚舟"意义相同，均为建造舟船之意。

（乙3299）贞：亡告于䏆，乃复值。

（图226）

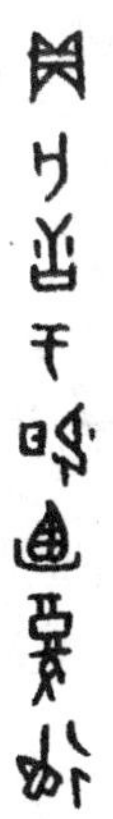

图225　图226

223

　　徐中舒认为，这里的⌐字疑为方国名称，正确。这则卜辞意为"贞人说：不要（事先）让⌐国知道，（商王）还要去重新督查"。

　　⌐字含义为"吃苦耐劳"，字也同义，因为没有太阳的情况下去劳作，照样会挥汗如雨，不改其"辛勤"含义，只是在太阳热晒之下劳作更加辛苦，"吃苦耐劳"的特性更为显著。不过，字在甲骨文中只当人名、地名讲，还没有见到作为其他词性使用。

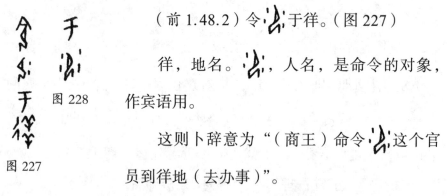

图 228

图 227

　　（前 1.48.2）令　于徉。（图 227）

　　徉，地名。，人名，是命令的对象，作宾语用。

　　这则卜辞意为"（商王）命令　这个官员到徉地（去办事）"。

　　（乙 1276）于 　。（图 228）即在 　地。

　　甲骨文中还有一个以 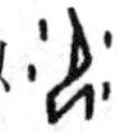　作偏旁的字[①]。我们知道了字含义，那么字就很好理解了。字从⌐、从　，⌐

---

① 《甲骨文字典》卷七第 820 页（徐中舒主编，四川辞书出版社 2014 年出版）。

是房屋的形象，[字]是辛苦劳作的形象，那么[字]字就是指"室内辛勤劳作的人"。这是个与[字]字相对的字，[字]指在室内劳作，[字]指在室外太阳曝晒之下劳作。很显然，在室内劳作要比室外条件好多了，轻松多了，有房屋抵挡，避免了太阳曝晒和风吹雨淋。商代人们早已对此作了区分，在文字上反映出来。

[字]字在卜辞中也是只作为人名使用。如：（乙496）隹蚩[字]。（图229）

蚩，为害于……。[字]，人名，动词蚩的对象。

这则卜辞的意思是（祖先或神灵）会为害于[字]这个人。

图229

至于其发音，笔者认为，[字]、[字]本为同一个字，故其发音应相同。[字]字是在[字]字基础上衍生出来的字，其发音也可能与[字]、[字]相同。但它们究竟是发什么音难以断定，只能留待后人探讨。

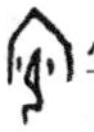

第五十九章　旿含义为"闲逛"

旿字从千、从日。另一种写法为从人，从日，即旿。这两种写法中，笔者以从千为规范写法，从人为省略写法。在笔者看来，从千，是在人字的基础上于其腿脚上加一指示符号小横杠"一"，表示这个人字的含义重在腿脚。这个由人加指示符号而转变的千字，后来便借用为计数的千字。

在商代，人们的生产生活受天气变化影响很大，遇到雨雪等恶劣天气是不能开展大规模公共活动的。这也是当时盛行占卜预测未来的原因之一。卜辞中常有开展祭祀活动，人员聚集的时候突然下雨的情况。相对的，在天晴日朗的条件下才便于开展生产、祭祀等活动。因此，以日字作为偏旁来构成组合字时，很多都是以日字表示白昼，隐含适合劳作或开展活动的含义在内。正因为此，那时的人们形成了这样的观念：天气晴好是该干事的时候，不能辜负了这样的好日子。而这时不干活，东游西荡、无所事事则被认为是好吃懒做、不思进取的坏习惯，应该受到谴责。

旿字就意会了这一情形，体现出这一观念。日，指代表晴好的白昼，内在含义为"该干事的时候"。千，表示人，重在腿脚，两个偏旁组合起来便是表达人在天气晴好的日子里四处闲荡，无所事事；也可以说是休整、休息等，带有贬义。

相关卜辞有：

（合集 22405）弗 日久。（图 230）

即不要无所事事。

（天 70）丁卯卜，矢贞：王 日久。（图 231）

图 230

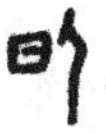

矢字不识，人名。全文意为"丁卯这天占卜，贞人 矢说：商王大白天不干事（或谓休息、休养）"。谓商王懒政，这好似《长恨歌》中"春宵苦短日高起，从此君王不早朝"。

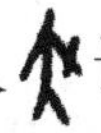

图 231

通过以上卜辞分析，笔者认为，日久字尽管《说文》所无，但绝不是什么"向日行祭祀"的祭名之类，它就是一个表达完整休闲概念的普通字。有的字典将其与其他的字如 字、日久、字归在一起，认为是同一个字，这是一种简单而粗暴的作法，对辨识甲骨文毫无益处[1]。

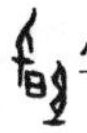

字字表示军队休整、停止行进之意。这个字其实是由 日久字衍生而来，日久字再加偏旁 字便构成了 字字，说明它们是有内在联系的。日久字为无所事事，而 字表示军队驻扎下来，军队驻扎下来不干事，就是休整之意。

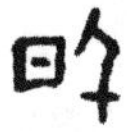

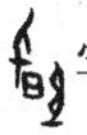

---

[1]《新编甲骨文字典》第 388 页（刘兴隆著，国际文化出版公司 2005 年出版）。

第六十章　囵 含义为"禁足""软禁"

囵字从宀、从千，《说文》所未载，不知何意，相关卜辞亦意义不明①。笔者认为，该字的真正含义是限制人的行动自由，将人禁闭在房屋里，可以释为"软禁""禁足"等。

前文已经说过，在人字 亻 的下面加一横，变成千字 千，主要是起指示作用，让人们注意到这里的人字不是强调整体，而是要关注其腿部，即人的行动上。那么，将人置在房屋里，而指示其腿，就是指限制其行动，不让其自由活动。这个由偏旁组成的复合字，也是个会意字，它与以前所述的拘字不同在于，"拘"是将人投入到监狱牢房里去，将他们正式当成犯人看待，实行拘留，而 囵 是将人禁闭在一般的房屋里，只是限制其行动自由，其他方面照常。两者受到的待遇是不一样的。前者被拘的原因是触犯了法律或禁忌，而后者并不见得是触犯了法律或禁忌，可能是因为特殊的需要而将其暂时看管，并不降低其生活待遇。

我们看相关卜辞（戬 47.7）癸卯卜，贞：雀 囵 罗，无

---

① 《甲骨文字典》卷七第 818、819 页（徐中舒主编，四川辞书出版社 2014 年出版）。

228

祸。（图232）

雀，西部青藏高原一带的方国，与商朝并立，常有外交往来，以及矛盾冲突。![字]字不识，从目、从交，为商朝外交使臣的官名或私名。全句意为"癸卯这天占卜，贞人说：雀国软禁了我方使臣![字]，没有祸害"。没有祸害主要是指没有生命危险，因为雀国只是限制了![字]的行动自由，并没有伤害或处死他。

图 233

图 232　　　　图 234

（乙6929）……好示五，![字]三豕。（图233）

《甲骨文字典》谓这则卜辞意义不明，主要是难在![字]字的理解上。该卜辞前面阙文，疑缺"妇"字。妇好，商王武丁众多的妃子之一，是有名的女将军，能征善战。示，整治。![字]，去势的猪，即阉猪。![字]字本义为将人禁闭，这里用于猪，引申为将猪关押。全文意为"……（妇）好整治了五副（龟甲），关押了三只阉猪"。

最后一则卜辞（京4345）丙子卜，王其![字]？自日于室。（图234）

![字]与![字]、![字]应为同一个字，《甲骨文字典》中将其分

229

为两个不同的字，不妥①，因为其下面的偏旁均为千字。

全文意为"丙子这天占卜，商王把自己禁闭起来了吗？从日（出）时就在房子里（谓不出来会见官员议事）"。

---

① 《甲骨文字典》卷七第 824、825 页（徐中舒主编，四川辞书出版社 2014 年出版）。

第六十一章　𠂤含义为"难产"

　　𠂤字在《甲骨文字典》中被认为结构不明，意义不清。根据相关卜辞，该字典怀疑它是身体某个器官的名称[1]。

　　其实，𠂤字结构清晰，只是写得不太规范罢了。它上为口，下为千。这个字在现代汉语中并不存在，说明已被废弃，是个早已"死亡"的文字。但其含义我们还是能通过文字偏旁构成分析出来：其上从口，一般表示说话、唱歌等。这里表示的是孕妇或婴儿的啼哭声，象征分娩。其下从千，在前面文章中笔者说过，千字𠂤系从人字而来，是在人字下面的腿上加一横杠，作为一种指示符号，表示其虽然为人，但主要关注其腿脚。这里千字的横杠就是指婴儿分娩时，其腿脚先于头脑出生，是典型的难产状况。孕妇正常分娩是婴儿的头脑先出，手脚在后，是为顺产。如果婴儿的胎位不正，分娩时就会出现脚或手先于头脑出生的情况，这便是难产了，会使母子处于生命不保的危险困境。古代几乎没有生育医疗技术，大家束手无策，爱莫能助，只能眼睁睁地看着母子痛苦地离世，最好的结果也是舍弃其一。

---

[1]《甲骨文字典》卷八第 909 页（徐中舒主编，四川辞书出版社 2014 年出版）。

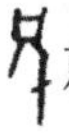

就是个会意字，以口在人字上表示啼哭，会意小孩分娩，以千字来表示婴儿腿脚先生出来体现难产，整个字的含义就是孕妇分娩难产。

相关卜辞有：（库283）病，御于妣己与妣庚。（图235）

病，即患难产病。妣己、妣庚均为商代先王的配偶，她们生产、养育了许多子女。王室遇到妇女难产的情况毫无办法，只好求助于先妣护佑。遇到什么样的问题，求助于这方面做得好的已故先王先妣，这是商代祭祀文化的特色。因此，卜辞全文意为"（商王妃子）患了难产症，向先王的配偶妣己与妣庚祭祀（祈求她们保佑母子平安）"。

图235

也许有人问，古人在创造有难产含义的字时，为什么不用子字加口字来构成呢？首先，子字的形状不能形象地表达腿脚先于头脑出生的难产特征。其次，子字上部表示婴儿头部，可以将其改为口字，表示婴儿啼哭，象征刚出生"呱呱落地"的状态，如，这也是子字的另一种写法，这种写法表示婴儿张口（向乳）。但其下部则不能表达难产的情形，而用千字替代就圆满地解决了这一问题。当字下部用千字来替代时，实际上也就变成了字。因此，字创造得非常有水平，概括

得非常精准。可惜这个高度概括难产的字没有得到继承，消失在历史的长河中，后来再也没有创造出一个类似的字来表达难产含义，这不能不说是文字的创造力有所衰退。商人的文字创造力之高在这个字上得到了体现。

第六十二章 🔣含义为"验证""核实"

🔣字从⺘，即爪；从🔣，即卩，学术界一致认为其为印字，这是毫无疑问的。对于其会意，大家的看法是象"以手抑人使之跽伏"之状，这一点似乎也没有争议。不过笔者对此提出新的看法：🔣象人跽跪之状，是没有问题的，但在🔣字里面，🔣是指犯事者被抓获后的屈服之状，而爪字⺘则是用爪（手）指认其人，为辨别、核实之状，看其是否为真正的人犯。抓到嫌疑者后，必须验明其身份，不能抓错，这是处置人犯一个极为重要的步骤，自古至今皆然。因此，"验明正身"才是🔣字的真正含义，即"指证""指认""核实"等。

这个字辨识为印字，《说文》："印，执政所持印信也。从爪、从卩。"这个字的篆文为🔣，与甲骨文🔣一脉相承，偏旁一样。但其含义却有了改变，即从"指认""核实"变成了"印信"。当然，这也可以看作是🔣字含义的发展演化，因为所有的印信，如虎符、印玺等，都是为了确认身份，验证传令、文书的真实性，故确定其为"印"字。

在甲骨文中，如果套用其为印字，作"印信"来讲，那绝大多数的卜辞都没法释读，这就是相关卜辞都被确认为"义不

234

明"的原因。如这几则卜辞：

（乙307）丙辰卜，丁巳其🐦？🔖，允🐦。（图236）

🐦，从隹、从今，今字表音，本是一种名叫"今"的鸟儿，于省吾认为这个🐦字在商代借用为天气阴晴的阴字，至为正确。这则卜辞意为："丙辰这天占卜：丁巳这天天气会是阴天吗？经验证，确实是阴天。"🔖当现在的"验证"讲。

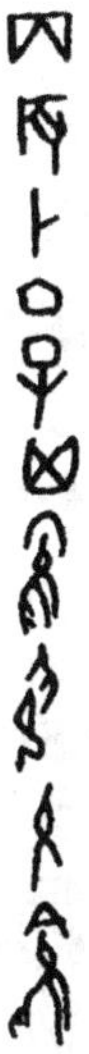

图 236

图 237

不仅如此，在所有甲骨文中，这个🔖字都当"验证""指认""核实"讲，而不是"印信"之说，尽管在商代可能出现了类似后来的印章、符节等作为凭证的物件。

（乙100）戊午卜，曰今日启，🔖，允启。（图237）

🐦启，天空放晴。

这则卜辞的意思是"戊午这天占卜，说是今天天气放晴，经验证，确实是放晴了"。

商代占卜，由于都是对未来事件的预测，都有一个验证的过程。因此，验证是检验占卜准确与否的一个重要过程，而天气实际情况是对占卜最好的检验。从以上两则卜辞来看，都占卜得正确。

（乙445）戊戌卜，其阴翌乙？ 【字】，启，不见云。（图238）

这则卜辞还是谈论天气占卜。全文意思是"戊戌这天占卜，来日己（亥）这天天气会是阴天吗？经检验，天气晴朗了，没有看见云彩"。

这些卜辞中的用法说明，【字】是个动词，意义单一，只作验证、核实讲，但有些学者认为该字作为名词，当作方国、地名或人名用，其实，这种认识是不妥的，应为误解。

比如，这则卜辞（乙151）戊申卜，方 【字】自南，其 【字】？ 【字】。（图239）

图238

图239

方，商代方国名。【字】字不识，动词，有气势汹汹、张牙舞爪的意味。【字】，有人释为正或征字，有征伐之意。但这字只用于别国进犯我方上，似可释为"侵犯"。这则卜辞意为"戊申这天占卜，方国自南方气势汹汹鼓噪，或许要侵犯（我们）？需核实"。这则卜辞反映了商朝对周边方国风吹草动的警觉。

这里【字】字不是一个方国的名称，把这个【字】字当成一个方国名称讲，断句为"其 【字】【字】"是"其征印"，即"方国要征伐印国"是不对的。这样断句有误，后续解释便错上加错。

（前 4.46.3）王贞：马方……▦口丧？ 
▦。（图 240）

▦字不识，▦口，地名，或为军事要塞。这则卜辞意为"商王占卜说：马国……的要隘▦口丧失了？要核实"。这里不能将▦当作方国名称讲。

（合集 19788）王令印。（图 241）

图 241

图 240

这则卜辞就三个字，都认识，但对其理解却有争议。刘兴隆说，这里的▦字是人名，因而全句理解为"商王命令印这个人"①。

其实，这里的▦字还是当验证、核实讲，取其本义。正确的理解是"商王命令要核实（是怎么回事）"。

综上所述，▦字在甲骨文中其意义是明确而单一的，就是当验证、核实解，作为动词使用，不作为地名、人名、国名等名词成分解。

关于▦字，许慎说，爪字在左上为印，在右上则为抑。但从甲骨文的写法来看，爪字在左还是在右其意义并无区别，都

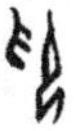

---

① 《新编甲骨文字典》第 572、573 页（刘兴隆著，国际文化出版公司 2005 年出版）。

是一样的。因此，许慎的见解不妥。印、抑或许都是从 字分

化出来，即 是这两个字的初字。而最重要的一点是，在商代

字不当"印信"解，而只作为动词，当"核实""验证"用，

这与其后来主要作为"印信"理解有很大的差别。实际上，我

们现在仍然有"印证"这个词，说明印字还是保留了甲骨文中

的"核实"意思的，只是其含义更加丰富了。

第六十三章　𨹟含义为"阻击""抵挡"

𨹟字没有受到学者应有的关注，在一些甲骨文字典中居然没有收录该字。当然，主要原因是该字出现的频率不高，相关卜辞较少。其次，《说文》也没有载录该字，后世也长期不知道有该字存在，是一个遭到废弃的文字。不过，该字还是有研究的必要，因为不研究，相关卜辞就得不到解读。研究解读此字，我们也能更进一步了解古代人们造字、用字的规律，从而理解他们的思维方式。

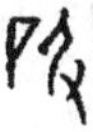

𨹟字从石、从及。若按偏旁一一对应，它现在的写法应是砇字。我国文字里，以及字作为偏旁构成的复合字，读音均与及字相同或近似。如级、汲、岌、极、伋、芨、笈等，说明这些字均是以及字为声符构成的形声字，及在这些字里作偏旁起到标音的作用。那么，这个𨹟字也不例外。

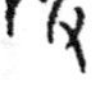

𨹟字在商代被用在描述方国之间的对抗关系中，如卜辞：

图242

（前 8.6.1）癸未卜，🧍令羌人🪨犬，又友。[1]（图 242）

笔者推测，🪨字中的及字偏旁除了形声外，还有一定的会意作用。我们可以反问，为何用"及"这个偏旁而不用其它偏旁与石字搭配呢？这说明在方国之间的关系中，🧍在🪨字里面蕴含着实在的意义，不只是标音。及🧍字上从人、下从右。右，手也。及字🧍会意为别人的手已经够着这个人了，表示赶上、追及、达到之意。那么，这个"及"字偏旁🧍说明双方已经相互接触了，而不是中间隔着一段距离对峙。

甲骨文中另有一个相关字🪨能帮助我们进一步了解这一重含义。🪨，从阜、从及。阜，一般释为台阶或高地，这里象形为逐次抬高的台阶，而及字则是说明人够着台阶往上走。一般认为🪨字中偏旁及表声，为级的本字、初字。人脚接触到、步步升高的地方就是🪨，即级字，台阶也。《说文》："级，丝次第也，从系，及声。"这说明在以及字为偏旁构成的形声字中，及还兼有表意的作用，有正面接触、触及的意义蕴含其中。

可以类比，人直接触及到台阶叫作"级"，即🪨，而人正

---

①《甲骨文字典》卷三第 295 页（徐中舒主编，四川辞书出版社 2014 年出版）。

面触及到石头就叫作"石及"，即⿰。在商代人们的观念中，石字除其本义外，一般引申为"坚硬""不可撼动"，正如山字一般喻为"高大""危险"一样。比如岌字，从山、从及，及音，山字这里比喻高大、危险。岌字的含义便是高大貌，如《离骚》中的"高余冠之岌岌兮"、"岌岌可危"中的岌字便是危险貌。同理，这个⿰字便是指碰到了坚硬的东西，如同我们现在所说"碰到了硬钉子"，商代那时没有出现铁钉，说法就是"碰到了硬石头"，引申为遇到了坚固的阻碍、障碍，也就是"阻击""抵挡"之意。

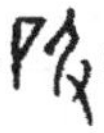

上述卜辞中，𠂇，人名。犬，方国名。又，通佑，保护之意。这则卜辞意为"癸未这天占卜，𠂇让羌人抵挡犬国（军队），以护佑盟友"。

甲骨文中还有一个字⿰，与该字形状相近，疑即⿰字。之所以出现这种写法，可能是因为当时的贞人刻字时将石字一撇与人字一撇刻在一起，重叠了。该字⿰在卜辞中作为地名使用。如卜辞：（合集 33136）于⿰享伐。（图 243）

享，地名。伐，一种祭祀。这则卜辞意为"在⿰地、享地举行伐祭"。

若⿰与⿰是同一个字，则这个字既可以作名词，当地名用，也可以作动词用。

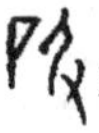

图 243

有必要指出，![字]隶定为砏字尽管历来使用得少，却并非一个被废弃的死字。这个字的发音及含义已经发生了极大的改变，砏音为è，砏与硪（wò）组成词"砏硪"，表示高大的样子。东晋文学家郭璞写的《江赋》中有"阳侯砏硪以岸起"，阳侯，传说中的波神。砏硪，高耸、高大的样子。岸起，撞到岸边激荡、溅起水花。整个句子意为波涛汹涌，石壁高耸矗立，岸边激荡起水花。很显然，这与甲骨文中砏字的发音同及及其阻止、阻挡含义相差太远，是否为后来新造的字也未可知，只是与商代的砏字重合罢了。

第六十四章　𨸏含义似为"崴"

𨸏字从阜、从企，《说文》所未载，至今未识。

该字从企，企由人和止组成，表示人垫起脚观望，这是企字的本义。按，企字实为于人体之中突出足部，以表示行为与足部有关，重在足部。《说文》："企，举踵也，从人，止声。"阜者，象形穴居之竖穴边上的台阶，也可以泛指台阶，供人上下进出之用。由于竖穴一般建在高处，故阜字也有高地之意。这与商人部落最早生活在河水泛滥的黄河下游有关，那里多湖泊、沼泽湿地，须筑高台而居。这两个字符组合起来成𨸏字，其意就是人在上下台阶时脚被扭伤，是个会意字，故可释为"崴"字，表示崴了脚。

我们看相关卜辞：

（乙5405）戊午卜，石𨸏，病𠂤，不匄。（图244）

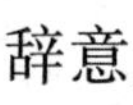

𠂤，骨关节（见后面文章解释）。匄，害。该则卜辞意为"戊午这天占卜，妇石崴了脚，骨关节伤痛，不会有什么害处"。

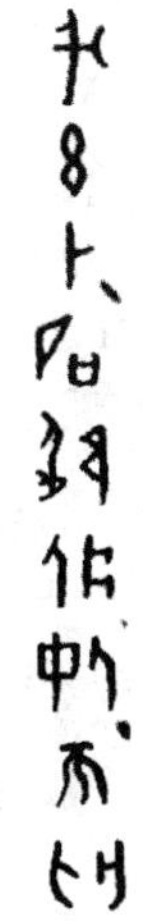

图244

243

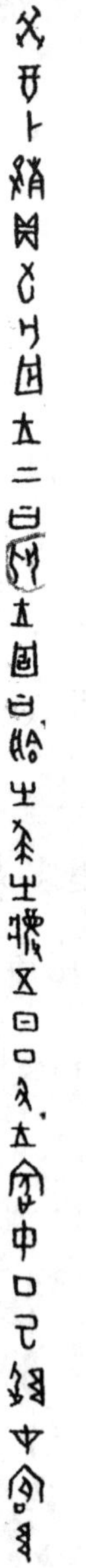

有学者怀疑"石 "两字是人名[1]，这是不对的。石 ，是一个主谓语句子，即商王的妃子妇石走路崴了脚。

我们再看一则较长的卜辞：

（菁1）癸酉卜，殼贞：旬无祸。王二曰：匄。王占曰：俞，有祟，有寐。五日丁丑，王宾中丁，厥  ，在庭阜[2]。（图245）

二，这里不是指数字二，而是指不同的看法。匄，害。俞，语气词，表示吃惊、感到不妙之意，相当于现在的"哎呀""呃"。宾，主持祭祀仪式。中丁，即仲丁，乃商代有名的先王。厥，意为乃，就。庭阜，宫殿附近的高丘。

翻译成现代汉语，全文为：

癸酉这天占卜，贞人殼判断说：十天之内没有祸害。商王持有异议说不对，有祸害。商王亲自占卜说：哎呀，有妖怪，有鬼魅。第五日丁丑这天，商王主持先王仲丁的祭祀仪式，就将脚崴了，在宫庭附近的高丘（崴的）。

图245

---

[1]《甲骨文字典》卷十四第1512、1513页（徐中舒主编，四川辞书出版社2014年出版）。

[2]《甲骨文字典》卷十四第1508页（徐中舒主编，四川辞书出版社2014年出版）。

　　这则卜辞很有故事情节，很有趣味性，真实记录了贞人和商王在占卜未来事件上的不同看法。结果是商王的占卜得到了应验，他在高丘上走路时脚被扭伤。

　　关于崴字，本义是指山峦叠嶂，或山间小路跌宕起伏，山谷不平的样子。如崴嵬，山高的样子。该字为形声字，发音为 wēi，偏旁威表音，是后起字。但它当动词用，表示脚扭伤时，发 wǎi 音。崴与 是经由两种不同的造字方法分别创造出来的，一种是形声，另一种是会意，但在表达脚扭伤这一概念上是一致的、相同的，故 可识为崴。尽管这个字 的读音我们已经无从得知，但其含义为"脚扭伤"是确凿无疑的。

第六十五章 含义为"骨关节"

《甲骨文合集》第22099片甲骨如图：

合集 22099 甲骨

图 246

其左边有一则卜辞，局部放大为：

徐中舒主编的《甲骨文字典》中释读为：（合集22099）戊

午卜石𢀖病仲不勾①。（图246）而刘兴隆的《新编甲骨文字典》

---

① 《甲骨文字典》卷十四第1512、1513页（徐中舒主编，四川辞书出

版社2014年出版）。

则将其释读为：戊午卜石 🐆🐆 病 🔤 不匄。两者的区别在于他们

对其中的 🔤 字认识不一。徐认为这个字是仲字，而刘认为是未

识之字 🔤，从人、从 🔤，构形不明，不是仲字，疑为人体某部

位①。

笔者对该甲骨拓片仔细辨认，认为刘兴隆说得对，这是个

生字 🔤，不是仲字。理由是 🔤 左边偏旁中的一竖并没有穿口

字而过，而口字中的一撇是多余的划痕，如同右边人字的划痕

一样，正是这一划痕造成了徐的误认。也就是说这个 🔤 字左边

偏旁为 🔤，不是中字。

那这个字是什么意思呢？笔者认为这是个会意字，其中人

🔤 代表人的身体，🔤 代表人身体中的一个部分，即关节。🔤 的

形状表示的是骨头的连结处，这个符号是对骨头连接处的形象

概括。中间的口字除了表示骨头连结的关节外，可能还有表示

肿胀的意义。那么，🔤 字还可引申为骨关节脱臼，或者是骨关

节在外力作用下肌肉拉伤所带来的肿痛。因此该字 🔤 含义应为

骨关节，引申为关节受伤。

据此，该卜辞断句应为：戊午卜：

---

① 《新编甲骨文字典》第 501、502 页（刘兴隆著，国际文化出版公司
2005 年出版）。

石【字】，病【字】，不匄。

石，人名，此块甲骨上其他的卜辞中有"妇石""御石"等字，由此可知，这则卜辞是为妇石而占卜。【字】，前文已释，相当于现在崴脚的崴字，表示脚被扭伤。石【字】，即妇石走路时脚被扭伤。【字】，骨关节。病【字】，即骨关节患病。匄，不好的结果。该卜辞翻译成现代汉语就是戊午这天占卜：妇石走路崴了脚，骨关节受伤，（尽管如此，）但不会造成多大的问题（意为随后不久就会痊愈）。

《甲骨文字典》将"石【字】"两字怀疑为人名，不妥，没有正确理解这两个字，特别是【字】字的含义。而将【字】字误认为仲字，当中字解，更是使得这则卜辞理解产生歧异，偏离正确的方向。事实上，将【字】字释读为【字】字，作为骨关节解，则文从字顺，意义步步推进，对这则卜辞可以作圆满的解释：先是说商王妃子妇石崴了脚，并认为是造成了骨关节脱臼，肌肉拉伤，最后说这是个小问题，假以时日，筋骨伤痛就会自动康复，不会造成不良后果。这样占卜的结果很明朗，妇石及商王就可以宽心了。

第六十六章 🔲 含义是 "软禁"

🔲 字从口、从片，片在口中。这个字《说文》所未载，至今未识。从其构成和会意来看，其含义应为 "软禁"。

🔲 字外围看似口字，实则古代围字，这在前面文章解释 "拘" 🔲 字的过程中已经阐述。围字看似方形口字，实为圆形，在锲刻甲骨文字时，一些本应为圆形的文字符号由于锲刻不便，大多刻成了方形。这个方形口字象形为围起来的监狱围墙或地牢等，总之，是限制人身自由活动的设施；也可以理解为给监禁对象划定的活动界限，还可以理解为四围墙壁。片字在商代是床的象形，床在围中，表明它是作为生活用具而特地设置的。整个字会意为监禁场所，人可以在其中生活、作息，但不得超出限定范围之外。因此，这可以看成是限制人活动的场所，即监所。它作为动词用时，为 "监禁" "软禁" 的意思。

我们看两则卜辞：

（合282）丁酉卜，殼贞：乎 🔲 舞（一说郵）侯。（图247）

🔲，舞字，方国名称。一说为垂或郵字，还有释缀字者，姑存。舞（郵）侯，舞（郵）国的首领，

图247

249

爵位为侯爵。 [图] 字当软禁解。由于舞（郵）侯不服从旨令，或违反了商朝法律规定而被限制人身自由。这则卜辞翻译成现代汉语为"丁酉这天占卜，贞人㱿说：（商王）命令将舞（郵）侯软禁起来"。

（后下22.4）己卯卜，贞： [图] 从郵 [图] [图] 。（图248）

[图] 字不识，人名。 [图] ，人名。郵，亦人名。全文意为"己卯这天占卜，贞人说： [图] 听从郵的意见，对 [图] 实施软禁"。

商代对犯错的方国、部落首领或王室官员实行处罚的措施较多，其中包括监禁、软禁，但监禁、软禁待遇有区别，反映在文字上就是使用不同的说法。比如 [图] 、 [图] 、 [图] ，这三个字本义均是将猪圈起来饲养，只有很小的差别，如 [图] 是半开放式饲养， [图] 则是一起饲养，当它们作动词时引申为豢养或监禁之意。

如卜辞：（乙4544）壬戌卜，贞：亡 [图] 子 [图] 。（图249）

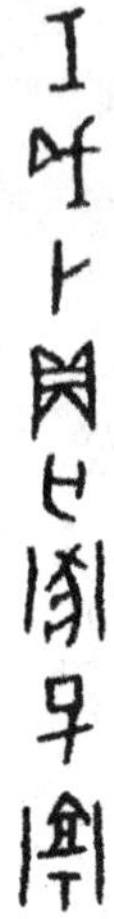

[图] 字不识，子 [图] ，人名，商代王室官员。全文意为"壬戌这天占卜，贞人说：不要软禁子 [图] "。

图 249

图 248

（乙4544）……卜，亡,施二豕、二。（图250）

，公猪。，这里是豢养之意。全文意为"……占卜，不要豢养，宰杀二只猪、二只公猪"。

（合集9062）壬戌卜，贞：般以。（图251）

般即盘，人名。以，也是人名。

图251

图250　　　图252

，这里是指像对待猪一样关押起来的意思。卜辞意为"壬戌这天占卜，贞人说：盘将以像猪一样关押"。

这说明，同样是指关押、监禁，用词不同，表明关押对象所受的待遇不同。字得到的是人道待遇；而字得到的是"猪道"待遇。这个字引申为软禁，带有侮辱、羞辱的感情色彩。

与字也是同义字，在很多情况下其义相同，都是限制人身或动物的活动自由之意。如卜辞：（戬47.7）癸卯卜，贞：雀，无祸。（图252）

全文意为"癸卯这天占卜，贞人说：雀国扣留（限制）了我方使臣，没有祸害"。

251

又如：（乙 6929）……好示五，▲三豕。（图 253）

全文意为"……（妇）好整治了五副（龟甲），关押了三头阉猪"。

但▲字还有不需外界强力，自己禁足，宅在家里之意。比如卜辞：（京 4345）丙子卜，王其▲？自日于室。（图 254）

图 253

图 254

自日，大白天，一整天。

全文意为"丙子这天占卜，商王闭门不出吗？从太阳升起来就在房子里（整天不出来议事）"。

▲字由◠和↑组成。↑是在人↗下面加一横，变成千字，主要起指示作用，要读者关注腿部，重在看腿脚，即人的行动。那么，▲字就是将人置于房屋里，限制其行动自由，不让其外出活动，实际上就是"软禁""关押"之意。前文第六十章已述。

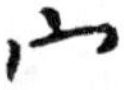

关于□字，刘兴隆认为应释为葬字。他认为这个字还有几种不同的写法，如▦、▦、▣、▥，均表达同一个意思：象人在墓穴之中，目为声符，是个形声字。占为朽骨，小点为封埋之土。▥则去掉了外面的墓穴，为葬字之省文。在甲骨文

252

卜辞中，这些字用其本义，均为埋葬之意①。

这一观点是不妥的。首先，甲骨文葬字为 （甲骨文字形），象形为人置于棺材中，这已经在学者中取得了共识，无容置疑。刘兴隆将其释为死字，不对。其次，将 （甲骨文字形） 释为葬字不能解释相关卜辞。如：（合集 17168）

令 （甲骨文字形） 我于有师，骨告不葬。（图 255）

（甲骨文字形） 字不识，人名。我，这里是人名，不作第一人称代词用。有师，地名。骨，人名。如果按刘兴隆的观点，将 （甲骨文字形） 识为葬字，将 （甲骨文字形） 识为死字。则这则卜辞意为命令 （甲骨文字形） 将我埋葬在有师这个地方，骨来报告说（他）没有死。这是说不通的，不可能人都埋葬了，还有人来说他没死。

如果将 （甲骨文字形） 字识为软禁，（甲骨文字形） 识为葬，则这则卜辞意为"（商王）命令 （甲骨文字形） 将名为我的这个人软禁在有师这个地方，骨来报告说（他死了的话）不予埋葬"。这样文意就通畅了。

至于他将 （甲骨文字形）、（甲骨文字形）、（甲骨文字形）、（甲骨文字形） 这几个字都归于同一个字，

图 255

_____

① 《新编甲骨文字典》第 370 页（刘兴隆著，国际文化出版公司 2005 年出版）。

与 □ 互为葬字异体字的观点，更是不妥。当然 □、□、

□ 很可能是同一个字，为软禁之义，而不是埋葬之意。但 □、

□ 字就难说了，究竟是何字，有什么含义，还有待考证。

第六十七章　⿰是"巴"字

⿰字在卜辞中经常作为方国的名称出现，对于它究竟是什么字，发什么音，至今无定论。有学者认为它是现在的"巴"字①，笔者研究后觉得这种观点十分正确。⿰国就是过去巴子国的前身，如今土家族即来源于此。

关于这个字，我们单独对其自身形态分析比较难，因为时过境迁，要体会它会意什么，表达什么意思确实有点难度。但我们可以研究相同的偏旁在其他字中的作用、意义，间接推断该字的含义，进而确定其音其义。

一、它是⿰祝字的组成成分

甲骨文中祝字有多种形态，主要是从示、从⿰；有时示字偏旁省略。⿰字有多种形态，都是表示跪于神主前祷告，或身体匍匐于地，口中念念有词，双手作揖，向神灵或祖先祈求。

该⿰偏旁上部分为口，以口代替头脑，表示说话，突出说话特征，下部分表示身体跪着。这是一种写法，其他写法略有

---

①《新编甲骨文字典》第 966、967 页（刘兴隆著，国际文化出版公司 2005 年出版）。

不同，主要变化在下部分。有的就是 [字形] 字形态。比如甲骨文二期、三期祝字就是这样的形态： [字形] 、 [字形] 。当然也有这样的写法： [字形] 、 [字形] 。但以 [字形] 、 [字形] 写法居多，为规范写法。 [字形] 字与 [字形] 字表达意义是等同的，如果去除上面的口字，则 [字形] 偏旁与 [字形] 偏旁是等同的，均为身体的侧面形象，表示跪着，或者扒在地上，或把着东西等。说得更具体些， [字形] 是表示跪着，而 [字形] 则是表示身子跪着，其手在作揖。而 [字形] 字表示双手向上摊开，对着神主祈求。所以，从甲骨文祝字形态来看，其偏旁 [字形] 除了有跪的含义外，还有手扒、把、作揖等动作含义在内。那么， [字形] 字就是扒、把字的初字，即巴字。

二、[字形] 也是 [字形] 疤的偏旁

卜辞中另有 [字形] 字，按一些学者的解释，这是个形声字，从片、从 [字形]，片乃床的形状，会意为病倚床上；而 [字形] 则为巴，取其声，定其发音。这个字是现在疤的初字。该字在《说文》中不见记载，《集韵》："疤，筋节病。"《正字通》："疮痕曰疤，本作瘢。"对于瘢字，《说文》说，"瘢，痍也，从疒，般声"。可知，巴与般在疤与瘢中均作为声旁来对待，它们实际上是同一个字，同一个音，同一个义，只是表现形式不同罢了，其源头都是![图]字。

卜辞有（合集 3249）……贞……![图]……（图 256）

这说明![图]字在甲骨文中是真实存在的，是在![图]字基础上形成的新字。如果![图]字为疤字，则![图]为巴字无疑。

综上所述，![图]是象形兼会意的字，应是最早从刻符形成的文字之一，它勾勒出人的侧面形象，描绘人身子跪着，或匍匐在地，而双手在作揖，或扒、把东西，整体为探求、祈求之意，为"扒""爬""把"等字的初字，即巴字。巴字也有不同的写法，如![图]、![图]等。将![图]释为巴字，音为巴，是贴切的、正确的。

相关卜辞有（合集 93）贞：王从沚馘伐巴方？（图 257）即贞人问：商王会听从沚国首领馘的意见去征伐巴国吗？

（合集 6479）贞：令妇好从沚馘伐巴方，受有右？（图 258）右，通佑。即贞人说：（商王）命令妇好听从沚国首领馘的意见征伐巴国，会受到（先

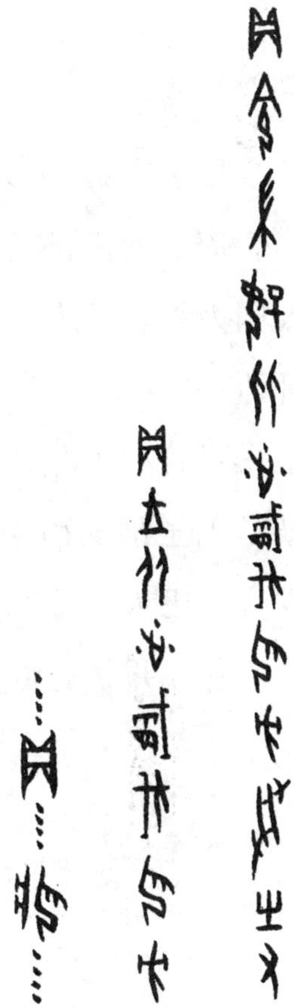

图 256　图 257　图 258

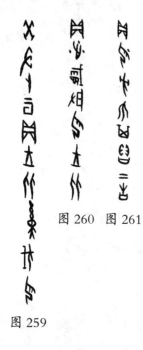

图 260　图 261

图 259

王）保佑吗？

（合集 6477）癸丑卜，亘贞：王从奚伐巴？（图 259）即癸丑这天占卜，贞人亘问：商王会听从奚的意见去征伐巴国吗？

（合集 13490）贞：沚馘启巴，王从？（图 260）即贞人说：沚国首领馘夺取巴国，商王（率军）跟进？

（合集 8411）贞：巴方不其败？二告。（图 261）即贞人说：巴国不会失败吗？第二次禀告。

　　以上卜辞均涉及巴方，内容全部为征战巴方，说明巴方是商朝周边西南部的部族，那时居住在大巴山、秦岭一带，与古蜀国为邻。巴族在中原商族不断征讨、排挤下，逐渐迁往川东、鄂西一带山区。巴方臣服商朝后，年年纳贡，岁岁来朝。后来，巴人不甘心受制于商朝，参与了周武王伐纣，被封为子爵，这就是巴子国的由来。其时，巴子国主要分布渝、鄂交界一带。据说，巴人在夏朝就建国了，都城最初在现今恩施一带，是与中原各族并立的历史悠久的部族，是为"诸夏"之一。

第六十八章　严格区分永彳、泳彳、咏谷

永彳字从彳、从人，是个复合字，会意为"人走在路上"。为什么"人行走在路上"便蕴含"长久"的意义呢？这应该与商人的生活体验有关。前文已经述及，商族是古代太昊氏、少昊氏的嫡系子孙，以鸟为自己的图腾。他们最初也是以猎狩飞禽走兽及捕捉水产为生的部落，后来从黄河下游的山东地区向西发展到中原地区。在漫长的生存发展中，他们逐步意识到人与鸟明显不同，那就是人以两条腿走路，而鸟以翅膀飞行，人两腿奔跑赶不上鸟，人也无法将肢体变成翅膀飞行。人在路上行走即是天经地义的事情，自生到死都是如此，不会有任何改变。只要是人就一直这样步行，这是人的先天特性所决定的，所以他们便创造出彳永字，表示人走路这一永恒特征，其中便蕴含了永远、长久、不可改变等含义。当然，商人在创造永字彳（与彳同）的同时，还创造了类似的彳、彳、彳字，行字中分别从牛、羊、豕，象形为牲畜走在路上，但这些字在甲骨文中的含义是什么，至今无解。关于彳、彳、谷等字形，笔者有以下观点：

一、泳字从永字衍生而来

泳彳由两部分组成，从永彳、从水彳，表示人潜行水中，

既是会意字，也是形声字。所谓其形声，就是说当时的商族人将水中游泳这一行为称为 yǒng，而要写出这个"yǒng"字便将 ⽧ 假借过来，再加上水，成 ⽧ 字，即表示在水中游泳、潜行。

而咏字则是个纯粹的形声字，由两个偏旁组成，从永或泳，从口。这两种写法是 ⽧ 或 ⽧，前一种从泳，后一种从永，这说明咏字是形声字，因为不论是 ⽧，还是 ⽧，都在咏字中表音，发声为 yǒng，而其下的口字则表示歌唱。因此，这个形声字是在有了永 ⽧ 字，继而有了泳 ⽧ 字，最后才有咏字的，咏字的形成在这三个字中相对来说最晚。

以上是对这三个相关字的产生、发展历程进行分析和考察，这表明即使在甲骨文中，这三个字就是各自独立、含义分明、互不混淆的。但在《甲骨文字典》中，都是将 ⽧ 永和 ⽧ 泳这两个字放在一起，归为同一个字，这是欠妥的。尽管它们在甲骨文中都是作人名、地名来使用，但其本义绝然不同，不能将其混合在一起，应确定为不同的字。比如，我们说泳字是用来表达游泳的，能用永字 ⽧ 来替代吗？不能，因为 ⽧ 字没有游泳的含义。同样永字也不能用 ⽧ 泳字来替代。而将其归于同一个字就表示可以相互替代。当然，在假借为咏字时，是个例外，两者是可以相互替代的，假借只取其音，而它们发音相同。

二、字应释为永字，而不是行字

字从行、从人，表示人行在路上，这与字从彳、从人，表示人行的意义是一样的，两者互为异构字。

但在《甲骨文字典》中，徐中舒谈到行字的含义时引述罗振玉的说法，谓行字象四达之衢，人所行也。石鼓文或增人作字，其义甚明。①

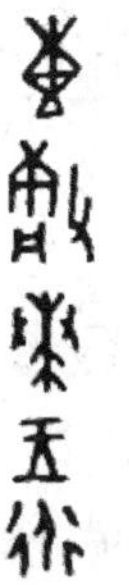

罗振玉将永字错认为行字，并认为字是一个后来创造的字，这是一种疏忽。其实，字在甲骨中就存在，其义就是永的意思。有卜辞：（甲641）叀，王永。（图262）

图262

，由庸与攴组成，庸者，镛也，即大钟。攴，击打的工具。的意思即是击打大钟。，一说祈求之意，为后来的拜字，另一说为奏字。这里取前说。卜辞全文意为"击打大钟，祈求商王长命百岁吧"。很显然，这里的解释为行字是说不通的。

---

① 《甲骨文字典》卷二第 182 页（徐中舒主编，四川辞书出版社 2014 年出版）。

图 263

三、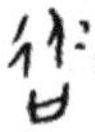字应释为咏字

《甲骨文字典》提到，该字或释为咏字，似不确，疑为永字之异构；并说卜辞（人 2129）（图 263）两字意义不明[①]。

上述观点不妥。前面已述，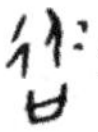字从泳、从口，与字从永、从口同义，而字偏旁与现在的咏字对应，故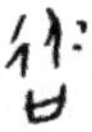字即现在的咏字，乃歌唱之意。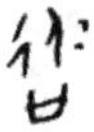字是出现相对较晚的形声字，表示歌唱之意，并不是永字的异构。甲骨文中没有发现歌字，歌为后起字。金文有，从舌、从可，可表音，即歌，同样是个形声字。在歌字还没有创造出来的情况下，咏字实际上就承担了表示歌唱的功能，起着歌字的作用。

故卜辞（人 2129）不咏，即“不歌唱”之意。《辞海》解释说：“咏，曼声长吟，歌唱。”《说文》：“詠，歌也，从言，永声。咏，詠或从口。”这说明，歌与咏含义几乎相同。《虞书》有“搏拊琴瑟以咏”“歌永言”。《礼记·乐记》：“歌，咏其声也。”这些解释都是咏与歌意义相同的说明。

---

①《甲骨文字典》卷十一第 1236、1237 页（徐中舒主编，四川辞书出版社 2014 年出版）。

第六十九章 [字形]为"晕"字

[字形]字从泳（或永）、从克，《甲骨文字典》只说其为人名，对其音、义未作任何解释[①]。它有几种不同的写法，或者说是几种不同的表现形式，除了[字形]外，还有如[字形]、[字形]、[字形]等。这些都是正规的写法，都从泳（或永），从克，只不过两个偏旁的写法有些细微不同，都在正常合理的变动范围内。这个字属于形声字，泳（或永）为发声偏旁，音 yǒng，偏旁克表意，表示通过努力完成了工作，或是克服了困难，终于取得成功。由于这个[字形]字发音与现在的晕字相近，在商代晕与永发音相同，且与晕意义相同，故可以厘定为晕字，表示晕车。

其发音为 yǒng 的理由，前文已经讲过，必须将永字与泳字严格区分开来，因为泳字是个形声字，其音从永而来。再者，甲骨文歌咏的咏字，在其写法中，既有从泳、从口的写法，也有从永、从口的写法，说明其为形声字。发音为 yǒng，这个音既可以从永得声，也可以由泳得声。同样的道理，这里的[字形]字是从泳得声的。

---

① 《甲骨文字典》卷十一第 1237 页（徐中舒主编，四川辞书出版社 2014 年出版）。

在其他的写法中，如 ![字] 字，则是由"永"来标示发音的。这个字发音为 yǒng，即是与其发音相近的晕字。

关于 ![字] 字偏旁从克，克字究竟是何象形，所会何意，目前还不十分清楚，但其意为通过艰苦努力完成了任务，或是取得了胜利、成功，这一主要含义一直没有变化。如攻克、克服困难、克敌制胜等。![字] 将泳与克两字组合起来，表示人晕车的晕昏状态，当时人们以永或泳来表示读音。但这种晕车症不是很大的病症，只要忍耐，就可以挺过去，只不过有些头昏、呕吐的症状而已，不是什么大不了的问题，车坐完后也就自动好了，不会留下任何后遗症，故以克字来表意，说明这种晕车症状是可以克服的，自行康复的。可惜这个字后来遭废弃，而以新创造的晕字替代了。

晕字来源于甲骨文 ![字] 字，![字] 是晕字的初字，中间日字象形为太阳，外围数点表示晕气，整个字表示太阳光通过云层中的冰晶产生折射形成的光环。《说文》："晕，日月气也，从日，军声。"但在甲骨文卜辞中只用其本义，即只是指太阳晕。如卜

辞：（合集 974）丁卯晕。（图 264）

即丁卯这天太阳有日晕现象。

（合集 13049）酉晕，延雨。（图 265）

即……酉这天，太阳有晕，天空继续下雨。

图 264

图 265

（柏2）癸巳卜，贞：今其有祸，甲午晕。
（图266）

即癸巳这天占卜，贞人说：今天可能有灾祸，（因为）甲午这天有日晕。

（合115）辛未卜，（殷）贞：翌壬（申），帝不（令）雨，壬（申）晕。（图267）

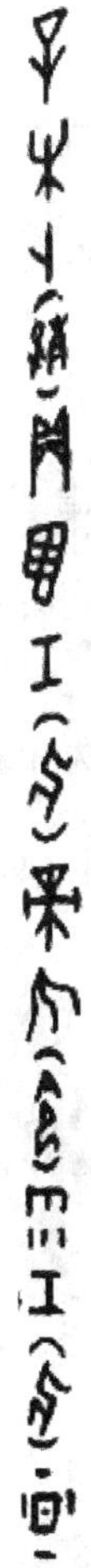

即辛未这天占卜，贞人（殷）说：第二天壬（申）日，老天不下令下雨，壬（申）这天天气是太阳有晕。

由此可知，在商代文字创造者的观念里，太阳有晕与坐车人晕是两个不同的概念，风马牛不相及，故而创造出另外一个字 𦥑 来表达坐车发晕。后来该字废弃，人们才用表示日晕的 𡆥 字来指代晕车。

从甲骨文的 𡆥 字发展到小篆晕字 暈，不仅字的形态发生了极大的变化，其内涵也得到了丰富。除了日晕的含义外，它可以泛指光影色泽模糊的部分，也用于形容头发昏、旋转的感觉。这就将坐车发晕的含义与日晕的含义联系在一起了，暈 字概括了这些含义，故而原来的 𦥑 也就被晕字 暈 所替代，而甲骨文 𡆥 字与 𦥑 字同时消失。至于为何 𡆥 变成了 暈，一种说法是晕字 暈 是形声字，

图 266

图 267

从日，从军，军为声符。军本指用战车组成的环形军阵，除表示发音外，还可代指绕日的光环。这一发展无疑是一次文字上的革命，以形声法创造出的 ![字] 直接将 ![字] 与 ![字] 挤出了历史舞台，并将这两个字的含义合二为一。但它们是有历史联系的，![字] 字从 ![字] 而来，其发音与 ![字] 和 ![字] 相同或相近，表达的含义与此二字相同，并有所拓展。但这一变化带来的后果是，这两个废弃的字被重新发现时，![字] 因其象形还好辨识，而 ![字] 则极难认出了。

甲骨文中，![字] 有两种用法：

其一是作人名。如（后下 14.17）令晕往于咒。（图 268）

即命令晕到咒这个地方去。

再如（掇 1.97）![字] 与晕以有取。（图 269）

![字] 字不识，人名。该卜辞文意难以理解，但 ![字] 通过连词 ![字] 和 ![字] 相连，![字] 为人名，则 ![字] 也为人名，这一点是毫无疑问的。

其二是用其本义，以动词作谓语。如（前 7.5.3）……巾晕

图 268

图 269

车……① （图 270）

巾，人名。该则卜辞的意思就是……巖这个人晕车……

图 270

---

① 《甲骨文字典》卷七第 863 页（徐中舒主编，四川辞书出版社 2014 年出版）。

第七十章 ![因]含义为"趁热打铁""因利就便""遵循惯例"

![因]字从口、从大，识为因字是众多学者的共识，但对其会意是什么，在甲骨文卜辞中充当什么意义，则各持己见。

刘兴隆说，![因]字偏旁口象形为茵席，偏旁大是人的正面形象，两者组合会意为人躺卧于茵席之上，但在卜辞中其含义不明[①]。徐中舒认为，![因]字中的大字是![大]符号之讹，象茵席编织纹，故因是茵的初字。其与![囚]本为一字，后以形伪，遂分为两字。在卜辞中他怀疑该字作祭名用[②]。

其实，因字自创造出来，其含义就一直没有多大变化，就是指借用、利用现有条件，此基础上拓展含义。刘兴隆对其本义的解释基本正确，只是没有说到点子上。正确的理解是，人躺卧一般要以茵席为垫，为前提，即茵席是人躺卧的先决条件。正常情况下，没有茵席，人睡不好觉，想休憩也休憩不好，坐

---

① 《新编甲骨文字典》第 365、366 页（刘兴隆著，国际文化出版公司 2005 年出版）。

② 《甲骨文字典》卷六第 696、697 页（徐中舒主编，四川辞书出版社 2014 年出版）。

卧不安。三千多年以前，商族人已经是很文明、发达的部族，早已脱离了原始人幕天席地、随处卧躺的蒙昧时代，对生活的要求已经和现代人没有什么两样。

居必在房，宿必有被，日常起居坐跪必有茵席铺垫。那么，在茵席上躺卧就是日常生活的基本要求。引申言之，因就是指利用、借用基本的先决条件来达到行为的目的。

我们通过几则卜辞来验证。

（后下 43.3）甲子卜，子贞：翌启，因。（图 271）

翌，第二天。启，天放晴。这则卜辞的意思是"甲子这天占卜，贞人子说：次日天放晴了，要因利就便（干活）"。

（合集 21579）今、翌启，因。（图 272）

其意为"今天、明天天气放晴，要趁热打铁（干事）"。

商代那时没有固定的假日，碰到落雨下雪等恶劣天气，不能外出干事，就在家休息。而天晴之时，就是干活、开展活动的好时候，这时不干事就是懒惰行为，浪费了大好时光，为人们所不齿。故而卜辞经常说，天气晴了就要"因"，因就是趁着天气晴好的时候去干活、干事。这是当时的生活水平和环境条件所决定的。

（前 5.38.3）癸未卜，贞：
不？因。（图 273）

图 272

图 273

图 271

，祭祀之干肉。不，即否。卜辞意为"癸未这天占卜，贞人说：制

不制作祭祀的干肉？按惯例办吧"。

（屯1082）令保老，因……（图274）

老，王室大臣。因，这里是按照成规来办。卜辞意为"命令保养好大臣，按照既有规定待遇来办……"

综上所述，笔者认为可以明确两点：

图274

一、因字  与  字是二个完全不同的字，尽管它们有密切的联系。因  的意思是躺卧要以茵席垫底；而  就是单纯为茵席或丝织品。两者并非同一个字，不存在以后形讹，分化为两个字的现象。从被创造时起，这两个字就各自存在，各具不同的含义，分别在卜辞中使用，不存在由编织纹偏旁  讹伪为大字偏旁的问题。事实上，在卜辞中，  是  ，  就是  ，各自清晰、不同，商人区分得十分清楚，没有任何混淆。而现在的茵字确系源于  字，是形声字。

二、因字在卜辞中的含义并非祭名，其含义是明确的，和现行的因字用法大体一致。现在的用法主要采纳其引申义，而不用其本义。如果说有区别的话，那就是在甲骨文中，因作为动词使用，而现在则作为副词、介词使用。两千五百多年前，孔子谈到朝代更替，对前朝典章制度的继承、改革，或者说取舍时说："殷因于夏礼，所损益，可知也；周因于殷礼，所损益，可知也。"这里的因就当动词用，其意为因袭、沿用、继承。孔子所在的春秋时期与之前的商代相隔了近千年，因字含义已经有了一定的拓展，从借用有利条件干事，发展到沿用以往的典章制度治国，是语言含义的自然进化，其核心含义未变。

有必要指出的是，有学者将因字当成葬字来认，这是不妥的。《古文字构形学》第三章《甲骨文构形的分析》第五节《形体的相通》提到，甲骨文中有的形体在用作表意偏旁时可以和另一形体相通，也即唐兰先生所说的"凡义相近的字在偏旁里可以通转"[①]。这种观点不错，但其所举的"人""大"两字互通的例子中，其中一组值得商榷：

　　　　（《合》17165）——　　　　（《合》29693）

　　　　（《合》6199）——　　　　（《合》21374）

前一组无疑是正确的，　　字与　　字均为葬字，葬字外面偏旁象形为棺材，里面的偏旁为躺在棺材中的死人，会意为埋葬。过去对这个字有学者释为死字，不妥。现在这个字释为葬字得到了大家的公认，成为定论。不过，它有不同的写法，如里面的死人，有的是人字，有的是大字。其实，人字是对人的侧面象形；大字是对人的正面象形，故这两个字表达的意思相同，也就是人字与大字互通。当然这也说明当时的葬法既有侧面葬，也有正面葬。

[①]《古文字构形学》第 41 页（刘钊著，福建人民出版社 2006 年出版）。

后一组  （《合》6199）— 因（《合》21374）则不妥了。葬 与 因 是两个完全不同的字，前一个是葬字，后一个是因字。因字的本义为人躺在茵席上，外面的偏旁口字为茵席的象形，里面的大字是人的象形，表示人正面躺在茵席上，故该字有"因利就便"含义。因字还有不同的写法，如 、因等，这说明因字外围的茵席形状不是固定的，是可以变化的，既可以是方形，也可以是与人相类似的形状或其他的形状。而现在的方形因字只是其中写法之一。这些字与葬字外围的棺材形状相去甚远，棺材的形状是基本一致的。所以 葬 与 因 是两个完全不同的字，不能混为一谈。

笔者特意查了这个 因 字所在的卜辞，如图（图275）：

由于我们不知道这则卜辞是从左边开始书写还是从右边开始书写，右边是否掉了文字，故难以准确将这则卜辞文字全部排序写出，但左边的这四个字是能确定的，它们是：贞 不因。

字是个会意字，为两手抓（捧）物状，疑与  、  字相同。  字左边一竖是对丝帛织品  的简写，该字为赘字，即致送礼品，国家或部落的首脑之间为表示友好和睦亲善而相互送礼。不，即否。那么，这四个字的卜辞

图275

272

意思就是"贞人说：致送不致送贽礼？还是按照过去的惯例来办吧"。即该送就送，不该送就不送，过去怎样现在就怎样。这里的因字就是因袭之意，即"按照过去的惯例来办"。有学者将此字![字]释为寻字，恐怕不对，认作寻字理由不充分，也没法对这则卜辞作出合情合理的解读。

第七十一章 ⬬ 为"惧"字

甲骨文中，⬬字出现得特别频繁，以一期最多，写法也多种多样。我们大体看到如下字体：⬬、⬬（均选自一期）。从这些写法可以看出，该字由两部分组成：一是一对眼睛（个别简化为一只眼睛）；二是象羊角的形状⋒。目前大家给出的常用写法为⬬。其实，在这些字中，笔者认为⬬字这种写法最为细致、最为写实，最能反映该字的真实意义。它表现的是飞禽（鹰鸮之类）的头部正面形象，突出一对眼睛，眼睛中各有一个瞳孔，表示眼神专注、凝神注视、视线警惕；中间的⋒形是对其喙及头顶的正面勾勒，起辅助作用。其他字均可看成是这个写法的简化，是便于锲刻才作简化处理的。因此，有学者将这个字的构成认定为从羊、从双目是不妥的，可以说是误入了歧途。当然，这也是得出该字错误含义的主要原因。

该字是当时最常用的字之一，却也是如今学者们争论最为

激烈的字之一。孙诒让释为甘字；郭沫若释为 ![字]字，为瞿之

初字；徐中舒认为该字实为《说文》中的 ![字]字，即现在的膳

字，为甘美之意，是膳字的初文。其理由是 ![字]字即篆文的 ![字]

字，而 ![字]字中的 ![字]字当由 ![字]字伪变而来[①]。

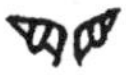

![字]释为膳字，至少有三点质疑：一是学者徐中舒并没有

论证出 ![字]中的 ![字]字是如何由 ![字]字伪变而来的，其伪变的过

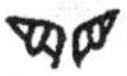

程、时代等都没有给出证据，想象的成分居

多，没有作出任何具体论证，不足信也。二

是作膳字解不能圆满解释相关卜辞。如（存

1.572）（图 276）、（乙 6692）（图 277）等，

只能无可奈何地说意义不明，疑与征伐有关，

这是硬伤。三是前面笔者讲过的，他将该字偏

旁 ![字]错认为羊字，是陷入错误结论的根源，

其实这个看似羊角的偏旁 ![字]并不是羊字，没

有任何羊字的含义成分，只是外形与羊字相似

而已。

笔者非常认同郭沫若的观点，即这个字

图 276

图 277

①《甲骨文字典》卷三第 225、226、227 页（徐中舒主编，四川辞书出
  版社 2014 年出版）。

为 ![字] 字。他并没有将 ![偏旁] 偏旁确定为羊字，而是依原字认定

为上 ![符号]、下一竖，保留了原形，这是其客观之处。![字] 字是

瞿之初字，而瞿又是懼的原生字。懼是在原瞿字基础上加上竖心旁，表示一种心理状态，有担心、顾虑、惧怕等意思，这是对瞿字的进一步解释，从文字发展的角度来讲，是瞿字的进一步发展演化。同时，我们也可以这么理解：懼是一个新字，发音为瞿，含义为惧怕。因为瞿字发展到这一阶段，意义进一步拓展，出现了多重含义，比如作为姓氏瞿姓、作为武器的瞿字、作为音符表示四通八达大道的衢字等。为了将其惧怕的含义单独列出来，才创造出这个懼字来继承。懼字又由繁化简，形成了今天的惧字。从历史发展来考察，我们才知道 ![字] 就是现在的惧字，其含义为害怕、担心、恐畏、顾虑等意思，发音为 jù，与惧字音同、义同。

一、![字]字与瞿字等值性分析

从文字构成的偏旁来看，瞿字是 ![字] 字的继承和发展。在

该字的诸多字体中，![字] 字最符合真实面貌，它描述得最详细，即为鹰鸮之类的头部。其实在商代金文中其写法又有所不同，其字体形态是 ![字]、![字]、![字]。笔者认为金文写法是当时的标准写法，最具权威性，因为它铸在当时最为珍贵的青铜器上，是官方标准文字。而甲骨文是刻在龟甲、牛肩胛骨上的，需要

便于镂刻，故有所变形，是偏重于实用性的文字。从商代金文来看，这个字就是由双目构成，不管上下竖立，还是左右对排。不过从瞿字这种写法 来看，正面看是两个目字；从侧面来看，它又是两个如鹰钩的喙，这应是目前为止最为古老的立体抽象画，它保留了 字辅助特征， 是等同于 的，尽管它们一个是金文，一个是甲骨文，都是表示两只眼睛，外加喙，而以眼睛为主要特征。至于喙，可以省去，正像 、 字一样，但其含义都不变。总之，商代瞿字 表示的就是鹰鸮之类的飞禽的头部形态，尤其以描述眼睛为主。

瞿字是后起之字，最早出现在战国时期，从双目、从佳。佳是对鸟类的象形，就是鸟。瞿字是对 字的继承，主要是因为两者都从双目。另外，一个从 形，与眼睛结合表示鸟类头部；另一个从佳，表示鸟之身体整体，外加双目则突出眼睛含义。两者基本上具有同一性，瞿字可以看作是 字在战国时的表现形式。

从文字所要表达的含义来看，据郭沫若的看法， 字乃鹰瞵鹗视之形。而瞿字为惊视、惊动之意。《埤雅·释鸟》："雀俯而啄，仰而四顾，所谓瞿也。"引申为惊动的样子。《礼记·杂记》："见似目瞿，闻名心瞿。"瞿瞿，即迅速张望之意、惊顾之意。如《诗经·齐风·东方未明》："折柳樊圃，狂夫瞿瞿。"从这两个字的含义看都有惊惧之义。🐦字是古代狩猎部落长期以来对鸟类观察所作出的形象描绘，以鸟类眼睛瞪大四顾来表现内心的警惕、恐惧，随时应对外界危险变化，后来便将这一符号引申扩展为惊恐之义，不限于鸟类。

综上所述，不管是从形态还是从含义来看，瞿都是🐦，是对🐦字的唯一继承者，并且含义有所发展，形态亦有所变化，但并未脱离根本，保留了其基本内核。

二、两则"意义不明"卜辞的解读

（存 1.572）……瞿正工方。（图 278）

正，征也，征伐之意。工方，商代一个强大的敌国。

这则卜辞意思就是"……害怕进攻工国"。

（乙 6692）壬寅卜，殻贞：子商不瞿灾基方。（图 279）

子商，商代武丁时期著名的军事将领，在甲骨文中多次出现，统兵征战四方。基方，商代周边强大的方国。

这则卜辞的意思是"壬寅这天占卜，贞人殻说：将军子商不惧怕重创敌方基国"。

将🐦释为瞿，即惧字，用以解释这二则卜辞文从字顺。而且，🐦作为害怕之意

图 278

图 279

基本上只有这一层含义，比较单一。当然，当名词用时，它是一种兵器的名称，类似于戟。《尚书·顾命》："一人冕，执瞿。"

三、"不瞿""勿瞿"是商代固定成语，意为"不要害怕""不要担心"

（后上 24.10）丙子卜，殻贞：勿瞿饮河。（图280）

饮，一种酒祭活动。河，商代祭祀的河神，也有人认为是商人的先公叫河者。

这则卜辞的意思是"丙子这天占卜，贞人殻说：不要担心饮祭河神"。

（续 6.23.6）贞：翌乙卯，勿瞿有于唐。（图281）

有，通侑，即侑祭，献出祭品祭祀。唐，商代先王名，即成汤，商代开国君主。

图282

图280  图281

这则卜辞意为"贞人说：第二天乙卯日，对先王成汤进行侑祭，不要担心"。

（缀165）勿瞿出示，若。（图282）

示，祭祀的灵牌。若，顺利。

这则卜辞意为"不要担心外出祭祀（出现事故），会顺利的"。

《甲骨文字典》中将  字作为祭名来理解，也没有说出

是什么祭，无疑是不妥的。这样既不能正确理解卜辞内容，也无助于文字研究深入。我们不能将未辨识的字一律都装在"祭名"中，象垃圾袋一样，什么都往里面扔。实际上，商代没有那么多祭名。

还有，《商周古文字读本》中，"勿瞿"竟解释成"勿佳"，瞿字被误当成语气助词。

这两则相关卜辞拓片（《殷墟文字丙编》第 502 片）如下（图 283）：

图 283

甲午卜，㱿贞：翌乙未用羌？用。之日阴。

甲午卜，㱿贞：翌乙未，勿用羌。

翻译成现代汉语分别是：

甲午这天占卜，贞人㱿说：第二天乙未日使用羌人祭祀吗？使用。这天阴天。

甲午这天占卜，贞人㱿说：第二天乙未日，不要害怕用羌人作祭。

这里将识读为惧字是非常顺当的，勿惧就是不要害怕之意。为什么会害怕？上一则卜辞已经说得很清楚了，"之

日阴"。这一天天气不好，是阴天，而不是晴天。按当时的观念，这样的天气是不适合开展祭祀活动的，特别是举行这样隆重的肢解活人的祭祀活动。对羌人行祭，将活羌杀死作为祭品，这样的天气会带来晦气，祖先神灵也不一定会保佑，故而施行者会有所顾虑、畏惧。而贞人叫他们不要有这种想法，为他们消除心理障碍，故而说"勿  用羌"。很显然，将该字当成隹字作为语气词来解释就改变、曲解了卜辞涵意。

四、"瞿日"应是商代社会特定日子的称呼，类似于现在所说的"忌日"

"瞿日"即"惧日"，不吉利的日子，成为商代社会的成语、专有名词。有学者认为" 日"为一天之内的正午、晌午时分，在日昃之前，不妥。这可以从右边这则卜辞看出来。

（合78）癸亥……贞：旬……昃……自东。九日辛未大采。各云自北，雷延，大风自西刜云，率雨。允瞿日。（图284）

这则卜辞很长，前面有几处字迹湮灭了，不过对我们理解未造成大碍。它为我们讲述了那时的天气情况，并发表感慨，实在难得。

大采，商代表示一天时段的专有名词，即天亮之后、日出之前的这一段时间，大概相当于我们现在的"早晨"。各，降也，这里指云层低垂。刜，

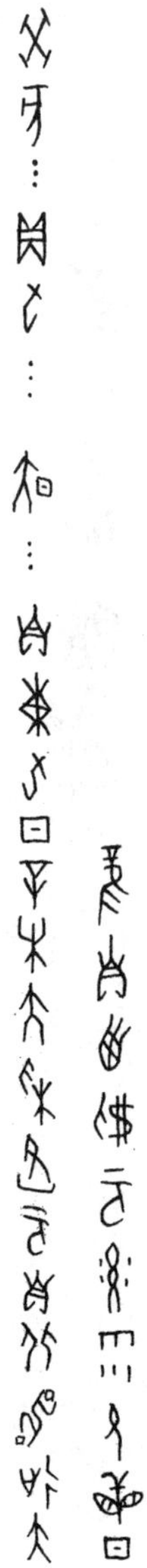

图 284

断也，这里借用为风卷雨云。率，全部。

全文直译为癸亥这天占卜……贞人问：十天（之内）……太阳偏西……从东边。第九天是辛未日，早晨这段时间，阴云从北边降临，雷声滚滚，绵延不断，大风则自西往东切割云层，漫天遍地都下大雨。确实是令人害怕的日子。

这则卜辞描述了某天糟糕的天气状况，并发感慨说，这一天确实是"瞿日"啊！惧日的天气也有好有坏，但碰到这样惊怵的天气，确实令人害怕。这说明，"瞿日"即"惧日"，指的是一整天，是不吉利的日子，要有所顾忌，心理上有所防范，不宜做一些事。理解了作为专有名词的"瞿日"，我们就能很好解读相关卜辞了。

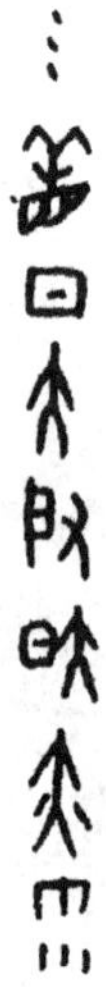

如卜辞：

（乙 32）……瞿日大启，昃亦雨。（图285）

启，天气放晴。大启，天空完全放晴了。昃，日斜时分。

这则卜辞意为"惧日这天天空完全放晴了，到了太阳偏西时又下雨了"。

（佚 276）壬戌卜，雨。今日小采，允大雨。**仙**伐，瞿日隹启。（图286）

小采，一天之内的计时名称，在夕之前，日没之时。**仙**字不识，**仙**伐，意义不知。

图 285

图 286

这则卜辞大意为"壬戌这天占卜，要下雨。今日太阳落山之时，确实下了大雨。🖼伐，到惧日这天天气又会放晴"。

五、🖼仍然应释为"瞿"字

🖼字从双目、从卩，卩象形为跪着的人，两者结合起来表示跪者惊恐、张慌失措。它与🖼或者说"瞿"的区别主要是一个表示屈服者作为人的惊恐，一个表示鸟类的惊恐，主体不一样。其实，在表示惊恐、害怕时，可以不分飞禽、人类，故只要双目即可，这就是瞿字的初字。《说文》对🖼字解释是"左右视也……读若拘，又若良士瞿瞿"。因此，🖼字可以纳入瞿字范畴，其下卩偏旁可有可无，不改其表达害怕、惊恐之意，是瞿字的不同写法。

在甲骨文中，这个🖼字当地名或神祇名称使用。

卜辞有：（簠杂138）燎于🖼（图287）。即"举行燎祭，祈求神祇🖼保佑"。或者意为"在🖼地举行燎祭"。

图287

第七十二章 🔣含义为"失眠（症）"

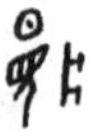

🔣字从日、从见、从片，《说文》未载，至今未能识出，含义不明，相关卜辞不解[①]。笔者认为该字含义为"失眠"，这可以从以下几个方面来推断：

🔣字从片。片在甲骨文中是对当时床的象形，通常有这个偏旁出现时，大多是指病。大概商代那时的人们认为只有生病或睡觉时才可以躺在床上休息。因此，该字是个会意字，表示一种病的类型：从片，表示有病；从🔣（从日、从见），表示病的症状，以及致病原因、环境条件等。

🔣是个独立的字，从日、从见，象举头（目）见日之形。《说文》谓："睍，日见也，从日、从见，见亦声。"

该字在甲骨文三期中出现，可是只看到其作为人名使用。如卜辞：（粹333）癸巳卜，🔣贞：翌日祖甲戚，其牢。（图288）翻译成现代汉语是"癸巳

图288

---

①《甲骨文字典》卷七第840页（徐中舒主编，四川辞书出版社2014年出版）。

这天占卜，贞人 说：第二天祭祀先王祖甲，以圈养的特供羊进行戚祭"。并未见该字作名词以外的词性使用。《说文》解释为日见也，不好理解，不知何意。笔者认为，该字的意思按现代语言来解释应为"视力正常"之意，即看得见东西。该字从日，表示白天、有光；从见，表示用眼睛看事物。那么，这两个偏旁组合起来表示的是眼睛在白天有光的情况下看得见各种事物，是视力正常的表现，也就是注视（到）、观察（到）的意思。当时的人们已经认识到头脑要感受外界事物，有两个条件缺一不可：一是要有眼睛；二是要有光源。在黑暗的条件下，纵然有眼睛也无济于事；有光线没有眼睛或眼睛丧失功能也不可行，感受不到任何事物，如盲人即是。两者具备才能感知外在世界。因此， 字就有注视（到）、观察（到）的含义，也可以说是头脑清醒、时时警觉之意，即排除了睡觉、醉酒、发疯等眼睛睁不开、头脑不清醒、神志不正常等情况。

见 是个会意字，从目、从卩，有三种写法，另一种是 ，从目、从人；还有一种是从目、从女；其含义都相同。有学者认为，表示人跪着的 字为视；表示人站着的 字为见，象人目平视有所见也。这些不同的写法能显示出在看视的前提下存在细微的差别。总之，都是突出人之眼睛，示有所见之义，即现在见、现之初字。

从以上有关联的三个字可以看出，它们的含义是一步步深化的。█是眼睛看东西；█是视力正常，能注视（到）、观察（到）事物；而█则是处于病态，躺在床上还头脑清醒而观察到外界事物。这说明了什么呢？说明了这种头脑清醒、观察外界事物的状况是病态的，不正常的。躺在床上本应为睡觉状态，不观察、看视外物，如果反其道而行之，那么就只能是失眠了。失眠在商代那时就被认定是一种病态，这应是最早以文字确定的失眠病症，█字将失眠含义固定下来。如此解析，则相关卜辞的意义就很好理解了。

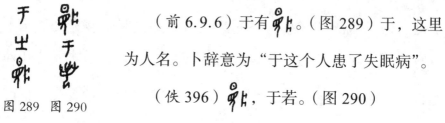

图 289　图 290

（前 6.9.6）于有█。（图 289）于，这里为人名。卜辞意为"于这个人患了失眠病"。

（佚 396）█，于若。（图 290）

这里于字同样是人名。卜辞意为"患了失眠病，但于这个人还是正常的（行为举止与正常人没有区别）"。

这两则卜辞都是针对同一个人谈论同一件事，对失眠病的界定、症状都记录得很客观实在。

至于█字发音，笔者认为似发█音，与见字声同。也就是说，商代人们将失眠症称之为█，口语发音为与见字相同。

第七十三章 𢓊乃"止（动词）"字

止字在甲骨文中是个象形字，是对足的素描，一般写为
𤴓，脚趾朝上，也有写成脚趾朝左、朝右的。当写成脚趾朝下
的状态时，如𣥂，则为夊字，这个倒止字表示行动迟缓、下
降之状态。止字在甲骨文中除表示其本义足外，还可以当人
名、方国名使用，更有表示福祉的祭名意义。止𤴓是趾与祉的
初字。

以上是止字作为名词使用的情况。我们知道，止字现在有
制止、停止等动词含义，那么商代要表示这一含义，该怎么表
达呢？这是个问题，没有学者提到。笔者研究发现，商代人们
在表达这一动作含义时是在止字之下增添矢字，即写成𢓊字来
完成的，即将止字这一名词动词化。也就是说，现今未认识的
𢓊实际上就是作为动词的"止"字，是动词"止"字的初字。

𢓊字《说文》所不载，学者至今谓其意义不明，对其结构
一般认为其由两个偏旁组成，从止、从矢[1]。

---

[1]《甲骨文字典》卷二第 134 页（徐中舒主编，四川辞书出版社 2014 年
出版）。

从其写法来看，主要有这么几种方式，如 、、。其下偏旁矢字箭头向上朝向止字，上面偏旁止字的方向有向上、向左、向右等。字这种写法是矢字在上倒写，止字在下，矢头也是指向止，表达的含义是相同的。止者，表示脚在走路；矢者，表示箭头所至之处。该字所要表达的意思是脚步"止"于箭头所在之处，或走路、前进受制于箭头所在而停止。该字这种写法 最为特别，最能反映其真实含义。上面的矢直接指向止字，表示受箭所制，前进路线被拦住、阻止了。该字表达的意思就是阻止、停步之意，核心含义就是因客观原因（字面上是因遭遇到射箭）前进步伐受阻，脚步止住、停顿下来。这与我们现在的止字作为动词的含义十分契合。在甲骨文卜辞中，没有出现止字作为动词的情形，而 字则填补了这一空缺。

从发音来分析，该字发音为 zhǐ。字其上偏旁为止字，发zhǐ音；其下为矢，发 shǐ 音，两者相似。字合并这两者，发音为 zhǐ，是个叠音字，在一定程度上也可认为是个形声字。故该字实际上是表意兼形声的复合字，发音与止字相同，这说明作为动词的止字其发音来源于止。我们现在谈到"受到制止"时止字的发音盖源于此。但该字在商周朝代更迭时并没有得到继承，而遭废弃。而止字口音一直存在，作为动词应用于表示制止、停止等含义也得到继承、延续，并且其含义还得到了扩充，并不以箭头所至、所制作为行走停止的唯一条件，任何停止、止住的行为都可以称为止，最终以止字取代了动词化的 🡙 字。但最初商人在表达阻止、停止等含义时，是使用止字再加上矢字一起形成 🡙 字来完成的。对于商人而言，🡙 字所表达的含义形象直观，符合当时社会的实际情况，特别是战争状态时，为那时的人们所认可。

笔者以此含义解读几则相关卜辞，十分顺当，可见该字理解为止字动词化的正确。如：

（乙 2307）贞：子商 🡙，有由。（图 291）

子商，武丁时期著名的军事将领，经常统兵征伐方国。🡙 为止字。

全句意为"贞人说：将军子商（率领部队征伐）停止前进，肯定有其原由"。

（簠典 86）……🡙 尊宜十牛，十月，在敦。（图 292）

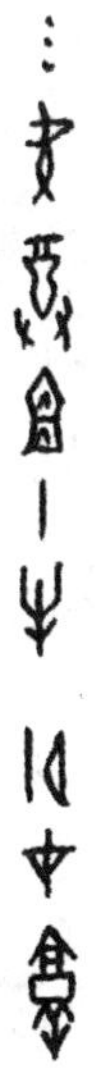

图 291

尊，隆重地举行祭祀；宜，一种祭祀。尊宜，在卜辞中经常连在一起使用，是当时的成语，意为隆重地举行宜祭祭祀。如《令簋》中有文句"尊宜于王姜"。《四祀邲其卣》："王曰：尊文武帝乙宜。"尊某宜，即是尊宜的另一种说法。文武帝是商纣王对其父亲乙的谥名。全句大意是"商纣王说对文武帝乙隆重地采用宜祭祭祀"。这则卜辞的 🡙 字是停止的意思。

图 292

289

卜辞全句意为"……停止用十条牛隆重地宜祭，时在十月，在敦这个地方"。

（合集 18466）勿 ⚇ 步……（图 293）

将 ⚇ 确定为止字，这则卜辞就能很好理解，即"不要停止行进……"。

图 293

关于该字，有学者认为其与 ⚇ 蚩字含义相似，为其异体字，表示灾祸之意[①]，这是不对的。因为按照这一含义来理解相关卜辞，没法做到自洽，这些卜辞所表达的意义没法解释。

⚇ 字的产生似乎源于古代战争，反映了当时交战过程中双方的一种特殊对峙状态。一方持有戈、矛、剑、戟等武器进攻，另一方则以弓射箭拒止，在弓箭所及之地外，进攻一方被迫停止下来，如果进入弓箭所及之地内，则极有可能受到箭伤， ⚇ 正是这种交战僵持状态的反映。进攻一方受阻，不能取胜，迫于弓箭的威力而止步不前；防守一方凭射箭拒止，将敌方挡在一箭所及之地以外，虽然说不上失败，亦谈不上取胜，交战双方处于暂时的平衡状态，不分胜负。以止字偏旁表示攻方进攻，以矢字偏旁表示敌方籍箭射击拒止，攻方受阻，裹足不前，这便是 ⚇ 字自身的真正含义，也就是现在的止字作为动词的含义，

---

①《新编甲骨文字典》第 75 页（刘兴隆著，国际文化出版公司 2005 年出版）。

取其阻止之意。

甲骨文的名词动词化是个值得研究的课题。一般名词的动词化通常是加又字，表示手。但实际生活中名词的动词化是多种多样的，如![字]字就是在名词止字的基础上加矢字来表示脚步停止、行动受阻。还有是在名词的基础上加口字，如![字]云字，即是在云字的基础上加口字，表示胡说八道，说话没有依据。

![字]表示天空中的云层、云彩，作名词时，![字]就是云。但当要表示胡说八道，说话没有依据时，商代就在![字]字基础上加口字，表示动作，意为乱说没有根据的话。也就是说，在甲骨文中，表示名词的云字与表示动词的云字是两个分开的独立的字![字]与![字]。尽管这两个字有密切联系，但后来在文字的演化中，![字]字遭到废弃，其含义并入![字]字里，这两个古老的字![字]与![字]合二为一。我们在认识甲骨文时不能不注意到这一名词与动词不同字的事实。

与![字]字联系密切的另一个字是![字]，这个字有另一种写法![字]，大同小异，与![字]的区别是多出一个矢字偏旁。笔者认为![字]与![字]是密切相关、内在联系的两个字，在表达制止、阻止的含义上是相同的，只是程度不同而已。![字]字表示受到制止的程度

更严重。它在卜辞中只作为人名，没有看到作为动词使用。如卜辞（合集3380）辛巳卜，殻贞：王从杨白🀄。（图294）杨，方国名；白，伯，杨国首领的爵位伯爵；🀄，杨国首领的私名。此卜辞意为"辛巳这天占卜，贞人殻说：商王听从杨伯🀄的意见"。

另一则卜辞是（丙52）……亥卜，殻贞：王叀杨白🀄从。（图295）即"……亥这天占卜，贞人殻说：商王只听从杨伯🀄的意见（潜在含义为商王不听从其他人的意见）"。

图294

图295

第七十四章 或为"已"字

字从聿、从衣，《说文》所不载，我国一些甲骨文学者倾向于其为祭名①。笔者探讨研判认为，该字或为一个普通字，其含义是"过后""结束"等，在卜辞文句中作为连词，表示承接、顺延关系，即某事件或某时间之后，相当于现在的"过后"含义；也可以作为动词，表示动作结束、完成等。

从字的构成来分析，它从聿，聿从又、从。又，手也；为苗木之类。一说为笔，姑存。聿表示手栽苗木，这意谓着苗木从此开始在一个新的地方生长，或是事物重新开始。

还从衣，衣是用来标音的，因此这个字的发音同衣，是个形声兼表意的复合字，表示原有的事情已经过去、结束，重新开始新的阶段。从其音和义来判断，笔者认为是商代的"已"字，其表音的衣字偏旁与"已"字音近，是其声；而聿字偏旁的含义表达旧有的事情已经结束，新的事情或事情的新阶段重新开始。

---

① 《甲骨文字典》卷八第 934 页（徐中舒主编，四川辞书出版社 2014 年出版）。

故 🔯 表达"已经""过后"含义，作表示承接、顺延的连词使用，也可表达一个事件完成、结束，尔后开始另一件事情。

🔯 字还有不同的写法，如 🔯、🔯，其中以 🔯 字为规范写法，它全面蕴含了这个字作为重新开始或原有事情已经结束的含义，而 🔯 和 🔯 字也同样具有这一含义。🔯 字，表意偏旁为生 🌱，表示生长。🔯 字，表意偏旁为 🔯，表示苗木的根（在新的地方）朝下生长；或是木桩扎牢，意为新东西创立，具有相应的功能，可以付诸使用了。这些不同的写法表明该字是个会意兼具形声字，不同的表意偏旁能表达同样的意义（只有细微的差别）。当然 🔯 与 🔯 也可以看成是对 🔯 的省写，省略了又字偏旁，而不改其意。而该字偏旁衣自始至终不变，表明该字的发音始终同衣不变，是对当时特定口语音符的固定对应关系。

笔者找到了含有该字的多则卜辞，用"已"的含义来进行释读，都能得到比较圆满的解读。兹分述如下：

一、（粹 140）于翊日 🔯，乃 🌾 又大乙，王受又？（图 296）

翊日，第二天。🔯，已，过后。🌾，祈求。大乙，商代先王，商朝的创立者成汤。又，佑，

图 296

保佑。

这则卜辞翻译成现代汉语为"在第二天过后，就向先王大乙祈求保佑，商王会得到保佑吗？"

二、（合集 30990）叀 𓏸 肜日，射无灾？吉。（图 297 ）

图 299

图 298

图 297

𓏸，肜（róng)，相续不绝、络绎不绝之意，祭名，一说是击鼓而祭。肜日，对太阳进行肜祭，亦有"肜夕"之说，即对夜晚进行肜祭。𓏸 肜日，即已经肜祭太阳。

这则卜辞意为"已经肜祭太阳了，射这个人就没有灾祸吧？吉利"。

三、（英 2336 ）……𓏸 伐，又大雨。（图 298 ）

伐，祭名。𓏸 伐，指伐祭结束。又，有。

这则卜辞意为"……伐祭结束，会下大雨"。

四、（英 2410 ）𓏸 肜于祖丁。（图 299 ）

𓏸，已经。𓏸 肜，已经肜祭完了，或肜祭结束。于祖丁，是指肜祭的对象为祖丁。祖丁亦为商代先王，盘庚的父亲、武丁的祖父。祖丁死后采用兄终弟及制，传位于弟弟南庚，南庚死后传位于祖丁的儿子，祖丁的四个儿子实行兄终弟及制，

图 300

图 302

图 301

依次传位，王位传到小乙后，实行父死子继，传位于武丁。

这则卜辞意为"已经对祖丁进行肜祭了"。

五、（英 2466）勿  饮宜羌。（图 300）

饮，祭名。宜，用牲法。

这则卜辞意为"不要举行完饮祭之后才宜杀羌人（作为祭品）"（意为在饮祭过程中就要宜杀羌人）。

六、（佚 880）已丑卜，其又戚于翌日，，又戚于大乙。（图 301）

戚，祭名。

这则卜辞意为"已丑这天占卜，又要在第二天举行戚祭，过后，还要对大乙成汤举行戚祭"。

七、（粹 465）癸巳，贞：于肜  ，叀  先。（图 302）

，祭名，指以熟食盛入祭器中进奉。

这则卜辞意为"癸巳这天（占卜），贞人说：在肜祭结束以后，要先进行  祭"（意谓肜祭之后还有其它种类祭祀，但要将其中的  祭放在前面进行）。

从  字在以上卜辞中的用法可以看出，这个字几乎等同

于现在的"已"字，无论是其音还是义，都切合"已"字含义。"已"其义为过后、以后，作动词时是结束、停止之意，而这些含义⚕字都具备了。因此，笔者认为，⚕字就是商代的"已"字。商代甲骨文中是没有出现"已"字的，那时"已"字正在形成之中。前面文章《⺄宜释为"已"字》中已经谈到，"已"字是由乙字上面加指事符号演变而来，表示"已经"之意，作为副词在动词之前使用，表达动作完成状态。那么在语句其他地方要用到表示"结束、完成以后"的含义时就用这个⚕字。后来这个⚕字遭到遗弃，而口语读音还存在，一直在使用，表达停止、完成、结束等含义，这个读音就由"已"字来替代表示了，这也是"已"字具有停止、结束、完成等含义的原因。如荀子说"学不可已矣"，这里的"已"字是动词，表示结束、停止之意，实际上就是商代甲骨文中⚕的替代字。这些情况说明，"已"字确立时，已经包括了表示时态的⺄字含义和表示动作结束的⚕字含义。即⺄与⚕合并归于"已"了。

第七十五章　🐢含义是"蠢蠢欲动"

🐢字《说文》所不载，至今不识，其所在卜辞意义不清楚。徐中舒主编的《甲骨文字典》中怀疑其有祸祟之义[1]。笔者对此持不同的看法，认为该字除了作名词，是当时对不同龟类的一种称呼外，还作形容词用，意为"蠢蠢欲动"。

🐢字从雨、从龟。该字或许是个形声兼会意字，主要是会意，表达乌龟在下雨的情况下所出现的行为，这种行为具有规律性，人们普遍能观察到，所以才创造了这个字，用来比喻在一定条件下人们或军队或方国所表现出的一种行为特征：蠢蠢欲动。

那么乌龟在下雨天表现出哪些行为呢？一是烦躁不安。下雨之前，乌龟会感知气压的变化，特别是大雨、暴雨，乌龟出于本能，想要找安全的地方，就会烦躁不安地爬来爬去。二是从水里或洞里爬出来。下雨时，气压的变化导致水里含氧量下降，乌龟通过肺部来呼吸，水中氧气含量不足，它们就会浮出水面或爬到地面上来。同时，乌龟是变温动物，下雨前水的温度低，而空气的温度比水温高，这也是乌龟总想从水里爬出来，

---

[1]《甲骨文字典》卷十一第 1250 页（徐中舒主编，四川辞书出版社 2014 年出版）。

往高处爬的原因之一。

商人文化里，对乌龟情有独钟，以乌龟进行占卜是其文化特色之一，长期与乌龟打交道，他们对乌龟的习性十分了解，知道乌龟在雨天出现这一征兆，具有规律性、必然性，故创造了 🐢 这个字，意为下雨前乌龟就会出来活动，用来比喻一些人或方国在一定条件下必然出现一定行为的苗头，所以 🐢 字的含义与现在的成语"蠢蠢欲动"十分契合，既在感情上有贬低的色彩，同时又恰当地描述了必然出现的行为状态。

在卜辞中，它作为动词使用，就是这个意思。如：（乙8414）乙巳卜，宾贞：今夕兆，不 🐢。（图303）

🏛，会意字"兆"，描述在龟甲上烧灼，以预测以后的情况，意为预测、预判。🐢，动词，表示蠢蠢欲动。不 🐢，不会蠢蠢欲动。这则卜辞的意思为"乙巳这天占卜，贞人宾说：今天晚上预测，（敌方）不会蠢蠢欲动"。

还有一则对贞卜辞（乙8352）贞：今夕兆，其 🐢？（图304）其意为"贞人说：今天晚上预兆，他们会开始采取行动？"

《甲骨文字典》中说 🐢 字有祸祟之义，没有切中要义，其真实意思应是"蠢蠢欲动"。

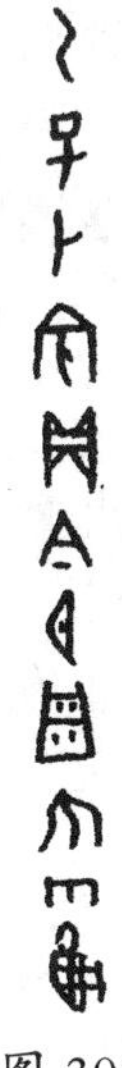

图304

图303

299

图 305

图 306

该字在当时也作为名词使用，是对乌龟的细分法，表示一种独特的乌龟。如卜辞（合集 8996）……以龟  八，  五百十。四月。（图 305）

此卜辞中，当时人们将  与龟并列，说明这种水产品与乌龟类似，故混合在一起计算，即龟与  共八只。  ，即现在的鳖，甲鱼。以，动词，致送。这则卜辞意为……致送龟与 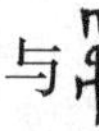 共八只，鳖五百一十只。时在四月。

另一则卜辞（合集 9395）……入五，妇井乞  自……（图 306）

乞，请求。这则卜辞意为"……进贡五（只），商王妃子妇井请求给她一只来自……的 "。

根据当时造字方式，刘兴隆认为  读音为 yǔ，即发"雨"音，不无道理[1]。

比如上述  字，从  、从龟，就是以  取音，以龟取义，表明这是发音同  的类似乌龟的动物，即现在的鳖。同理，

---

[1]《新编甲骨文字典》第 761 页（刘兴隆著，国际文化出版公司 2005 年出版）。

<ruby>字</ruby>字也是发音同雨的类似乌龟的动物。

　　综上所述，<ruby>字</ruby>是会意与形声兼而有之的复合字，有两重含义，作名词时是一种特殊的乌龟；作动词时，表示蠢蠢欲动。

第七十六章　🔯字及其成语"🔯🔯🔯"考释

自甲骨文发现百年以来，🔯字的辨识就一直在探讨，成为学者们辨识整个甲骨文的一个缩影。🔯从午、从▽，但象形、会意什么，见解各式各样，众说纷纭，与之相关的词语也始终未得到正确理解。

于省吾说，🔯字偏旁午即古文杵字，▽形在杵之末端，或系金属所致，如矢之有镞，取其冲物锐利也，读为**㖦**[①]。

唐兰说，🔯字与🔯字是同一个字，🔯字为🔯字的变体，🔯字为正体，应为才字[②]。

刘兴隆说，🔯字上部为午，下部▽，▽为言或舌字，🔯当是许字。《说文》解释："许，听也。从言，午声。"《广韵》："许乃可也。"因此他认为🔯即许字[③]。但将该字当许字

---

①②《甲骨文字典》卷十四第 1596 页（徐中舒主编，四川辞书出版社 2014 年出版）。

③《新编甲骨文字典》第 991 页（刘兴隆著，国际文化出版公司 2005 年出版）。

来解读卜辞时，则不知卜辞所云，故其释作许字不正确。

郭沫若说，𢆶字下部乃尖锐三角形，上部不从午，亦不从系，当是某种手工工具之象形，三角形乃器身，上端乃其柄，是为镘之初文。按，镘是抹墙用的抹子[1]。

笔者认同郭沫若说的𢆶是一种工具，但不是他所说的镘，而是一种简单实用的测量工具，即重垂线。大家看左边这个图形，𢆶字就是象形这种工具。

这种测量工具就是由丝线系一个重物，在重物牵引下自然下垂，与水平线成 90 度直角。笔者没有找到这种工具在历史上的特定称呼，现在叫重垂线。在商代它就叫𢆶，𢆶字就是这种工具的真实写照，其上面的午字象形为重力作用下下垂拉直的丝线。下面的 ▽ 即是丝线所系的重物，现在是金属，一般用铁或铅做成，商代则可能用青铜、石头、烧制的陶土等做成。

可别小看了这一测量工具，它在建筑方面发挥着极为重要的作用。当时做房子立柱、砌墙、挖地穴、修渠道等都要运用它来作标准。以重垂线为准线，如果柱子、墙壁、渠道垂直面等不与之平行，则说明其不符合标准，有了倾斜角度，重心不

①《甲骨文字典》卷十四第 1596 页（徐中舒主编，四川辞书出版社 2014 年出版）。

稳，受力不正，会导致日后倒塌。如果每根柱子、每个立面都垂直，则不论多少根柱子、多少个墙壁建起来的房屋都会稳稳当当，坚固耐用，不用担心有垮塌的危险。人们发明的这一测量工具简单实用，是当时一项重大的科技成就，表明人们已经认识到所有重力线都平行的原理，与水平线一样放之四海而皆准，成为普世认可和应用之自然法则。平之如水，垂之如🜨。

因此，🜨这一测量工具在当时的生产和生活中得到广泛运用，反映到文字中来，人们便依据其形态创造出🜨字。这个字可以省简，写成为🜨字，如唐兰所言。而它究竟发什么音，还有待于考证。

它在卜辞中所构成的成语（合集 17778）（图 307）是什么意思呢？这里有必要对🜨字的含义作出正确解释。

刘兴隆、刘钊将🜨字释为蜘蛛。刘兴隆认为甲骨文中这个蛛字假借为朱字。（合集 17778），即"不许朱"，即不允许在刻画好的龟版上涂上朱红色[①]。

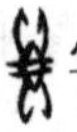

图 307

孙诒让说，（合集 17778）即不绍龟，张凤说是不吾龟，这两种观点都得不到大家认同。

[①]《新编甲骨文字典》第 896、991 页（刘兴隆著，国际文化出版公司 2005 年出版）。

胡光炜将其释为不蜘蛛，即不踟蹰，也就是不迷惘，指的是卜兆鲜明、明确，没有疑义。

于省吾释为不午黾，即不牾冥，说是兆象不舛牾。

唐兰同样释为不午黾，却是“不再墨”的意思，黾假借为墨，墨即拆，不再墨为史占墨之辞。

杨向奎释为不玄冥，即兆象清晰明白，不需要再卜也①。

笔者认为以上解释都存在问题，之所以如此，关键是对于字没有作出正确认识。字作为一种测量工具，其主要特性就是以重垂线确定垂直与否。而字作为蜘蛛的象形，不管其释为蜘还是释为蛛字都无所谓，它所引申出的意义是抽丝，形成蜘蛛网，其网是一个个同心圆形状，其丝线实际上是圆弧形，大体为横线，蜘蛛做网绝不会拉成一条条垂直线。这就是说，蜘蛛线与所形成的重垂线是绝然不同的，如同一个是经线，另一个是纬线，难以产生联系。这就是说，线与线在特性上总是抵触的，在指向上总是交叉而不平行的，即总是“冲突”“矛盾”“对立”的。在“矛盾”一词于春秋战国时期出现之前，实际上起到了表达“冲突”“矛盾”“对立”的作用。应该说，这一观点将“矛盾”概念的产生提到了三千多年前，比通常认为的在春秋战国产生“矛盾”含义至少早了一千

①《甲骨文字典》卷十三第1442、1443页（徐中舒主编，四川辞书出版社2014年出版）。

多年，实际上产生"矛盾"这一概念要比这两个字出现得更早。那么，（合集17778）卜辞就是指"不矛盾""不抵触""不冲突""不对立"。

卜辞中为何经常出现（合集17778）的成语呢？这跟其占卜有关。我们在龟甲卜辞上可以看到，为了占卜同一件事，贞人经常要占卜数次，即用火灼龟甲上几个不同点，通过看其灼出来的裂纹是否相同，或大体上是否相同，才能判断出这件事情的吉凶，祖先或神灵传达的旨意是否确实。如果这次灼出来的裂纹与上一次不一致，则没法判定卜兆的吉凶及祖宗、神灵的旨意，这就是（合集17778）所说即矛盾之处。那为什么大多数情况下，贞人数次占卜之后，其灼出来的裂纹都大体上一致呢？这是因为其占卜的条件与方式大体上是相同的。也就是说，在贞人占卜的时候，其龟甲是同一块龟甲，用火是同一柱火，烧灼龟甲是以同一种方式烧灼，用火温度相同、时间相同，同一块龟甲干燥程度相同，故多次在龟甲的不同点灼烧时，其裂坼的纹理大体上是一致的，正像现在玻璃上做出的冰裂纹一样。这种现象大大强化了他们对祖先、神灵降旨的确信。因此，通过多次占卜所表现出来的裂纹大体相同，贞人们就深信不疑，认定卦象是吉还是凶。这就是他们所谓的（合集17778），即"不矛盾"之处。当然这种占卜也不能百分之百出现裂纹一致，在极少数情况下，仍然会出现裂纹不一致的情况，即所谓——"矛盾"，那么对这种卜兆自然就没法判定吉凶。

综上所述，笔者的观点与于省吾、杨向奎的观点基本一致，（合集17778）是指卦象不舛牾、清晰明了的意思，但得出这个观点的理由是不同的。笔者是从 ⚇线与 ⚇线相左的特性，以及占卜卜兆的一致而立言的。总之，⚇⚇就是在"矛盾"一词出现之前，对事物"矛盾""对立""冲突"现象的客观描述。（合集17778）实际上就是对多次卜兆裂纹大体一致的描述，即"不矛盾"的情况，这就验证了祖先神灵传话启示之确定无疑。

第七十七章 　[字]字含义是“规格”“标准”

前文第七十六章谈到，甲骨文字 [字] 是对重垂线的象形，这是一种简单实用的仪器，在建筑、水利工程等领域中得到广泛应用。它是垂直的标准，是一个统一的自然法则。该字 [字] 两边加上双手时，就由名词变成了动词 [字] ，即用来确定是否垂直，概而言之，也就是是否合乎标准。因此，[字] 是 [字] 的动词化，两者本质意义相同，是同一个字，只不过其表示动作的意义更加明显、明确而已。但 [字] 字不能翻译成重垂线，而应该引申开来，理解为“客观准则”“统一尺度”“规格”“标准”等这些含义。

关于 [字] 与 [字] 字，《甲骨文字典》均是将其当祭名看待，或疑为祭名①，这是不妥的。至于有的学者将 [字] 释为许字，认为该字上为午，下为舌。舌者，言也。故将其上下偏旁调整成左右

---

① 《甲骨文字典》卷三第 247 页（徐中舒主编，四川辞书出版社 2014 年出版）。

偏旁，就是许字^①。这种观点也是不正确的，是机械地望文生义，套用偏旁对应的原则。之所以不对，最主要的一点是将许字放到相关卜辞中没法理解卜辞文意，不知所云。而按笔者的观点释为"规格""准则"等，卜辞理解就豁然开朗了。我们看相关卜辞：

（丙83）丁巳卜，王：余勿 🜚 彤。（图308）

🜚字这里是规格、标准之意，作副词充当状语。卜辞全文意为"丁巳这天占卜，商王说：我不会按规格举行彤祭"。

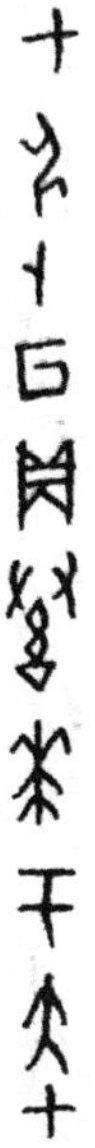

（佚32）甲申卜，亘贞：🜚🜚于大甲。（图309）

🜚，同于🜚，也是按规格、按标准之意。🜚，祈求。大甲，商代先王。全文意为"甲申这天占卜，贞人亘说：按规格何先王大甲祈愿"。

（续1.3.1）甲戌卜，出贞：王🜚又于大戊，二月。（图310）

又，通侑，一种奉献祭品的祭祀。大戊，

图 308

图 309

图 310

_____

①《新编甲骨文字典》第991、992页（刘兴隆著，国际文化出版公司2005年出版）。

商代先王。全文意为"甲戌这天占卜,贞人出说:商王按规格对先王大戊进行侑祭,时在二月"。

有必要说明的是,大甲和大戊比不上赫赫有名的先王,但也不能马虎从事,按规格来办就不会出现什么矛盾和纠纷,大家都满意。这也从另一个方面证明了🔶字的含义是规格、标准之意,而不是一些学者所猜测的祭名之类。

第七十八章　与燕子相关的三个字 ❀、❀、❀解析

燕 ❀ 是个完全写实的象形文字，也就是按照燕子的外形描绘而来，最上为喙，次为头，两侧为翅膀，下为燕子的尾巴。现在的燕字基本保留了甲骨文的痕迹：草字头为燕子的头部，两侧构成"北"字，为燕子的翅膀，中间的"口"字为燕子的身躯，下面四点为燕子的尾巴。尽管甲骨文燕字的写法多少有些不同，如 ❀、❀、❀ 等，但大家一眼就能看出来，意会得到，直观，不用思考，这就是象形文字的好处。

燕子是商族的图腾。相传，商族的始祖契是高辛氏的妃子、有娀氏之女简狄吞燕卵而生。契成为商族首领，励精图治，不断开疆拓土，使商族成为夏朝一个实力很大的方国，他自己也担任舜帝的司徒，其国在现在的商丘一带。《诗经·商颂》中有一首诗《玄鸟》，是周代的商族遗民追述其祖先起源的颂歌，开头就是"天命玄鸟，降而生商"。玄鸟即燕子。在甲骨文中，燕字除了作燕子本义使用外，还假借为宴字，当作安宁、安乐，宴会、筵席使用。不过，整个甲骨文里，与燕字相关的文字寥寥无几，都没有得到破译，至今无解，诚为憾事。本文斗胆尝试一下。

❀，这个字在燕字的旁边加了个"日"字偏旁，从

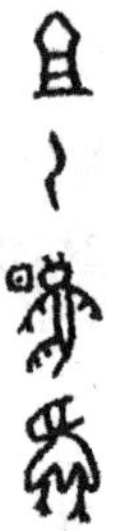

"日"、从燕，意义不明①。甲骨文卜辞（乙3468）（图311），尽管只有四个字，却无法读懂。

若我们因循旧的思维模式，认为 ⊡ 即为日字，确实没法破解。但 ⊡ 这个字除了作为太阳的象形外，还有作为鸟窝的含义。比如习字，其繁体字为習，在甲骨文为 習，其上为 羽，表示刚出生不久的幼雏翅膀，其下为 ⊡，表示鸟窝，習 字整体表示雏鸟在鸟窝里扑腾翅膀，练习飞行，这便是习字的本义，属于会意字。当然，也有学者解释说，该字是表示鸟儿在日光下练习飞翔。《说文》："习，数飞也。"所以，概而言之，"习"的本义是指鸟儿练习飞翔，泛指学习、练习、复习，引申为慢慢通晓、熟悉之义，又指惯常、习惯。也有学者认为，習 字其上 羽 为彗字，为彗星之尾；其下为日字，为彗星之头，整体表示彗星。由于彗星会在天空中重复出现，这个字便有重复之义。姑存此说。但笔者以雏鸟在鸟窝里扑腾翅膀，练习飞行，为 習 字的本义，毕竟这种解释离我们的日常生活最近，最能为人们所体会和接受。

以 ⊡ 字会意为鸟窝这一看法来解释  字，我们就会豁

图311

---

① 《甲骨文字典》卷十一第1259页（徐中舒主编，四川辞书出版社2014年出版）。

然开朗：燕子飞向燕窝，乃燕子归巢哺育雏鸟，为雏鸟衔回昆虫等食物，哺育孩子。因此，该字有"哺育"之义。卜辞（乙3468）为甲骨文一期，即商王武丁时期，祖乙史称中宗，为武丁祖父的祖父，即其先祖，这是武丁在祭祀其先祖时祈求赐福之意。 ![] 为鬻字，其下部分象形为鸟的两脚，上部分象形为鸟的喙，整体为做成鸟儿形状的饮食容器——鬻。这是以鸟为图腾的商族传统生活器皿，他们将自己对鸟的崇拜深深地融入到食器之中，这种形制的器皿成为商族独有的生活器具，是我国历史上独特的文化现象，也成为笔者认定商族源于黄河下游的山东半岛，乃大汶口文化氏族的嫡系子孙的有力证据。

按，鬻如图，是一种炊、饮两用的古老陶制器具，流行于新石器时代，形制与鬲相似，所不同的是口部有槽型的"流"，也称作"喙"，有三足。《说文》："鬻，三足釜也，有柄、喙。"主要用于炖煮羹汤、温酒，做好后作为餐具直接端上筵席。在这里，它是食品、酒水、羹汤之类的容器。那么，卜辞（乙3468）的意思就是先王祖乙将会养育子孙，赐予子孙器中之食。这里 ![] 乃哺育之意，以食器鬻 ![] 借喻为食物，特指以鸟为图腾的族群所享用。

![] ，该字从燕、从"日"、从攴，《说文》中没有这个字。攴是手持工具击打之意，该字的本义就是击打燕子的巢窝。燕子是候鸟，其巢窝是临时性、周期性居住的，与老巢的意思有

别。该字  就不是"端其老巢"之义，而是端掉临时定居点。

这片甲骨文中间的一则卜辞（邺3.43.7）叀 白专乎  羌方、薗方、
 方。①（图312）

 字不识，方国名称；白即伯， 白，即 伯，商代附
属方国 国的首领，伯是商王所封的爵位；专，
伯的私名。羌方、薗方、方均为靠近中原
地区商朝的敌国。该卜辞语言结构是宾语前置，
"伯专"是宾语，本应在动词"乎"之后，而
卜辞将其前置了。全文意为"（商王）命令方
国首脑 伯专摧毁敌国羌方、薗方、方的定
居点"。

图312

，该字从"日"、从燕、从"手执戉"，与 字只有一
点不同，一个是从"手执戉"，一个是从攴。攴是手持一般的打
击工具或武器；手执的戉，甲骨文为 ，是弧刃宽口的大斧，
斧身、斧杆、顶钩、脚叉一应俱全。这两者都是手持工具、武
器，但种类不同，戉是当时的重型武器，杀伤力大，致命性强。
因此，该字所表达的意义就是要以非常的军事手段来彻底有力

---

① 《甲骨文字典》卷三第341、342页（徐中舒主编，四川辞书出版社
2014年出版）。

地摧毁敌国所建立的临时定居点。也就是说，![](运用的武器杀伤力更强，军事打击力度更大，取得的战果更好。

图 313

上面甲骨的卜辞为（合集 31154）王其乎……利，乃![]皿……大吉[1]。（图 313）

利，商朝的军事将领。皿，商朝的敌对方国名称。全句意为"商王大概要命令……利（展开军事行动），从而彻底拔除敌国皿方的定居点……非常吉利"。

---

[1]《新编甲骨文字典》第 772 页（刘兴隆著，国际文化出版公司 2005 年出版）。

第七十九章 🔣（相）字的自身含义

🔣字从木、从目，是个偏旁组合字。今天，大家一致认为其为现在的"相"字，毫无争议。但是，对其自身的含义、其组成词的意义，以及所在卜辞文句的理解，学者们要么付之阙如，要么聚讼不一，值得进一步探究。

一、🔣字会意什么

这个问题似乎还没有人涉及。《甲骨文字典》对此避而未谈[①]，只是引用《说文》的说法："相，省视也……"笔者认为，必须探讨这个字的本来含义，这是准确把握该字及其用法的基础，而要理解其本来含义，须从其组成和写法上入手。

该字除了🔣这种比较普遍的写法外，还有如🔣，偏旁目在木上。🔣，偏旁目在🔣边。综合这三种写法，笔者认为，相是个会意字，表示人爬到树上去观察远处的事物。在古代，要把在地面看不真切的事物看个清清楚楚、明明白白，最常用的方法就是上树。爬树的高度越高，看得越远、越清楚。

因此，🔣这个字意为"眺望""高瞻远瞩"，引申为通过

[①]《甲骨文字典》卷四第 364、365 页（徐中舒主编，四川辞书出版社 2014 年出版）。

一定的方法将事情端详清楚，理个头绪，弄个明白。

这样理解，理由有二：

1. 从 字来看，这是表示人在树顶看远处。甲骨文字为了突出人眼睛的功能作用，并不将人的整体都描述出来，而是以部分替代整体。目在树顶，就是表示人在树顶观望，这样观看远处的事物会一清二楚。其实，将目放在旁边，事实上也是指人爬在树上部的枝叉里，因为人不可能站在树顶树梢处，这就是相字一般的写法 。

2. 字左边的偏旁是 。 字的含义笔者在前面文章中探讨过，是指高大的树木。正如岳字是指高大险峻之山， 则是指高大入云之树。 字表示人爬到高大的树上去观望，也是为了将远处的事物看得清楚。

这是相字的初义、基本含义，一直保留到现在未变。如"相亲"一词，是指男女双方亲自见面，面对面交谈，互相将对方了解透彻，看能否中意，结为夫妻伴侣。再者，成语"相机而动"是指仔细观察时机，看到适当机会采取行动。此中用相字而不用看、见、观、望等字，也就是相字有全面、准确观察之意。因此，相字会意、引申为想尽办法、采取手段搞清楚、弄明白，也就是《说文》解释"省视"之意。这从字源上解释了为何相字含义为"省视"，实际上"省视"就是其本义。

关于 字，学术界将其与桓字区分开来。桓字从木、从

臣。臣与目在甲骨文中都是描绘眼睛，其区别就是一个横写

（图），为目；一个竖写（图），为臣。故在甲骨文中，相字与柜

字是有区别的，分别代表不同的含义。

还有一个（图）字。该字是相字（图）的倒写。这种倒写字的作

法在甲骨文中比较普遍，如笔者发现"屯"字的倒写是现在的

"蠢"字。通常这种作法是借用其音，但表达的意义发生了改

变，不是原来正写文字的含义了。因此，不能将倒写的（图）字归

于相字之列，应区别对待。但现在的字典将其归于相字不妥。

二、"相日"，不是祭名，而是"仔细观察太阳"之意

卜辞有（前5.25.5）相日，今允雨相。（图314）

刘兴隆先生在其《新编甲骨文字典》中，将

"相日"作为一个祭名来理解①，殊为不妥。这里的

"相日"就是"仔细观察太阳"之意，相字用其本

义，省视之意。相什么？观察太阳周围是否有云气、

阴影等特征来预测未来天气状况。一般情况下，贞

人都是以龟甲占卜，这次不用了，直接看天上太阳

图314 及其周边云气的状况就行。故而这样的卜辞留了下

来，翻译成现代汉语为"观察太阳，今天确实是看起来要下雨

的样子"。

---

①《新编甲骨文字典》第200、201页（刘兴隆著，国际文化出版公司
　2005年出版）。

三、"相"借代为"伤",同音假借

（缀 118）……允又来艰,自西。朕告曰……

方,相二邑。十三月。（图 315）

这则卜辞中, 字不识。徐中舒将其与鬼字并列,认为是鬼字的异体字。刘兴隆将其释为魑字,不知所本。按, 字与甲骨文中的鬼字  差异很大,尽管其下部偏旁为卩字或大字,表达的意义相同。但其上部一为田形,表示面具;一为实描,即 ,为扎着两条辫子或两条垂缨的头脑正面图。这是不同于中原地区的文化特征,或者说是对不同于中原地区的特定族群的直观描述,同时也不同于羌人、鬼方的文化。所以,笔者认为这是一个方国的名称,既不属于鬼方,也不属于羌方,而是商代北方一个文化迥异的方国、部落的名称。

字,刘兴隆将其释为夹字,不妥。该字从大、从刀,为刖字,表示以刀砍其腿足,是古老的一种刑罚,"五刑"之一。通常这个字的大字偏旁近刀的一捺要刻划得短一点,表示腿用锯子锯断了一部分或是用刀砍断了一部分。用锯子与用刀,其意相同,互为异体字。该字是上古时代实施肉刑的见证。

图 315

319

[图]方，即[图]刖方。[图]，方国名；方，方国名。这三个字的意思是"[图]国对方国实施刖刑惩罚"。这是商代那时的社会意识，一国认为另一国做了坏事时，也会像对人一样实施不同的刑罚。这里实施刖刑，就是要对其国的某些聚居地进行打击，也就是后面说的"相二邑"。

这里的[图]字，发音同伤，"相二邑"就是"伤二邑"，属于同音假借。因为当时尽管口语有了"伤"的读音，但并没有创造出"伤"这个字。怎么办？当时的人们就以相同发音的"相"字来代替。这说明，上古时期，相与伤是相同发音的，现在的发音已经有所不同。

伤字在周代才创造出来，其篆体字为[图]，表示人被箭射中，身体受创。

这则卜辞的意思为"……确实又有鬼祟来了，是从西方（来的）。朕国来报告说……[图]国对方国进行刖刑惩罚，打击了其二处城池。时在十三月"。

第八十章　𡥉含义是"严肃认真"，音同"祀"

𡥉字从子、从止，《说文》未载，至今未能释读，为不识字。目前学术界对其含义有两种代表性观点：

一、是一种"人牲"

这种观点来自于《商周古文字读本》[1]，在解释相关卜辞（合165）（图316）时，编写此章节的学者认为该字𡥉与其后面的 ↑（"伐"的简写）字一样，都是不同种类的祭祀，但对于𡥉是"人牲"的理由未见述及。

图 316

二、隶定为迀字

《集韵》中有迀字。有学者认为𡥉字是遊字的异体字，遊即现在"游"字。理由是甲骨文从止，每每与从辵可通。在甲骨文卜辞中，𡥉作为国族或人名出现。这种观点以徐中舒为代表，并作为定论在相关卜辞中标注[2]。

---

[1]《商周古文字读本》第25、27页（刘翔、陈抗、陈初生、董琨编著，李学勤审订，语文出版社1989年出版）。

[2]《甲骨文字典》卷二第160、161页（徐中舒主编，四川辞书出版社2014年出版）。

　　要弄清⟨字⟩字的含义，还得从其偏旁的意义，偏旁组合所体现出的意义，以及与该字相关连的字的含义、该字在卜辞中的用法等方面来综合考察才行。笔者分析认为，⟨字⟩字的含义应为"严肃认真""慎重其事"，在卜辞中放在动词前面作副词使用，强调要"踏实办事，而不是"走马观花""浮光掠影"，其音与嗣相同。

　　首先，⟨字⟩字中的⟨子⟩字，一般定为"子"字，但它也是"巳"字，"巳"字后来演变成"祀"字，指的是祭祀，是"祀"的本字、初字。作为"巳"字，在甲骨文书写的天干中它都是以⟨子⟩的形态出现；而在地支中，作为"子"字，它的写法是⟨字形⟩。

　　在以天干、地支搭配来纪时的商代甲骨文中，其区别是显而易见的。⟨子⟩作为"巳"字，学者一般认为其象形为双手举起婴儿以行祭祀，其中的⟨子⟩象形为襁褓中的婴儿，两边伸出线段则是双手的简写，这与甲骨文"异"字写为⟨字⟩、⟨字⟩等情形类似。⟨子⟩字便是双手托起的婴儿的简写，当然⟨子⟩字本身也是婴儿的直接象形。总之，⟨子⟩字表现为两种含义，既能解释为"子"，又能解释为"巳"，是作"子"还是"巳"要看其在卜辞中的用法来定。

㝈字在卜辞中当作"巳"字使用时，是指祭祀之意，不能当"子"字理解。如卜辞（乙3431）己丑卜，宾贞：㝈㝈侑巳。（图317）

图317

㝈㝈字不识，为商王的妃子，来自㝈部落或方国，发㝈音。这则卜辞意为"己丑这天占卜，贞人宾说：商王的妃子㝈㝈进行侑祭"。这里不应将"侑巳"识读为"有子"，得出其意义为"商王的妃子㝈㝈有了儿子"。

（粹588）其侑巳，更牛。（图318）

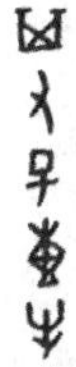

这则卜辞更为明了，意为"要进行侑祭，祭品是牛"。

图318

这里如果将"侑巳"误认为"有子"的话，是没法理解这则卜辞意义的，而识读为"侑巳"，则意义自然通顺，侑本身就是以祭品奉献给神灵求得庇护，牛则是祭品的一种。

甲骨文卜辞中还出现"大巳""中巳""小巳""上巳""西巳"等词语，这些均为当时对祭祀种类的划分，不能识为"大子""中子""小子""上子""西子"等，只有将其理解为"巳"字，即现在的"祀"字，才是正确妥当的，也才能将卜辞解释得顺畅、圆满。

还有，这个㝈字冠在人名前，如子商、子渔等，有学者

认为是引申为嗣位者之意，这种观点不敢苟同，笔者认为这里的 字表示的是爵位，即子爵，与甲骨文中的伯、侯等爵位意义相同，是对所述人物的政治社会地位的表述。如子商，即拥有子爵叫作商的人，子商是武丁时期著名的军事首领。

关于止字 ，一般指脚趾，示行进之意；它还表示一种祭祀，是祉字的本字、初字；还可以作方国名或人名。

由子与止构成的 字，蕴含什么含义呢？笔者认为， 为会意字，这两个偏旁组合的意义就是"人们走去参加祭祀活动"。"国之大事，在祀与戎"，祭祀在商代社会是十分重大的事情，商代经常举行祭祀，全社会"三日一小祭，五日一大祭"，祭祀是商人认祖归宗，明确自己在社会中的地位和身份的活动，通过祭祀人们联络情谊，明了各自亲属关系远近，知晓家族如何开枝散叶，等等。就正面作用而言，祭祀能有效整合、调节氏族社会内部关系，增强商人整个社会的向心力、凝聚力，减少内耗，而一致对外。所以商代社会从国王到平民，都慎重其事，形成商代社会独特的祭祀文化、宗教文化。祭祀是当时商人重大的社会活动，悠悠万事，莫此为大。故 字的意义就是必须去参加祭祀，严肃认真对待祭祀。

字这一含义在相关字"嗣"的构成上体现出来。嗣字写法很多，如 、、、、 等，一般我们以 为规范写法。⿰字从大、从子、从册。册是当时的法律文书、正式文件，大与子构成大子，即嫡长子。那么这个⿰字就是指正式公开确立嫡长子为储君的行为，即确立王位继承人的行为。

⿰字省略了"大"字偏旁，可以看成是当时嗣字的简写。⿰字增加了口字偏旁，表明这是公开宣布、公之于众的活动，即将册上所载的内容公开宣布出来让大家知晓，可以看成是更加详细地将确立王位继承人诏告天下的活动，即举行册封仪式，使公众知晓。⿰字从大、从口、从于、从册，去除了"子"字偏旁而以"于"字替代。于，乃古代祈求降雨而唱歌跳舞的场所，也是部落举行大型公共活动所在地。这里以"于"替代"子"，就是强调在"于"这样的公共场所宣布册封继承人事项，去除"子"字对册封这一活动并无任何影响，因为还有"大"字可以体现册封王位继承人的内容。⿰字则是在简写字⿰的基础上增加了"止"字，其意为人们都去参加这样的活动，即亲自到现场，表示人们热心关注、亲身参与。总之，这几个字以偏旁组合的方式从不同侧面描述了册封储君的活动，尽管写法不尽相同，却都可以认定为嗣字。

难得的是⿰字出现，让我们了解到⿰字本意。⿰字我们也可以看成是两部分构成：一是⿰字，二是⿰字。册是指法律

文书、正式文件，一般都涉及国家的重大事项。蔑字则是描述
人们参加重大活动，包括而不限于祭祀。蔑字中的早字并不
必然是指祭祀或册封储君，可以引申、泛化为重大事情。在𣂪
字中，早字为子字或巳字，表示王位继承人、嫡长子或是表
示祭祀，继而引申为重大事情。也许在商代，人们并没有将祭
祀与册封严格区分开来，但毫无疑问都属于重大事情。这不影
响我们对蔑字核心含义的理解。蔑字所要表达的就是
"亲身参与重大事情""慎重其事"之意。

我们以蔑字这样的含义来理解相关卜辞，是能够
自洽的。有两则典型卜辞如下：

（合165）贞：乎取蔑伐。（图319）

图319

大字，刘兴隆将其看成是"方"字的误写，继而认为蔑大
是一个方国的名称，这是不妥的。《商周古文字读本》对此进行
了论证，大是伐字的省写。其他卜辞有对贞，一为"余伐不"，
一为"余大不"，故可断定为伐与大为同一个字。乎，命令。
取，人名。蔑，这里放在动词伐字之前就是指要慎重其事，不
要漫不经心之意。大，伐，一种祭祀。

这则卜辞全句意为"贞人说：（商王）命令取这个人要规

规矩矩、认认真真举行伐祭（不要走走过场、漫不经心）”。

（后下 14.14）己亥卜，永贞：。（图 320）

图 320

，有学者释为值字，即后来的德字；还有学者认为是循字。从彳、从直，表示到方国、外地去巡视、督察，查究有无违令不法之事，防止臣属方国或部落图谋不轨、作乱对立。《甲骨文字典》中怀疑该字为人名，不妥。字就是“严肃认真”之意，强调不要走马观花、蜻蜓点水地走过场。

这则卜辞意为“己亥这天占卜，贞人永说：（商王）要严肃认真地巡察（不要走过场）”。

由字衍生的另一个字，从，从女，表明这是从地来的女子，配作商王的妃子，其读音为，既表义又表音。卜辞有（佚 414），但其为何意，还不甚明了。

的发音，我们可以从甲骨文嗣字推断出来。嗣字的甲骨文写法有、、、、等，均从册，册字表意，嗣字不从其音，也不从其中的大、于、口音，而从其中的字音。子与嗣现在发音有区别，是口语发音逐步演化的结果，在商代可能是发相同的音。尽管嗣字这种写法 中没有 字偏旁，仍然发嗣字音。这样，我们可以推断出 发音也从 。而且，其中的止字 发音与 字音相近， 发音不管从 还是从 ，发音都应与嗣相同或相近。

徐中舒将 字隶定为 字，即今游字，音亦同游，是没有多少说服力的。当然，在甲骨文中，止字作为偏旁每每与 偏旁相通，但 字能等同于 吗？ 字从 、从 ， 表示旌旗飘荡之状态， 表示子执旗杆之意，这不会与 字同义。

第八十一章　🔣、🔣含义为"退"

一、🔣字的形、音、义探讨

🔣字在《甲骨文字典》中标注为字形不明，其义不解①，也就是说🔣是个还未认识的生字，其形、音、义均不知，其在卜辞中的用法和意义均不得其解。

不过近年来有学者对其形作出了正确的解读，那就是🔣乃帚字🔣的倒写②。但对该字的音、义及其用法还付之阙如。

笔者分析发现，🔣字发音同帚字，其含义为"退"，是商代对撤退、逼退、退还等这类含有与"退"有关行为的文字描述。在现行"退"字出现前，🔣充当起退字，起到了退字的作用。

商人利用同音假借及会意法创造出这个字，表达"退"的含义，以对应当时商人的口语。而这个🔣字之所以被废弃，也是因为周革商命后，周人表达"退"这一概念的口音不同，创

① 《甲骨文字典》卷八第 956 页（徐中舒主编，四川辞书出版社 2014 年出版）。

② 《古文字构形学》第 11、12 页（刘钊著，福建人民出版社 2006 年出版）。

造出新的退字。🔸字没有得到继承、延续，最终消失在历史的长河中。

🔸字的倒写字🔸，取形于扫帚。古代扫帚由农作物秸秆之类或专门的植物编成。有的地方村民现今仍然在种植一种适合做成扫帚的植物，秋天长好后将其收割晒干，编织成扫帚。🔸字源于打扫清洁的扫帚，在商代借用来表示妇人，代指在家里打扫卫生者，即家里的女人。如卜辞（前4.32.2）妇妌冥，嘉。（图321）🔸字是帚字🔸的简写，在🔸字边加偏旁女即变成妇的繁体字婦，🔸是妇字的初字、本字。这则卜辞意为"商王的妃子妇妌分娩了，生了个男孩"。

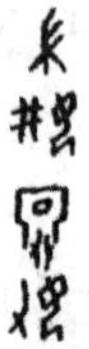

图321

以上是🔸字的基本含义，另一层含义则是作为归字使用。如卜辞（京2030）辛未卜，王归。（图322）即"辛亥这天占卜，商王会从外面归来"。

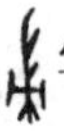

这个字在商代还作为一个神祇的名字，这里不再赘述。总之，🔸是妇、归两个字的源头，在学术界已经成为定论。

图322

甲骨文中另有一个字🔸，在表达"归"的含义上与🔸字相同。它在🔸字基础上增加🔸字偏旁，取其音，构成形声字，

意义转变为"回归""回家"。如卜辞
（乙 7961）贞：王其归？（图 323）即
"贞人问：商王会回来吧？"

图 323

图 324　　图 325

还有卜辞（戬 9.13）贞：勿归于
商。（图 324）即"贞人说：不要回到
商地来"。

再者，（续 3.13.3）贞：令仓侯归。（图 325）即"贞人说：
（商王）命令仓侯回来"。

这些例子均说明，在表达"回来"的含义上，与完全
等值，只是写法不同罢了。

字的产生是建立在字基础上的，字含义增加是文
字含义不断拓宽、文字数量不断增多的体现。字的出现表明
归字作为一个新字正式登上历史舞台。是归字的规范字，而 
则是归字的简写及初字。

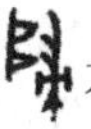

那么，的倒写是什么意思呢？笔者在前面
的文章中指出，倒写主要是取其音，而去其义，这个
字也不例外。而且笔者还发现，倒写字在含义上也与
正写字存在关连、联系。

如卜辞（京 4828）……卜，彭贞：其又……
（图 326）

图 326

331

这里将 ⟨字⟩ 理解为 "退" 的含义。这则卜辞的意思就是 "……占卜，贞人彭说：他们又撤退了……"

本文前头说了，⟨字⟩ 与 ⟨字⟩ 等同，其倒写字 ⟨字⟩ 与 ⟨字⟩ 也应该相同，即在发音、含义上完全一致。⟨字⟩ 是在 ⟨字⟩ 基础上增加偏旁 ⟨字⟩ 而成，表示这个字发音同归，为形声字，而其义则与 ⟨字⟩ 字等同。

⟨字⟩ 字相关卜辞有（文639）癸酉卜，⟨字⟩ 贞：其 ⟨字⟩ ⟨字⟩ 方于河 ⟨字⟩ ……（图327）

⟨字⟩，贞人名字。⟨字⟩ 字不识，方国名。⟨字⟩ 字不识，为河名或地名。

图327

这则卜辞意为 "癸酉这天占卜，贞人 ⟨字⟩ 说：他们将 ⟨字⟩ 国（军队）（逼）退到黄河那边的 ⟨字⟩ 地去了……"

⟨字⟩ 与 ⟨字⟩ 的含义为何可以认定为 "退" 呢？这主要是从 ⟨字⟩、⟨字⟩ 的含义来推断。⟨字⟩、⟨字⟩，从观察者贞人来理解，是 "从我方出发又回来"，即归之本义。那么，"从别处出发，再回别处去" 该用什么文字来表达呢？肯定不能用正常的 ⟨字⟩ 或 ⟨字⟩ 字，因为这与 ⟨字⟩、⟨字⟩ 的含义明显是有区别的，主要是其始其终的方向不同，刚好相反。商代人们正是意识到这种不同才创造出 ⊕、⊕字，以与 ⊕、⊕有所区别。尽管他们的口语表达这两种行为都发同样的音，但在文字上必须区别开来。而创造出 ⊕、⊕这两个字就圆满形成了"从彼处来，回彼处去"这样的概念。因此，⊕、⊕相当于现在的"退"字。从这个角度来考察，"归"与"退"才是意义上相对的字，这与现行的"进"与"退"意义相对有重大区别。

在上述卜辞里，如果使用 ⊕、⊕字则会引起意义混乱，因为 ⊕、⊕在商人的思想观念里是指"从自家出，回到自家来"；而外人从其家出，回其家去，则必须有另一个字来代替，不能用 ⊕、⊕来表述，这就是 ⊕、⊕两字产生的原由。

将 ⊕、⊕之含义理解为"退"字，我们能很好理解所能搜集到的相关卜辞：

（一）弗⊕⊕。（佚 793）（图 328）

图 328

⊕字不识，此处为名词，作 ⊕字的宾语，可能为方国、地名、方国首领私名，这里作方国来理解。这则卜辞意为"没有将 ⊕国（军队）击退"。

（二）戊子卜，⊕雨。（合 34283）

㞢雨，即雨㞢，雨退。这是当时商人的口语，主谓语序颠倒，表达意义不变。卜辞这样表述，表明雨水降落是在别处发生的，蔓延到贞人这里后，又回到原发地去了，故用退字㞢。如果使用 ✚ 或 ✚，表达的意思就变成"雨水在自家先下，扩展到别处，又折回来下"。这样表达就辞不达意，与实际情况恰恰相反。

（三）庚申卜，殸贞：㞢好，不延，有病。（合 13931）

好，疑为妇好简称，妇好，商王武丁有名的配偶，著名女将军。㞢好，即好退，指妇好上朝议事未完就告退。这里不应将㞢好两字理解成妇好这个人，如果是指妇好，则应写成 ✚ 好；也不能认为是贞人错误刻字，将字刻倒了。不延，即不能继续进行下去。这则卜辞意为"庚申这天占卜，贞人殸说：妇好先行告退，不能继续（议事），（原因是她）患病了"。

（四）……㸚人 𣥖 任。（合 7049）

𣥖，甲骨文中是"侵犯"之意。任，方国或商代职官名。㸚人，这里㸚疑是方国名，㸚人即㸚国的人。这则卜辞的意思大概是"……退国的人侵犯任国"。

（五）乃乎㸚卫，射亚……（合 27941）

乎，命令。卫，方国名。亚，亦为方国名。

这则卜辞意为"（商王）于是命令击退卫国，向亚国发起射击"。

总之，就这些卜辞来看，将 🐾、🔯 含义释为"退"是自洽的，没有不通之处。

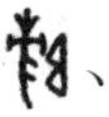

二、对 🍶 认定为"退"字的质疑

现在学者一般认为现行退字的历史演变如右图。

也就是说，现行"退"字源于甲骨文 🍶 字，在该字傍边加上彳字偏旁即是退字的前身，偏旁彳有行走的含义。🍶 字从 🔺、从夊。🔺 者，食器也；夊者，脚趾向下，走也。🍶 字会意为人吃完饭后离去，故有些学者理解为食毕退席，这便是 🍶 字自身含义，也就是"退"字。

🍶 字《说文》所未载，《甲骨文字典》中并不认同其为退字，徐中舒怀疑 🍶 为祭名[1]，但其为何字则没有下文。徐之所以持这样的见解，

图 329

图 330

---

[1]《甲骨文字典》卷五第 624 页（徐中舒主编，四川辞书出版社 2014 年出版）。

主要是将 ![图] 作退字来理解相关卜辞没法释读。

如卜辞（存 1.1785）勿饮 ![图]，寮其 ![图]。（图 329）

又：（存 1.1878）……卜，其 ![图] 伐？（图 330）

笔者认为，![图] 字会意为食完离席，并不是指退去，而是整体上指"事情完成、结束""告一段落"。因为吃饭是每天都要进行的例事，吃完饭后，要去干别的事务，过了一段时间饿了，还得要继续吃饭，这是个循环往复的过程，因此这个字引申为"完成""终结""中止"之意，潜台词是"暂告一段落，以后还要进行的"，作名词时就表示"最后阶段、环节等"。

在卜辞"勿饮 ![图]，寮其 ![图]"中，![图] 字不识，应为祭祀的神灵名称。"勿饮 ![图]"即"不要对 ![图] 神进行饮祭"。"寮其 ![图]"中，寮，即寮祭，烧山，或燃烧木柴进行祭祀。![图] 字在这里作名词，表示祭祀过程的最后阶段、环节。"寮其 ![图]"即"其 ![图] 寮"，指在祭祀 ![图] 的最后阶段举行寮祭。商代举行祭祀往往是几种祭祀组合在一起，因祭祀对象不同、主体不同、祈求事项不同、祭祀时节不同等等原因而将不同的祭祀组合在一起，完成整个祭祀活动。

"……卜，其 ![图] 伐？"这则卜辞中，伐是一种祭祀。![图] 字作名词，表示最后阶段、环节。卜辞意为"……占卜，祭祀的最后环节进行伐祭吗？"

综上所述，笔者认为  字的含义是"最后环节"，表示事情的"结束阶段"，并不是"退"的本字、初字。"退"的本字、初字是  、。商代口语在表达退的含义时，发音与归音相同，而其字  、 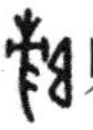 则源于同音假借兼顾会意，是在  、  即甲骨文归字基础上衍生出来的，与归字含义相对。商代以后该字遭到废弃，后人创造出新字"退"取代了它。

三、其他字的辨伪

除了  字外，还有其他学者认为  是"退"字。

，从止、从丙。刘兴隆认为，  或  直接写出来就是"彳内"字，是古退字的异体字，在甲骨文中作祭名用。但他没有阐述  为退字的理由。该字《说文》不见记载，徐中舒将  当作未识字，相关卜辞其义不明①。如（前 5.25.1）丙寅贞：  享。（图 331）

图 331

笔者认为，将  释读为退字也是不妥的，主要理由是其

---

① 《甲骨文字典》卷二第 128 页（徐中舒主编，四川辞书出版社 2014 年出版）。

中的偏旁止字在  的上部而不是下部，这种止字偏旁不能认定可与  偏旁通用，止字作为偏旁表达行走的含义时只有在甲骨文字的下方才行，与偏旁  混用，均为行走之意。因此，  不能写成  字或  字。  肯定有其含义，但绝不会是"退"字。这则卜辞中的" 享"是什么意思还不能得到明确解读。将  定为未识字是合适的，其真实含义留待后人探究。

　　　　　　另有学者将  字也释为退字。

　　 ，从皿、从夂，会意将皿中的食物吃完而离开就餐之地。相关卜辞有（甲 2123）贞：勿  饮，一月。（图 332）  字究竟是什么字，也未有定论，也有学者怀疑是祭名①。将这字当作  字的异体字也

图 332

可以说得过去，但不能释为"退"字。笔者理会，该字似与  字意义相近，同样可以释为"中止""结束"之意。皿与  都是盛放食物的器具，两者作为食器意义相通。这两个字均是指

———————————

① 《甲骨文字典》卷五第 624 页（徐中舒主编，四川辞书出版社 2014 年出版）。

吃完饭后离开。那么这则卜辞的意思为"贞人说：不要中止饮祭，时在一月"。

关于"退"字，《说文》解释说："卻也。"卻即却，倒退、后退之意。《诗经·召南·羔羊》中有"退食自公"和"自公退食"，即从朝庭办公回来吃饭。召南是汉江下游、长江中游一带，这些诗一般认为创作于西周晚期、东周早期，使用的退字比春秋战国时期更早，故退字含义更接近于原意，与甲骨文 ![字] 、![字] 字含义相符，即"来自彼处，回归彼处"。难得的是《礼记·少仪》中的一句话"朝廷曰退，燕游曰归"，将退字与归字联系起来了，并列在一起。"朝廷"即"朝庭"，指上朝办事、议事，这是指朝臣不住在宫殿，每天到宫中来办公，然后回到家里去，故而称之为"退"。"燕游"即"宴游"，指从自家外出野游、外餐，再回来，故称之为"归"。这种说法保留了退与归这两个字的最初含义，其退字概念的界定与甲骨文 ![字] 、![字] 一脉相承，也与笔者对 ![字] 、![字] 字的含义理解不谋而合，可以作为笔者将这两个字释为"退"的辅证。

第八十二章　字的自身含义

"不"在汉语中被用来充当否定词。今天，我们看到的三千多年前的甲骨文也是如此。可以说，自中国有文字起，不就借用来作否定词，亘古未变，一脉相承。那么，不的自身含义是什么？从目前学者的各种认识来看，有这么几种代表性的观点：

一、《说文》中的传统观点

《说文》解释说："不，鸟飞上翔不下来也。从一，一犹天也，象形。"这种观点不对，将"不"字当成会意字，现在已经为多数学者所否定。

二、"不"字自身具有否定之义

刘兴隆认为，字下部分偏旁象形为植物发育期之根部，上面一横是指事符号，象地，指地表平面。整个字结合起来表示根部生长发育受到阻碍，不得生出之义，引申为否定[①]。

三、"不"字即柎的本字，被借用为否定字

著名学者王国维、郭沫若均持此说。他们认为，字象形

---

① 《新编甲骨文字典》第 777 页（刘兴隆著，国际文化出版公司 2005 年出版）。

为花萼，乃柎之本字。《诗经·小雅·棠棣》有诗句"棠棣之华，鄂不韡韡"郑玄笺云："承华者曰鄂，不当作柎，柎，鄂足也，古音不柎同。"这种观点极有影响力，得到了很多学者的赞成。徐中舒也认为卜辞借用"不"即柎字为否定词，经籍亦然，可以接受这种观点。但他也指出，"不"字用其本义者，仅此一类，乃孤证[①]。

四、𣎴是由"帝"字减笔而来的特殊指示字

"帝"是缔的本字，指在树上缔枝为巢，后来"帝"字意为在树上筑巢的部落首领，而"不"是指未经缔结构造而直接使用的树杈上的原始巢居。这是网络上的看法。

以上这些观点大多臆想的成分居多，并没有什么实在的证据作支撑。笔者通过对甲骨文中由"不"作为偏旁衍生出的相关字进行分析，认为"不"字按其形态𣎴，结合衍生字的含义推断，应是一种比较珍贵的可以食用的植物，大概是葛根之类的东西，在卜辞中属于同音假借，表达"否定"之意义。理由如下：

一、从其一些衍生字发现其含义线索

由"不"字衍生出的相关字不多。甲骨文字有𣎴、𣎴、𣎴、𣎴、𣎴、𣎴、𣎴、𣎴、𣎴、𣎴等。其中，

---

① 《甲骨文字典》卷十二第 1268 页（徐中舒主编，四川辞书出版社 2014 年出版）。

大多数未得到完全解读。这里笔者谈谈对其中几个字的理解。

[字]字从不、从又，有学者将其释为现在的"抔"字。甲骨文中，在一个字的旁边加上"又"字偏旁，是对这个字的动词化，表示对这个字所代表或指向的事物施加动作，该字由名词转化为动词，而除了加持动作这层含义外其义不变。因此，[字]字在一定程度上等同于"不"[字]字。明确地说，[字]就是采摘或挖掘"不"这种东西。由此类推，[字]与[字]相比，仅多出一个又字偏旁，可以认为其等同于[字]。同理，[字]等同于[字]。[字]等同于[字]。笔者在这里想说的是，[字]字能加以"又"字偏旁完成动作化，说明[字]是个物品，是名词。这是其一。其二，[字]可以由"又"字加持（又，手也，其意为以手采摘或挖扒），同样也说明它是一个物品，人们想要得到它，故以手采摘或挖掘，说明[字]可以满足人们的需要，不管是食还是用等，有其独特价值。[字]还能由火烧，因为它可与火字偏旁组成[字]字，或写成[字]、[字]字。它也能与西字组合构成[字]字，表示西方出产这种物产。最主要的是[字]字，这是个会意字，意为双手捧着[字]，表示征集[字]，或是向祖先、神灵奉献[字]。[字]字的构成与[字]字、[字]字一样。笔者在前面相关文章里分别解读[字]为供

字，⿻〔图〕为牦字，同样说明 〔图〕 在商代是一种能满足人们需要的珍贵物品。

二、从所在的卜辞语句来理解

（拾9.15）癸丑卜，贞：贮〔图〕？（图333）

〔图〕，贮字，象形为在柜子里贮藏贝。贝，代表珍贵的东西，该字的意思为珍藏、储备。〔图〕等同于〔图〕，表示采摘、挖掘到的"不"〔图〕、经过加工后可以使用或食用。

这则卜辞意为"癸丑这天占卜，贞人问：要储藏'不'这种物品吗？"

由这则卜辞可知，不〔图〕在商代是作为一种可以储存，急时用得着的类似战略物资来对待的。

还有一则相关卜辞：（合集22200）戊戌卜，王又，〔图〕父乙。（图334）

又通侑，侑祭。〔图〕，会意为将"不"〔图〕作为祭品奉献。父乙，商王武丁的父亲，名叫小乙。

这则卜辞的意思为"戊戌这天占卜，商王举办侑祭，向父乙进献祭品'不'"。

由此可知，〔图〕是有特殊使用价值的物品，用来

图 333

图 334

作为祭品奉献给列祖列宗及神灵，取悦于他们，请求得到护佑。

三、从"不"字的不同写法来推断

甲骨文"不"字的写法除了 ![字] 外，还有 ![字]、![字]、![字] 等，从这些不同的写法可以看出，其主要特征是下面成根须状，即 ![字] 。这表明，这种物品很可能是植物的地下根须或块茎，能够采摘或挖掘，可以火烧变熟（如形成的 ![字]、![字]、![字] 字），可以携带，比如挂在戈戟上（形成 ![字] 字），中原地区以西的地区适合其生长，为主要出产地（产生了 ![字] 字）， ![字] 在卜辞中表示商代西部某方国，这是以物产为特征来定其国名。

从这些方面综合来考虑， ![字] 极有可能是葛根，或类似葛根等可食用的根须或块茎。"不" ![字] 字上面一横既不是如许慎《说文》中所讲表示天；也不是如刘兴隆所讲表示地；而是指类似葛根的植物，上面的主茎、枝叶都没有用，不能食用，将其除掉，故以一横表示切去，只保留其根须或块茎，特指保留的根须块茎有用，主要是供食用或药用。

那么，如何解释《诗经·小雅·棠棣》中的诗句"棠棣之华，鄂不韡韡"呢？笔者认为这里的"不"字，不是作为柎字来理解，尽管其两字音相同或相近，而是作为"丕"字来用，即大之义。不字作为"丕"字表示大的含义由来已久，如《尚书·大诰》中的"弼我丕丕基"。师遽簋中有"敢对扬天子丕

（杯）休"，丕（杯）即丕丕。天亡簋中有"丕显考文王"。这些
丕字都写成不字，均为大之义。因此，《诗经》中的诗句"鄂不
韡韡"是指棠棣树盛开花朵，花萼特别鲜艳而有光泽，而与柎
没有任何关系。事实上，从"不"字的甲骨文外在形态 来
看，它与柎毫不相关，根本不是对柎的象形，它就是将植物露
在外面的主茎、枝叶去除而保留其下部可用根须或块茎的真实
写照。

第八十三章 ✿字及其衍生字解析

✿目前还没有得到辨识，学者们谓其本身结构不清，意义不明，相关卜辞亦无解①。其实该字是最为普通的象形字：华，即树上生长的花。

该字✿有不同的表现形态，如✿、✿、✿、✿、✿等，笔者认为✿、✿这两种写法为规范写法，而✿、✿等均为简略写法，它们的下部本为木字偏旁，而以生字偏旁替代。生字偏旁写法可理解为"生出的花朵"，含义不变，亦不为错。生字偏旁与木字偏旁并存，说明了在该字自创造时起，写法就没有定形。这样的写法✿✿可以理解为一般意义的花，即包含了木本之花（华）与草本之花。这些不同的写法表明我国古代从造字时起就没有对木本之花与草本之花作出明确的界定与区分，而是混合着使用。

该字由上下两部分组成，下部分为木字，上部分为✿或✿形状，此偏旁人们不知其所象何物。其实，这是对一朵花的典型素描：其外描绘为花瓣，其内圆点或一点、一竖均描绘

---

① 《甲骨文字典》卷六第 655、656 页（徐中舒主编，四川辞书出版社 2014 年出版）。

为花蕊。花瓣与花蕊这两种花的要素构成了一朵花。鉴于花蕊既可以用圆点来描绘，也可以用一点或一竖来描绘，因此，� 或 ⊔ 均是有效的，等值的，都是指花朵。

有必要指出，树上的花是数量极多的，但甲骨文字的创造者造字时只以一朵花来表示树上的花，并不强调花的数量，这主要是便于文字刻画简洁，旨在强调花，而不是强调花的数量。这种造字规则或思维方式可以从其他字的创造看出来，如见字 𠃊，上为目，下为人。按理，人的眼睛实际上有两只，但甲骨文的见字只刻画一只眼睛就够了，而且只画出眼睛，并不把人的头部特征都刻画出来，也是为了突出、强调眼睛的作用，才将见字写成这样。

从文字宏观方面说，甲骨文中有关树木的文字有果、柳、柏、杜、休、宋等，既涉及树木的种类，也涉及树木与人、与建筑等相互关系，还涉及树木自身生长生育、世代延续的一些特征。有表示树木果实的文字存在，就不可能没有表示其开花的文字存在，只是在众多的甲骨文生字中没有发现、认出而已。笔者认为这个 𝑌 字就是对树木开花的象形。该字的创造方式符合甲骨文字创造的一般法则。

现行的华字，其繁体为華，最早出现在西周金文中，写法有 𡴀、𡴀、𡴀 这几种，这与笔者认定的甲骨文华字 𝑌 有较大差异。对金文华字的解释，一般认为是一棵树上花开满枝的样子。繁体字華源于篆文，将金文华字变形，上面加艹字头，其含义

也发生了由木到草的转变。金文华字✲为何写成这种形态，对其解释为"花开满枝"是否正确，值得研究。特别是从甲骨文形态✲如何转化到金文形态✲，其演变更值得深入研究。有一点，华字的本义为木本之花，是没有任何疑义的。《诗经·周南·桃夭》有"桃之夭夭，灼灼其华"诗句，指的就是桃树上开满了鲜艳的花朵，华字在此用其本义。它与花的区别是，花一般指草本之花，而华则是指木本之花。花字产生得很晚，据学者考证在南北朝时才产生。

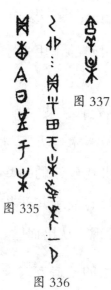

图 337

图 335

图 336

华字在甲骨文卜辞中功能单一，只作为方国、部落或地名使用。如卜辞（合集8063）贞：更今日往于华。（图335）即"贞人说：（商王）只在今天到华地去"。

又如卜辞（后下40.14）乙卯……贞：乎田于华，受年，一月。（图336）即"乙卯这天（占卜）……贞人说：（商王）命令到华地去田猎，有好年成，时在一月"。

再如（合集33133）敦华。（图337）敦，威胁、胁迫。这则卜辞意为威逼华国。

这说明，尽管华字本义为树上之花，但在商代卜辞中只作为地名或方国名称使用。这也可以从以其作偏旁的另一个复合字✲看出来。✲字从女、从华，这在甲骨文中是给商王妃子取的名字，表示来自华国的女子，许配给商王为妃。商朝的属国或盟国为加强政治、经济等联系，维持长期的友好结盟关系

才这么做，有点类似后来汉代与匈奴的和亲，即政治联姻。卜辞有：

（续 5.19.8）丁酉……执，弗其以 🔣 ？（图 338）

执，拘执。以，动词，当"带来""携带"解。这则卜辞意为"丁酉这天……扣押起来，不是将 🔣 带来吗？"

🔣 字存在，说明在商代武丁时期，华国作为商

图 338

代属国或盟国在中原地区是客观存在的。🔣 作为华的本字和初字，是中国最早被称为"华夏"的华字文字源头。"华夏"即华族和夏族，华族和夏族在中原地区毗邻而居，是两个重要的部落，后来逐渐融合，是早期中华民族的主体。《尚书正义》称"冕服华章曰华，大国曰夏"，《说文》称"华，荣也"，均为引申义，并非其本义。华从最初的本义上讲就是指中原地区以树上之花作为图腾的氏族。他们崇尚树上之花，以其作为礼尚往来中尊贵的赘礼，当时人们便创造出另一个字 🔣 。

🔣 字从 🔣 ，表示双手捧着；从 🔣 ，表示手捧的对象：华。🔣 意为双手捧着从树上摘的鲜花献给尊贵的客人。这是当时华族的独特文化传统，在民族交往中得到了各族人们的赞扬和认同。当时人们创造出这个字，定格了族际、人际交往中美好的一瞬。该字无法在现行字中找到对应的字，是个已经消失了的文字，但我们能理解这个字的会意，透过这个字想象出

当时的社交场景。在古代交往中普遍致送锦帛、珍贝、玉器等财物来表示友好的背景下（贽，即玉帛之往来），{图} 无疑是一道靓丽的风景，它脱离了世俗的利益，是最为纯正的友谊，类似于现在海南黎族流行的向客人致送花圈，戴在其头颈，表达对尊贵的客人欢迎之意。

{图} 字在卜辞中只作人名、地名使用。

（乙 3401）贞：御子 {图} 于父乙。（图339）

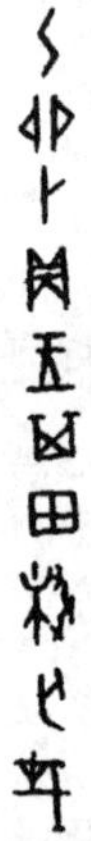

子 {图}，人名。御，去举行祭祀。

这则卜辞意为"由子 {图} 去祭祀父乙（祈求保佑）"。

（粹 983）乙卯卜，贞：王其田 {图}，亡灾。（图 340）

图 340

图 339

田 {图}，到 {图} 地去田猎。

这则卜辞意为"乙卯这天占卜，贞人说：商王大概到 {图} 地去田猎，不会有灾祸"。

{图} 字从火、从华，就是现在的烨字，是烨的本字和初字。烨，意为光辉灿烂。《诗经·小雅·十月之交》："烨烨震电，不宁不令。"朱熹集传："烨烨，电光貌。"《汉书·扬雄传》颜师古注："烨烨，光盛。"不过从甲骨文这个字的会意来看，是指树上之花如火一般鲜红夺目。所以将"烨烨"解释为电"光貌""光盛"是正确的，这是其引申义，与其本义有一定的联系。在卜辞中，它作为地名使用。

（合139）贞：王往于烨高。（图341）

烨高，指名为烨的高地，地名。

这则卜辞的意思是"贞人说：商王要到烨高这个地方去了"。

（续5.24.1）贞：乎供在烨。（图342）

乎，命令。供，指征集（人马、粮草等）。

这则卜辞意为"贞人说：（商王）命令在烨地征集（人马、物资）"。

图342

图341

字上从华，下从京。华，树上之花；京，高地。该字的意思就是高地上的树木之花。其结构是很清楚的，由上下两个偏旁构成一个会意字。它在甲骨文卜辞中仅作为地名使用。如：

（后下25.14）贞：王往于。（图343）即"贞人说：商王到地去"。

图343

字从其形态来看，应是从华、从花朵，即。字中的几个小点表示花朵凋谢，是花瓣片片落下的写照。其含义应指花之凋谢、凋零。这个字在卜辞中也是作为地名来使用。如：

（后上15.12）癸卯，王卜，贞：旬亡祸？在次。（图344）

351

次，地名。

这则卜辞意为"癸卯这天，商王占卜，说：十天之内没有灾祸吧？占卜地点在次"。

综上所述，甲骨文宜释为华字，以其偏旁构成的复合字为烨字；字为商王妃子的称呼，意为来自华国的女子；字的含义为致送鲜花给客人，表达欢迎和尊敬；的含义是高地上的树木之花；是指树上之花朵凋谢。这些字在卜辞中均作为名词使用，即用作地名、国名或部落名。特别是、及字，证明了商代武丁时期华族作为一个部落或一个方国而存在，这个方国有其独特的交际礼仪文化流传于世，是我国称为"华夏"的华字源头和文字证据。

关于字，个别学者怀疑其为主字，是主字初文，为后世主人，而相关字、等演变成沬字[1]。这些观点没有任何依据和价值，纯属猜测，解释不了字来源及其衍生字的含义，不能自洽，也不能理解相关卜辞，殊不可取。

图 344

---

[1]《新编甲骨文字典》第 346 页（刘兴隆著，国际文化出版公司 2005 年出版）。

第八十四章　对甲骨文成语 [象形字] [象形字] 的探讨

甲骨文中有两个字 [象形字] 、[象形字] ，《说文》均无载，其义不明。这两个字在卜辞中组合在一起使用，应是当时的成语，其表达什么意义当然也没法理解。本文对这两个字的自身含义及其组合在一起成为成语的意义试作解析。

一、[象形字] 字的本义

该字在卜辞中有不同的写法，如 [象形字] 、[象形字] 等，其左边偏旁写法 [象形字] 与 [象形字] 等值。《甲骨文字典》编纂者认为其意会什么没法判断，其实，这是月字偏旁，对月亮的象形，即现在的"月"字。我们可以从该偏旁在别个字里的写法看出来。

甲骨文有 [象形字] "木月"字，其写法也有所不同，如 [象形字] 、[象形字] 等。现行汉字中没有这个字，但我们可以看出，该字从月、从木。《集韵》中说其"音为月，鞍瓦"。《类篇》："木阴檬曰 [象形字] 。"该字木边的偏旁写法有 [象形字] 和 [象形字] 两种，与 [象形字] 字中的偏旁写法如出一辙。这说明，这两种写法均为月字，但以 [象形字] 的写法为规范，而类似现在括号的 [象形字] 写法为简写。其实，从绘画的角度来看，这两种对月亮的画法都是可以的，没有什么不同。均是对残月而不是满月的画法，残月为天空中月亮的常态，而满月则为特殊状态，以残月为主来象形符合人们对月亮的印象和认知。

⿱字的另一偏旁为⿱，即丧字。⿱字从口、从桑，是个形声兼会意字。桑，即桑树，丧字用桑字来形声。当时有人去世人们便管这发音同桑，与桑树之桑发音相同，于是人们造字时便借桑字发音。⿱字从口，有的写两个口，有的写三个口、多个口，均意会为众多亲友对逝者的离世不忍而痛哭，两个或多个口字表示了逝者去世时亲友们失声痛哭的情景，故⿱字意会为人去世而亲友悲伤痛哭。有学者将口字有两个或多个理解为人们采摘时盛装桑叶的容器，谓⿱字本义指采摘桑叶装入容器[1]，后假借这个字来表达人之离世。这样理解是不妥的，口字没有表示容器的意思，它的含义就是指嘴，是用来吃饭、说话、哭泣的。⿱字自身含义就是人之离世办理丧事时亲友们悲伤痛哭。

⿱字的构成按照现在的写法应是"月丧"，这两个偏旁组合在一起，会意为"悄无声息地离开""不动声色地消失""不知不觉地销声匿迹"等。为什么这么说呢？关键要从月字的含

---

[1]《甲骨文字典》卷二第 123、124 页（徐中舒主编，四川辞书出版社 2014 年出版）。

义来理解。

商代还没有创造出与"昼"字相对的"夜"字，人们对夜晚的表达就用"月"字来替代。甲骨文中"月"与"夕"两字混用，有时在"月"中加一点，即为"夕"，以示与"月"字区别。如卜辞：（金594）……己未夕**（图符）**。庚申，月有食……（图345）

（图符），即月中加一点，夕字，表示夜晚。**（图符）**，不识，动词，在卜辞中作为一种祭祀用牲法使用。有学者释为亚，即今之铔字，恐怕不妥，该字**（图符）**与甲骨文亚字差别很大。

图 345

这则卜辞意为"……己未这天晚上进行祭祀用牲。（因为第二天）庚申晚上会出现月食"。

这则卜辞表明，在三千多年前的商代中晚期，人们已经能够计算出月食出现的准确时间，并提前准备，在月食前一天祭月。这是一项了不起的天文学成就。尽管我们不知道商代人们是怎样推算出来的，但这则卜辞表明，结果就是这样。

这说明月字除了表示月亮实体外，还发展成夕字，加一点作为指事符号，含义为夜晚。特别是文字构成中大多用月字作为偏旁表示夜晚。如名这个字，其写法有**（图符）**、**（图符）**、**（图符）**、**（图符）**等，均从月、从口，意会为夜晚认不出是谁，对方口里发声作答，以此来辨别。这就是《说文》所说"名，自命也，从口从夕。夕者，冥也，冥不相见，故以口自名。"

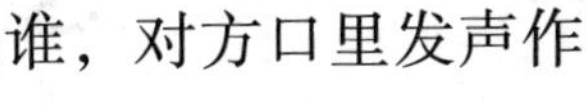

具体到这个 [图] 字，其中的偏旁月字也是表示夜晚，即《说文》中所讲的"冥"也。夜晚意味着人们大都入睡，悄无声息，对外界的事情不知不觉。其与丧字偏旁结合，就会意为事物在人们不知不觉中远离、消失。悄无声息地销声匿迹，这就是 [图] 字的本义。

二、[图] 字的本义

[图] 字从 [图]、从 [图]。[图]，象形为四足、巨首、大腹、无尾的动物，即现在的青蛙，为现在的黾字。其为黾字已经成为学者们的共识，毫无疑义。但对 [图] 偏旁，则莫衷一是，《甲骨文字典》上谓会意不明[①]。偏旁 [图] 看似与甲骨文山字、火字相同，其实不然。它由两部分构成：一是中间的大字；二是外围的 [图] 形状。[图] 形状在甲骨文中通常代表坑洞、陷阱、低洼地。而大字则是人的正面形象。那么，[图] 字所表达的意义便是人掉进了坑洞、陷阱里，出不来。[图] 字在甲骨文中也是一个普通字，比如它与 [图] 偏旁构成 [图] 字，其字不识，在卜辞中作为人名。由此可知，由 [图] 和 [图] 组成的 [图] 字，就会意为青蛙蹦蹦跳跳，不

[①]《甲骨文字典》卷十三第 1444 页（徐中舒主编，四川辞书出版社 2014 年出版）。

小心掉落到井坑洞穴中，如同人无意中掉落在井坑里一样，不知能否出来，只能任其自生自灭。该字还有一种写法就是  ，它下面的偏旁省略了中间的大字，但表达的含义是相同的，同样是指青蛙掉落在井坑洞穴中，只不过没有比喻为人掉落在井坑洞穴中的部分，可以看作是  字的简写。  字的引申意义就是陷入厄境，无人救助，只能任其自生自灭。

三、 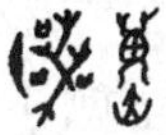 成语的含义

根据以上对这两个字的分析，  字是悄无声息地销声匿迹，  字是自作自受，自生自灭。那么这两个字组成的成语 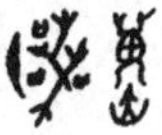 ，可以释为"远遁""任其存亡"。

这个成语用于两则卜辞中，其一为（合集13751）王占曰：兹鬼彪。戊贞：五旬有一日庚申，。（图346）

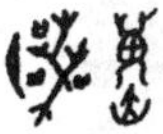

翻译成现代汉语是：商王占卜道：这鬼怪特别嚣张跋扈。贞人戊（释疑解惑）道：过了五十一日庚申这天，它就无声无息，消失得无影无踪。（意谓再也不会打扰危害我们，跟我们有任何瓜葛了）"

其二为（乙4130）贞：  其有病。王占曰：  其有病。叀丙不庚，二旬有七日庚申，。（图347）

图346

　　　字不识，人名。 　，庚与赓的本字，动词，这里是延续、继续、连续之意。《尚书·益稷》有"乃赓载歌"，现在"赓续"一词含义源于此。

　　这则卜辞翻译成现代汉语是："贞人说： 　这个人可能会得病。商王占卜道： 　会得病，只有在干支中有"丙"的日子里才不发作，过了二十七日庚申那天，这病就消失得无影无踪了（即痊愈）。"

图 347

第八十五章　**🏷**字含义为"禁言""封口"

　　🏷出现在甲骨文第一期，从口、从幸（或奉）。该字写法除了**🏷**字外还有，如**🏷**、**🏷**、**🏷**、**🏷**等。我们以**🏷**为规范写法；以其倒体字**🏷**为异体字，含义相同；以其他字为简写体。如**🏷**与**🏷**字中，幸字偏旁省减了笔划，**🏷**字中的口字偏旁草写成了廿字偏旁，均不改其意。

　　该字**🏷**《说文》所不载，是个早已废弃的字。要理解相关卜辞的意义，就得理解**🏷**字是什么意思才行。关于该字的含义，目前所知，徐中舒的观点是：一、怀疑为奉字的异体字，即枷锁、桎梏之意；二、怀疑其为祭名[①]。刘兴隆的观点是该字为罪隶之意，是对罪犯、奴隶的称呼，还有抓捕含义，用法如执字[②]。

　　笔者研究认为，以上观点均不对，该字的含义为使用刑具

[①]《甲骨文字典》卷十第 1171、1172 页（徐中舒主编，四川辞书出版社 2014 年出版）。

[②]《新编甲骨文字典》第 680、681 页（刘兴隆著，国际文化出版公司 2005 年出版）。

限制、禁止人犯发言发声，相当于现在"剥夺人的言论自由"，可以理解为"禁言""封口"，不准其说话，让其沉默不语。

理由是 🗡 为会意字，其上为口，表示说话；其下为幸，本为桎梏、枷锁，可进一步引申为刑具。两者组合在一起表示使用刑具将嘴巴封住，不让其说话，即采取特定的措施"禁言""封口"。在这里，口为刑具实施的对象，刑具用来限制口的说话功能。之所以得出这样的结论，主要是参考了其它相关字的构成。在以桎梏 🗡 为偏旁构成的复合文字里，另一个偏旁大多数是刑具实施的对象，特别是针对人身自由进行限制的刑罚更是如此。

如执字，主要有两种写法：一是 🖐，这是以"幸"拷住人的双手，这里的对象是人，描绘的是人的侧面形象，重点在两手被拷在"幸"上；另一种写法是 🖐，"幸"字两边各一只手，表示以刑具拷执两手，让其不能自由活动。不管怎么描述人的两手，其偏旁均是刑具实施的对象。

再如 🗡 字，从止、从幸，学者叶玉森释为 🖐 字，即该字象械其趾。《说文》有这个字，谓 🖐，🖐 足也。这一观点无疑是正确的。但叶玉森还认为，🖐 字是 🗡 字之繁体字，笔者深以为不太妥，🖐 字是指以"幸"械住其手及足，即相当于现在戴上手拷、锁上脚镣；而 🀄 字是指仅以"幸"械住其足。两者的含义有轻重之分，前者罪行更重，故施以更严厉的惩罚，手足俱执，而后者则只限制其足。我们重归正文。🀄 字中的偏旁止，即现在的趾字，同样是刑具实施的对象。🀄 与 🀄 相比较，一个是针对足，一个是针对手，均为施加刑具，限制其正常功能。以此类推，🀄 字就不难理解。🀄 即是针对嘴巴以刑具限制其说话功能，即封其口，禁其言，不让其正常说话，要其保持沉默，以消除其言论对社会的危害。大体而言，就是械手为执，械足为 🀄，械口为 🀄。

商代如何械口，甲骨文中找不到具体的作法。笔者由此想到宋代欧阳修《秋声赋》中有"衔枚疾走"的文句，意思是用一根类似筷子的东西，横在口里，用牙齿咬住，两头系上带子，系于颈上。这种做法能防止说话出声，而又不影响呼吸，在军队中常用来暗中行动，不致因嘴里发声而被发现。商代的 🀄 字表达的就是这种效果，只不过商代是指一种刑事处罚措施，为防范言论产生社会危害性而设置，带有强制性质，且性质严厉得多。

以此含义来理解相关卜辞，文从字顺，意义明了。

一、（合集 13733）🀄，其有病。（图 348）

图 348

该卜辞刘兴隆将 ⚱ 字当罪隶来看待，指 ⚱ 是犯罪之人的称呼，依此则卜辞之义就是"该罪犯大概有病"。

这样理解有所不妥。正确的理解是先断句，确定标点符号。⚱ ，其有病。⚱ 作动词用，而不是名词，意为采取措施将其嘴巴封住，让其闭口不说话。"其有病"是解释为何将其嘴巴封住，表示这样做的原因，即他患了病，可能是胡言乱语、出言不逊、精神错乱等等。整个卜辞意为：将其嘴巴封住禁言，（因为）他患了病。

图 349

二、（乙 485）弗 ⚱ 。（图 349）

徐中舒怀疑该卜辞中的 ⚱ 字为一种祭祀，所以这两个字的卜辞没法理解。其实，将 ⚱ 字理解为"禁言""闭口"就很好理解了。弗 ⚱ ，即不要堵塞言路，沉默不语，噤若寒蝉，意为要畅所欲言。

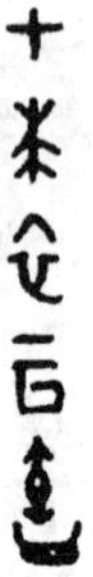

三、（乙 7814）甲 ✳ 衣亘 ⚱ 。（图 350）

甲，人名。✳ ，祈求。衣，这里是全部之意，作副词。亘，地名。亘 ⚱ ，即 ⚱ 亘，将亘地人处以禁言措施。这则卜辞意为"甲请求要将亘地人全部处以禁言措施"。

图 350

图 351

四、（乙 5394）壬戌卜，子寐见邑，⚱ 父

362

戊。（图 351）

子寐，人名。邑，或为人名。父戊，人名。

这则卜辞意为"壬戌这天占卜，子寐见到邑，对父戊闭口不言"。

五、（卜124）……旬亡祸？……[甲骨文]刍[甲骨文]，自[甲骨文]六人，八月。（图 352）

这则卜辞很难理解。

[甲骨文]字不识。刍，本义为割草。[甲骨文]刍两字在卜辞中一般连用，似为国族名或人名。[甲骨文]刍[甲骨文]，即[甲骨文]刍被处以脚镣。[甲骨文]，地名。

这则卜辞大概意思是"……十天之内没有祸患吧？……[甲骨文]刍被处以脚镣之刑，从[甲骨文]地抓到了六个人处以禁言之刑，时在八月"。

图 352

第八十六章 [字]字含义为"祭云"

[字]字从[云]即云、从[文]即[受]。该字《说文》所不载,现行文字中所无,是一个被遗弃的字,至今意义不明,相关卜辞也得不到正确解释。

《甲骨文字典》中谓该字意义不明[①],刘兴隆主编的《新编甲骨文字典》中怀疑该字是个天象用语。他特别提到,该字是后来的"抎"字,《说文》谓:"抎,有所失也,音云。"即该字[字]演化为后来的"抎"字,其音与云音相同,其义则是"有所失去"之意[②]。笔者研究认为,[字]是个祭祀云彩的专门用字,其要表达的含义就是"祭云"。

从该字的组成来看,其偏旁[文],是指左右两手向上向前捧出,是恭敬地奉献物品的手势或动作,也是表达崇敬、虔诚的礼节,即该符号具有景仰、奉献的含义,还有征集、挑选等含义,兹不多说。而夹在中间的云字[云]是指崇拜的对象,该字[字]所意会的就是尊崇云气。

---

① 《甲骨文字典》卷十一第 1253 页(徐中舒主编,四川辞书出版社 2014 年出版)。

② 《新编甲骨文字典》第 761 页(刘兴隆著,国际文化出版公司 2005 年出版)。

云本是水气蒸腾成雾所致，在空中受风之影响而到处飘荡，形状变幻莫测，遇冷时会变成雨雪冰雹等，特别是受到阳光的照射则产生各种绚丽的色彩，在商代人们的心目中，那是上帝、神灵一般的存在，故也像山岳等自然事物一样，受到顶礼膜拜，成为祭祀对象。这从其卜辞中反映出来。如：

（续 2.4.11）贞：尞于帝云。（图 353）

图 353

（库 792）尞豕四云。（图 354）

（后上 22.3）癸酉卜，又尞于六云，五豕，卯五羊。（图 355）

图 354

以上卜辞说明，商代亦有云气之祭，对云气特别是色彩斑斓的云气，谓之为三云、四云、六云等，给

图 355

予特别的祭祀。而𦥑就是特意为祭祀云气而创造出来的专用字。随着商代的灭亡，商代的云气之祭的风气也悄无声息地衰落，这个字也就自然地被人们遗忘、废弃了。

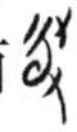

该字在卜辞中出现，主要有典型的两例：

（存 2.95）……大𦥑。（图 356）

图 356

（合集 13404）……晕既，施牛……印，大𦥑……二……鼎，剢……云，大𦥑，启。

（图 357）

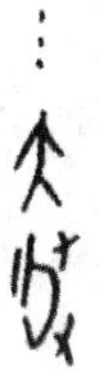

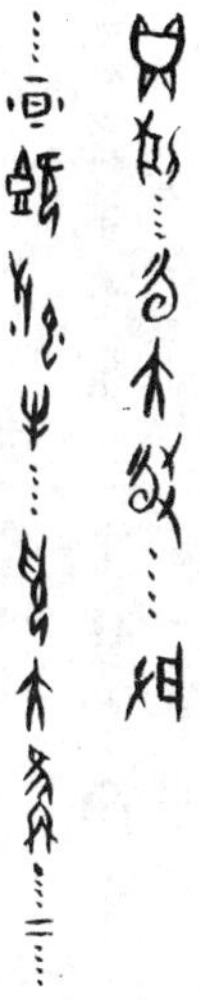

图 357

这两则卜辞中均出现了"大𠂤"两字，看来，这是当时的一个成语。由这个成语可以看出，将𠂤字解释为"有所失也"是没法自洽的。"大𠂤"应是大规模地隆重祭云之意。这与卜辞中的"大𠂤"的语法构成一样，都是对不同祭祀的一种表述。"大𠂤"即大规模地进行𠂤祭。

𠂤字目前不识，其含义是一种祭名，用法与𠂤即𠂤字同，在用作祭名上可以看成是同一个字。关于"大𠂤"，有卜辞：

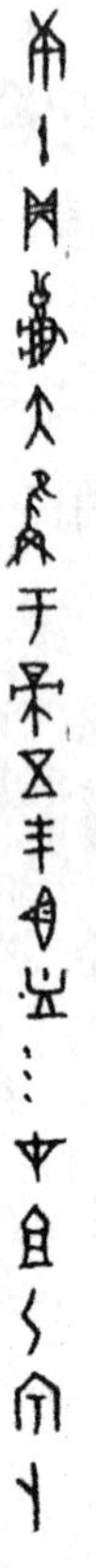

（粹12）庚午贞：秋，大𠂤于帝五玉，𠂤……在祖乙宗卜。（图358）

𠂤字不识，这里是动词，应为以血祭祀的一种处理方式。这则卜辞意为"庚午这天，贞人说：秋天到了，要对上帝进行"大𠂤"之祭，奉献五种玉石，举行𠂤血之祭……在先王祖乙的宗庙占卜"。

由此可见，𠂤与𠂤一样，都是祭祀之种类，都可以构成"大𠂤"与"大𠂤"的成语，表示举行祭祀之盛大，即参加人数之多，奉献祭品种类之丰，主持

图358

祭祀级别之高，祭祀对象之重要等。这样看来，该则难以理解的卜辞（合集 13404）（图 357）其意义就逐步清晰了。

首先，出现了三个表示不同天气的字：▢ 晕，表示天空中有水气。❀ 云，表示天空中有云朵。❀ 启，表示天气晴朗。出现了一个表示时间的字 ❀，鼑，即正当太阳当顶的时候，也就是正午时分。周初的利簋铭文中有"戚鼑"一语句，即戚星正处在天空正顶上。出现了四种不同的祭祀活动：❀ 施牛；大 ❀；大 ❀；❀。❀ 字从豕、从刀，为刭字，一般认为刭即去阴之刑，这里指对羌俘施以刭刑以祭祀。其次，出现了两个动词：❀ 既，完成、终了之意，这里表示云气散去。❀ 印，即验证。那么，这则卜辞的意义就清楚了，记录的是一次通过实施不同的祭祀活动来祈求天气改变的活动，最后得到了理想的结果：天气晴朗了。

这则卜辞全文翻译如下：

……天空雾气散去之后，杀牛（祭天）……天气有所转好得到验证，又进行"大 ❀"之祭……（献上）二（牺牲品），……正午时分，再施以刭刑（献上羌俘）……天空中出现了云朵，继之以"大 ❀"之祭，终于午后天气晴朗了。

第八十七章 〔字形〕字含义为"贡品""物品"

〔字形〕字出现在甲骨文一期，从〔字形〕、从〔字形〕，《说文》所不载，至今没人认识其为何字，没人理解其含义。《甲骨文字典》中徐中舒怀疑为祭祀名称，而相关卜辞仍然无法理解[1]。该字的关键在于其偏旁〔字形〕象形何物或指示何物，有学者按其形象臆测为剪子，但并无证据证明三千年前的商代出现过这一发明。笔者通过对甲骨文其它文字的偏旁进行考察，确认该偏旁〔字形〕所指示的是"物品"，又结合"两手有所奉执"的偏旁〔字形〕会意为"奉献物品"，即"进贡""贡品"之意。泛而言之，〔字形〕的异体字〔字形〕也可以理解为"物品"。商代是一个文化相对发达的社会，是形成了贡品、物品这一概念的。事实上，其所征服的一些方国经常向其进贡物品、特产，故当时人们创造了〔字形〕字来表达贡品、物品概念。

一、〔字形〕偏旁在东字的异体字中出现，含义为物品

甲骨文东字写法一般为〔字形〕〔字形〕〔字形〕〔字形〕，贯穿了甲骨文一

---

[1]《甲骨文字典》卷三第 245、246 页（徐中舒主编，四川辞书出版社 2014 年出版）。

至五期，因此其规范写法就是囊。这是一个囊橐的形象，用一块布作为基本材料，两头扎上绳子，用来包装物品，东西在里面，装上东西后，中间鼓鼓的。囊字就是对其外在形态的描绘。其发音与当时口语中表示东方方位的音相同，故借用来表示东方方位。囊字在一期中也有几种不同的写法，可以说是异体字，如甲、乙、丙等。这说明该字在一期时还没有完全定型，处在发展演化之中，以后才形成规范写法囊。

我们通过观察这些异体字可以仔细理解东字的真实含义，以及为何有这些不同写法。甲字很好理解，这是东字的简写，中间没有标出布的纵横纹理。乙字中间加上一点，一个点是当时普遍使用的指示符号，表明里面装有物品，该字中间标明一点明显是指装上了物品的囊橐。丙字由甲字偏旁中间加丁偏旁构成，那么丁偏旁与乙字中间一点所表示的意义相同，均指代物品，两者是等值的。这就推导出丁偏旁所表示的含义为物品。同时也表明，商代已经形成了物品的概念，物品的表达可以用指示符号一点来代替，也可以用具体形象的偏旁丁来表达。因此，就东字的内在含义来看，丙字写法是最能表达其作为囊橐包装存放东西的含义的。

再结合 ⿰字偏旁 ⿰来看，⿰是左右双手的象形，表达的含义是双手奉献、奉送、赠送之意，那么这两个偏旁构成的字⿰，就是贡品、赠品之意。在商代主要是指各方国进贡的物品、特产等。该字的异体字⿰，只有又字偏旁，与⿰字含义基本相同，只有细微的差别，⿰字表示的是手握东西，即物品；而⿰字表示的是双手奉送东西，即贡品。

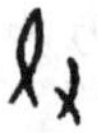

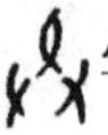

二、以⿰字为贡品、物品含义来理解相关卜辞文从字顺

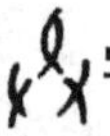

（人 3245）己未卜，⿰贞：有⿰，我直，今五月。（图 359）

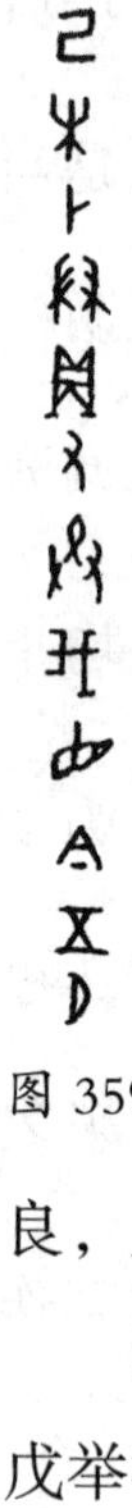

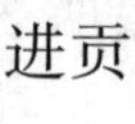

⿰字不识，占卜人名。直，与目字相似，有看管、检查之意。这则卜辞的意思是"己未这天占卜，贞人⿰说：今年五月将有物品进贡，我们要好好检查看管"。

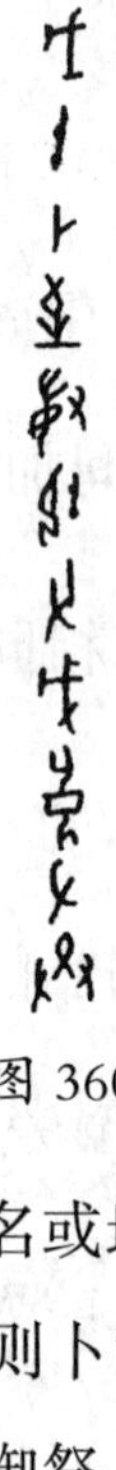

（合 470）戊午卜，至妻，御父戊，良有⿰。（图 360）

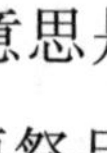

妻，地名。父戊，要祭祀的祖先名字。良，人名或地名。

这则卜辞的意思是"戊午这天占卜，到妻这个地方去为父戊举行御祭（需要祭品供奉），良那里有贡品（可以提供）"。

图 359　图 360

这里的 𝄞 字就是贡品，贡品用来当祭品。

（乙 8806）乙丑卜，有 𝄞 目，今日。（图 361）

目，作动词用，意为照顾、看管。这则卜辞意为"乙丑这天占卜，今天有人进贡物品，需要看管好"。

三、关于 🜲 字的解译

图 361

🜲 字由偏旁 𝄞 和 🜲 组成。🜲 描述的是一个人高擎双手的正面形象，意为有所奉献或用力抛撒。前者如，甲骨文 🜲，表示双手托起小孩（子字偏旁在该字上部中间）作为祭品奉献，该字是现行异字、祀字的初字。从文字构成可见，🜲 与 🜲 造字方式相同，前者是奉献小孩，后者是奉献物品，都是祭祀的意思，只是祭品不同，一个是活生生的幼小生命，另一个则是珍贵的物品。那么，🜲 字就是向上天、神灵或祖先等祭祀，奉献物品之意。在甲骨文中，有一则卜辞，只有一个字，即 𝄞，《甲骨文字典》谓该字意义不明，其实其意就是"以物品祭天"

当然，偏旁 🜲 除了表示双手高举，有所奉执之外，也可以表示双手用力抛撒，如罗字 🜲，从网、从 🜲，这里的偏旁

◆表示用力抛撒网以捕鱼或捕鸟。但◆字不应理解为用力抛撒物品，因为用力抛撒物品是没有意义的举动，不具有普遍意义，理解为向上天、神灵或祖先奉献祭品更为合理、更为符合实际。

四、◆◆、◆含义应与◆、◆相同

◆◆与◆写法稍有不同，其中的偏旁一个是◆，另一个是◆。它们两个应为同一符号，笔者发现，甲骨文东字也有这样写法的，◆。卜辞有（甲 2103）

图 362　（图 362），东字◆中的偏旁◆与◆中的偏旁◆表示的意义相同，都是指示物品，故◆与◆也等值。从形态上看，这两个偏旁的差别只是前者多了一竖的笔划，表示的是将物品打包成结后露出的绳绪，多一笔少一笔无关紧要。偏旁◆可以看作是偏旁◆的简写。由此，可以推测出，商代人们形成物品的抽象概念，是用具体的形象表达出来的，就是将物品打包起来的描绘，◆与◆均为对物品打包后的描述。

将◆◆等同于◆，其义为贡品，则相关卜辞就

图 363　很好解释了。

（乙 8858）乙亥卜，**𗀕**自白**𝄐**。（图 363）

白，即伯，商代方国首领的爵位。**𝄐**，一释为弘，一释为引，这里取引字，人名。白引，即伯引，名为引的伯爵。将**𗀕**字的含义理解为贡品，则这则卜辞翻译为"乙亥这天占卜，贡品来自于引伯爵（所进奉）"。

（乙 1153）壬辰卜，夬：**𝄐**弗……（图 364）

图 364

𝄐取义为贡品、物品。这则卜辞意为"壬辰这天占卜，贞人夬说：这些贡品难道不是（某方国进贡的吗）"。

五、**𝄐**字应归为入字，不应归为**𝄐**字

𝄐字从入、从**𝄐**，与**𝄐**字从**𝄐**、从**𝄐**不同。从偏旁构成上讲，区别很明显。《甲骨文字典》中，将这两个字认定为同一个字是不妥的[1]。**𝄐**可以看成是入字的异体字。入在甲骨文中就是表示进贡、进奉、缴纳之意。而偏旁**𝄐**表示双手捧着，有所进贡，故这两个偏旁合起来形成的字**𝄐**也是进贡、缴纳之意，与甲骨文中入字相比，强化了进贡的意味，故应作为入的异体字看待。

---

[1]《甲骨文字典》卷三第 245、246 页（徐中舒主编，四川辞书出版社 2014 年出版）。

图 365

而其入字偏旁与物品偏旁 🝗 表达的含义不同，故 🝗 与 🝗 不能归为同一个字，尽管其含义有相通之处。其卜辞有：

（甲 2287）取入女。（图 365）

取，方国名。这里的 🝗 与入等同。这则卜辞很好理解，即"取这一方国进贡了（美）女"。

从卜辞用法来看，🝗 与 🝗 字还是有细微差别的。🝗 字是动词，后接宾语，宾语可以是人或物，而 🝗 是名词，或不及物动词，不接宾语。🝗 表示贡品、物品，不能指人。

第八十八章 [甲骨文]含义为"拉拢""争取"

[甲骨文]字出现在甲骨文第三期，其构成是上从网[甲骨文]、下从
[甲骨文]。由于对偏旁[甲骨文]所表示的意义理解不了，这个字[甲骨文]一直意义
不明。

刘兴隆在其《新编甲骨文字典》中将[甲骨文]看作是[甲骨文]的简写，
都与[甲骨文]字是同一个字。[甲骨文]字其下偏旁[甲骨文]为绳索之象形，[甲骨文]为
索字。在他看来，其他两个字[甲骨文]、[甲骨文]下面的偏旁[甲骨文]、[甲骨文]均为
[甲骨文]字的简写。其表达的意思都是双手撒网形，与罗字所表达的
以网捕鸟含义无别，可看作是罗字的异体字[1]。

刘兴隆对该字的看法并不新鲜，早前学者于省吾就持类似
看法，于省吾将[甲骨文]与[甲骨文]字均看作是网字，但网字在甲骨文中一
般写为[甲骨文][甲骨文][甲骨文]等，其下并不带任何偏旁。其次，他将[甲骨文]与
[甲骨文]下面的偏旁均看作是偏旁糸字，发音为 mì。糸者，束丝之象
形也。[甲骨文]字上面的偏旁为[甲骨文]，乃网字初文，其下偏旁[甲骨文]乃糸

---

①《新编甲骨文字典》第 474 页（刘兴隆著，国际文化出版公司 2005 年
出版）。

字之省体，因此他认为 ⿱ 字即网（綱）字，其中网字标音。该字（綱）小篆写法于网字中增加亡字偏旁，成为網字，即今网字之繁体字。他特别举例说，缗字甲骨文下面从 ⿰⿰⿰ 偏旁，也可以省作为 ⿰⿰⿰ ，故 ⿱ 偏旁为糸字的简写①。

但无论是刘兴隆还是于省吾，他们提出的观点都是有待商榷的。

实际上，这是三个完全不同的字，所表达的含义也完全不同。最主要的一点就是这三个字下面的偏旁 ⿰、⿱、⿱ 是三个完全不同的偏旁。

⿱ 字下面的偏旁为索字 ⿰ ；⿱ 字下面的偏旁为东字 ⿱ ，并非索字之简写；而 ⿱ 字下面的偏旁为 ⿱ ，前文我已经论证过，⿱ 是物品、东西的表意符号，这是理解 ⿱ 字的关键。将这三个字 ⿱、⿱、⿱ 混为一谈，是简单粗暴的做法，对我们正确认识这三个字毫无裨益，徒增混乱。我们目前可以确定的是，⿱ 象形为绳索，⿰ 是索字，它与糸字没有任何关系。糸字在甲骨文中写法一般是 ⿱、⿱、⿱、⿱ ，但从来没有写成 ⿱ 的，

---

① 《甲骨文字释林》中卷第 269、270 页（于省吾著　商务印书馆 2010 年出版）。

这是两个完全不同的符号，表达完全不同的含义，绝不能混为一谈。于省吾学者以甲骨文辔字偏旁可以简写为，也不能说明任何问题。他的观点值得进一步推敲。

因此，将该三个字混为一谈，释为罗字或网字均是不对的，并没有正确理解这三个字的含义。自然，套用到相关卜辞中去，也没法正确理解句子的意义，用以解释相关卜辞更没法自圆其说。

字自身的含义可以从这两个偏旁的组合来理解，意为以网罩住物品，不让其遗失或受损害，进而能有效地控制、掌握，保护利用，为已所用。在其相关卜辞中，不用其本义，而是用其引申义，意为争取、拉拢（某国、某人、某集团、组织）等，使其与已结成统一战线，成为盟友，共同对付敌人。这个字特别用在对外关系上，是外交关系纵横捭阖、合纵连横的一种方式。这样来理解该字，以下相关卜辞就明白无误了。

（合集 31136）于。（图 366）

字不识，地名。

字象形为旌旗飘动，即字，音偃。该字在卜辞中用为方国名或人名。如卜辞（粹 282）叀庸用。（图 367）

图 366

图 367

，从庚、从用，但有时其下偏旁也写成凡。裘锡圭

释为庸，即镛字，至确。镛，大钟也，《尔雅》"大钟谓之镛"。镛能发出深重宏大的乐声。商代不一定铸造出青铜镛，故当时没有出现镛字，而是庸即 字，也就是说当时的庸也是大钟，但不一定青铜材质的，能发出不一般的乐声。这则卜辞的意思是"只有 国特别喜好使用大钟奏乐"。

（存 1.1644）甲子卜，王： 卜兹用。（图 368）这则卜辞的意思是"甲子这天占卜，商王说：我们这里采用 国人的占卜方法"。

由此可见，在甲骨文卜辞中， 字一般是作为方国或人名来使用的。那么，在卜辞（合集 31136）中，我们可以推断出 字是动词，作谓语使用，确定商朝与 国的关系。根据 字本义为网住物品，则该字作为引申义，一定是"拉拢""争取"之义。其整句意思是"（商王）在 这个地方（与 国首领接洽会谈）争取（成为盟友，共同对付敌国）"。

同版卜辞（合集 31136）其 在宰？（图 369）也好理解了。

图 368

图 369

宰，地名。其，表语气，大概、可能的意思。

这则卜辞的意思是（商王）大概会在宰地（与 国首领

接洽会谈,）争取其成为盟友吗?

这两则卜辞说明,当时占卜的主要目的是要确定究竟在哪个地方会谈,争取 ![字] 国成为盟友,在宰地和 ![字] 地之间进行选择,看哪个地方比较有利于会谈磋商。

关于 ![字] 两个字组成的意义,于省吾有完全不同的解释。他认为 ![字] 字即偃字,树网叫作张或立,网仆叫作偃, ![字] 即是网偃,指的是网的偃仆以获兽言之。而以上相关卜辞则是占卜在哪个地方网兽之辞。刘兴隆则认为 ![字] 是指放网以罗鸟兽也。这基本上沿用了于省吾的观点,与笔者对 ![字] 的理解乃"争取偃国（成为盟友）"大相径庭,孰是孰非,读者自鉴。

第八十九章 , 含义是"流传""传播"

甲骨文泉字的写法大体有三种：、、，均表示水之源头，象形会意为水从空隙中汩汩流出。从其形态来看，外围的大半个封闭形状描述泉眼之范围，下端开口，描述泉水从中流出，里面的点和示形描述水从土石的缝隙中冒出而汇聚成川流状，形象地描述了泉之生成的实景。该字与偏旁部首 即又构成了一个新字 ，偏旁 从其写法来看可以放在左边、右边，或下边开口处，均表达为同一意思，这就是 、、 等等，不改其含义。

按现在的偏旁该字一般应写为"搝"字，但现在"搝"字并不存在，东汉时的字典《说文》中也不载，说明这是个早已废弃的汉字。自甲骨文在清代发现以来，不少字得到了正确解读，但该字一直未能破译，意义不明①。笔者研究后审慎地认为，由这两个偏旁组成的复合字是个会意字，其自身含义为用手刨开含泉水的地层，让泉水涌出，形成泉眼。

泉眼一经形成，泉水就会永不停歇、永不枯绝地外流。故

---

① 《甲骨文字典》卷十一第 1232 页（徐中舒主编，四川辞书出版社 2014 年出版）。

而其偏旁 🗡 手放在泉字两边或下边都可以，都是表示以手刨开泉口，让水涌出之意。但偏旁 🗡 没有放在泉字上边的，放在上边则不知所云，失去了该字所表达的意义。这也从另一方面证明了偏旁 🗡 含义为刨开地层让泉水流出。泉者，水流不息也，流水之始也；又者，开源也，开创也。因此，🖼 字就有一经开始便连续不断往外流淌之意，这便是其真实含义，即"流传""传播"等，也可引申为"大规模复制""持续不断地实施"（同一行为）等。

以此含义来理解相关卜辞可以将文句意义解析得明白无误。

（京 1152）贞：羌甲 🖼 蛊。（图 370）

该卜辞属于甲骨文一期。羌甲，商王武丁的曾祖父辈，商代第八世、第十六王。蛊，为祸。🖼，动词，作状语，用其本义：开始不断地施行。这则卜辞意思是贞人说：先祖羌甲会不断地降临灾祸。

图 370

甲骨文卜辞中，谈到先王或神祇降祸时，一般都用降字 🖼，如降祸 🖼、降旱 🖼 等，但这里用 🖼 字就不一样了，表达的意义比降字 🖼 性质更严重，灾祸不是一次性的，而是成为常态。🖼 在此指的是灾祸连续不断地降临，一发而不可收拾。

甲骨文中还有两则一样的卜辞难解：

（合集 32010）（图 371）与（屯 121）（图 372）。

这两则卜辞文字相同，只是句子摆放顺序不一样，这为我们正确断句提供了参考，断句前者为"于京其奠，**🔲**乌"，后者为"**🔲**乌，其奠于京"。

图 372

图 371

这两则卜辞之所以难解，主要在其中的生字**🔲**，以及乌字、奠字的意义难解。特别是**🔲**字意义不明就成了拦路虎。笔者试解如下。

乌字**🔲**，本义为以手拔草、割草。第二种意思为牲畜。第三种意思为取悦、喜欢。卜辞中目前只发现其表达这三种含义。关于牲畜的含义，卜辞有：（遗 620）……允又来自光，以羌乌五十。（图 373）这则卜辞意思是"……确实是又有人来自光这个地方，带来了羌俘及牲畜共五十只"。

图 373

我们需要破解的上述卜辞中，乌字当牲畜解，**🔲**乌，即乌**🔲**，意思是牲畜流失了，或走散了。商代时人们的口语随意，牲畜走散了，也可以说走散了牲畜，意义不改。这里的**🔲**字含义可以说是引申为"流失""失散"等。

奠，这个字自身的含义是开工或重大活动前举行仪式，以示慎重其事，求得先王、神灵保佑，能够善始善终，圆满完工，达到预期目的。这种含义自其产生以来就不曾改变过，现在形成的词汇如"奠定""奠基"等都蕴含这个意思。在卜辞中，奠字除了作人名、地名、方国名外，就是指举行仪式，其仪式中可能会有一些祭祀内容，但奠本身不是一种祭祀,《甲骨文字典》中怀疑其为祭名是不妥的。奠，甲骨文写法为🏺，其构形上为酉，下为一，酉者酒器也，指代酒；一者，指事符号也。组合起来，整个字的意思是将酒器置于一上，大家一起聚餐、活动。这是举行仪式的基本内容，大家聚集在一起，共同为同一件事情而置酒痛饮，谋事、干事。祭祀离不开酒，但并不是所有的酒都是祭祀。该字的内涵是置酒以聚众，以干事，而不是祭祀祖先或神灵，故其本义不能说是祭名。

🏠，京，甲骨文常见的字，是指高地，这里是地名。

上述两则卜辞的意思就是"牲畜走散了，可能会在京这个地方举行奠基仪式（建立围场补救）"。或"在京这个地方举行奠基仪式，（建立围场补救，因为）牲畜走散了"。

相关卜辞还有（合集 4546）……🔲来。（图374）这里🔲作人名解，即"……🔲这个人来了"。

需要值得注意的是，卜辞中还有🔲字，其从泉、从爪，与🔲字的区别只是一个从又，另一个从爪。笔者

图 374

认为，这两个字可以看成是同一个字，两者同为异体字，表达的是同一含义。因为又即手的象形，手由爪子组成，具有相同的功能，都可以刨土，特别是在古代，人们造字的时候，在表达刨土这一含义时，用又与用爪来表达，是没有什么不同的，所以才出现了该字的写法不同。相关卜辞有一则，也是难以理解。

（佚 929）庚申卜，宾贞：令 ‖ 彤，多宁入于。（图 375）

‖ 字不识，根据其与其它偏旁组成复合字来看，是描述一种半开放式设施，用以半圈养牲畜。

‖ 彤，即 彤 ‖，是指持续地建造畜舍。

宁，贮的初字，贮藏之意。多宁，应是商代负责牲畜饲养、养护、保管的职官。入，甲骨文中一般是指进贡、进献，向商朝提供土特产品。于，这里指地名。

图 375

这则卜辞的意思大概是"庚申这天占卜，贞人宾说：（商王）命令源源不断地建造牲畜牢舍，相关畜牧官员已经将（牲畜）运送到于地了"。

第九十章　侸为"扭"——含义为"高兴""得意"

侸字从左，从且，《说文》所不载。尽管其结构清晰，其意义却不明，其相关卜辞也难以理解[①]。不过，这个字尽管用得少，却并不是个被遗弃的字。它出现在甲骨文一期，大约四百年后西周中期恭王所在的青铜器墙盘上再一次出现了，这为我们认识理解侸字提供了难得的素材。

墙盘铸有铭文 18 行 284 字，内容丰富，体裁为早期诗经颂歌四言诗形式，称颂七代周王功德，夸耀六代祖先业绩。谈到史墙自己时，其中说道："其曰蔑历，墙弗敢侸。对扬天子不显休令，用作宝尊彝……"对侸字的认识和含义解释，历来不一。有说这个字是"沮"，有说是"助"，有说为"粗"，有释为"扭"，有释为"取"等等。其含义有释为"违抗"，有释为"承受"等。这些解释均不确切，正确的答案是该字为"扭"，含义为"欢呼""高兴""得意""沾沾自喜"等。

理由是侸字含义应从其上下文意来理解。而要理解这段话，最主要的是正确理解其字前"蔑历"词汇。"蔑历"最早在

---

① 《甲骨文字典》卷三第 304、305 页（徐中舒主编，四川辞书出版社 2014 年出版）。

图 376

西周初年成王时期的青铜器保卣上出现，铭文为"乙卯，王令保及殷东或五侯，延兄六品，蔑历于保，易宾。用作……"。（图 376）

翻译成现在的汉语，意思是："乙卯这天，西周成王命令太保到原商代东边方国五个诸侯那里去，陆续赠送六种物品。（事情成功办结后，成王）对太保进行了表彰，并赏赐其（上好的青铜）。（这些青铜）用来铸造……"

对于"蔑历"的解释，学者孙稚雏说是"夸美"之意，蒋大沂认为是"自明历来的功善"，刘师培认为是"嘉劳其所历试也"，孙怡让认为是"劳某之行也"……尽管学者解释细节不一，但从文意来看，大意是对下属圆满完成某项任务或工作业绩优秀而进行精神和物质奖励，与我们现今的表彰极为相似，可以直接翻译成"表彰"。

"蔑历"一词从周初到中期一直沿用不变，说明它已经演变成为一个专业术语，是商代至西周时期一项重要的政务活动，类似于我们现在极高等级的表彰会，特点是举行隆重的仪式，出席的官员或公众众多，君主出场讲话；对被表彰的功臣颁发正式的书面封册，时称"作册"；同时对被表彰功臣予以奖励，时称"赏赐"，种类有青铜、珠贝、车马、奴仆、兵器、服饰甚至土地等，对古代官僚而言，这是一件名利双收、十分荣耀的事情。

那么，墙盘上的铭文："其日蔑历，墙弗敢█。对扬天子不显休令，用作宝尊彝……"就可以翻译成："那天天子（对我）进行表彰，史墙我不敢得意忘形。为报答、颂扬周天子这么美好的巨大奖励，我用这些青铜铸造宝贵的祭祀祖先的礼器……"

之所以从这段话推测出█字的准确含义，就在于█字在这段话中蕴含了三点：一是表示作者史墙受表彰后的心理状态；二是史墙对天子表彰的正常回应，表明自己受奖后的态度；三是为自己铸造宝尊这一行为提供历史背景、解释原由动机。这种心理状态与我们现在受表彰是完全一致的，都是对自己被表彰充满感激，同时表示要继续努力，不能沾沾自喜，忘乎所以，躺在功劳簿上睡大觉，而是以此为起点，鞭策、激励自己作出更大的业绩、贡献。因此，█字在这里就是一个表示心理状态的词汇，是对自己的成绩被认可肯定而应有的精神状态，那么，它的意思就只能是"高兴""得意洋洋""沾沾自喜"。鉴于现在受表彰后的回应已经发展出更为丰富的感情色彩，把这些感情色彩去除，这个█字最初的意思就是高兴、欢迎、欢呼等等，表达的是取得成绩、胜利之后的一种喜悦的宣泄，很可能是一个形声字。

从█字形态上来分析，偏旁█，即左字，在文字发展史上一般演变为扌偏旁，也有其它偏旁，但从没有演变为米、力、水等偏旁的，因此█为扭字是确凿无疑的，有自己固有的含义，不能作其它解释，比如借用为粗、沮、取、助等。

以这一含义来解释相关商代甲骨文卜辞，就能很好地理解了。

（京 1377）弗其灾……担！……（图 377）

翻译成现代汉语就是"不会使他们受到损害吗？高兴！……"。

（合集 7040）……灾鹰，担！……（图 378）

图 377　　图 378

翻译成现代汉语是"……对鹰国造成损害，好啊！……"。

总之，在甲骨文中，担是对打击敌国等取得胜利、成功之后表达内心喜悦的字，是一个动词或语气词。后来才逐渐在此基础上演变出洋洋自得、沾沾自喜、得意忘形、忘乎所以等稍带贬义色彩的义项。

至于  这个字本身的会意，笔者推测：且字表示祖先的灵牌，左字表示以手端着，两个偏旁结合起来形成  字，似乎是表示以手托起灵牌。由于这一祭祀仪式只能选择少数人来实施，被选上是一件极为荣耀的事情，故心里特别高兴。在祭祀观念已经十分淡薄的今天，我们可能不太有切身感受，但在商代那个以祭祀为国之大事的社会里这是十分普遍的事情，人人都能体会到那种兴奋自豪的心情，故造字者以手执灵牌这一具体的形象来表达内心喜悦，是十分自然的。

第九十一章 🌾（稻）字另一层含义

——"供养""调养"

🌾字出现在甲骨文一期和五期，其写法还有🌾🌾🌾等。根据这些字的写法，我们可以看出，这样的🌾字是写得比较规范的，基本结构由两部分组成，上从米、下从🏺。米者，粮食也；🏺者，容器也。该字所要表达的是两者之间的关系，既可以认为是米装进容器中去，也可以理解为容器中盛满了米，溢了出来，即储存米于容器中。学者一般的说法是米在容器中之形。这是毫无疑问的，已成定论。

关于该字，唐兰确定其为糧字，他认为糧与藁发音相近，而藁即稻的异体字，故🌾为现在的稻字。这一观点无人反驳，徐中舒也认可①。稻字在陈公子甗中写为稻，在西周厉王时的𫑛簋铭文中有🏺字，唐兰认为🏺即糧字，而《仪

---

①《甲骨文字典》卷七第 780、781 页（徐中舒主编，四川辞书出版社
 2014 年出版）。

礼·士虞礼》中有"中月而禫"，郑玄注："古文禫或为导。"唐兰以其音与稻相近而认定▨为稻。

从字形来看，▨字其下偏旁▨与▨字下面偏旁▨看似难相符，但▨字还可以简写为▨，如此则▨与▨基本接近了，▨可以看作是▨的正常讹变。也就是说，从字形上看，▨也可看作是稻字。这两方面构成了唐兰认为是稻字的证据，有一定的说服力。但笔者认为该字理解为"谷物"更为合理，它包括了麦、稻、粱、菽等农作物的果实，而非仅指稻，至少从字面上看不出专指稻谷。其次，稻字在现在的语言中仅为名词，就是专指水稻，而该字在甲骨文中还作动词使用，这是十分奇特的现象。通常情况下，汉字在发展过程中只会含义越来越丰富，而很少有含义丢失的。因此，该字认定为稻字还是有理由怀疑。

在甲骨文卜辞中，▨字除了作名词外，还作动词用，其动词含义现在学者不能判断，笔者试释为"供养""调养""看顾"等应该不会有大的差错。

一、作粮食讲

（遗 456）癸巳卜，殻贞：我受▨年？三月。（图 379）

▨这里将其外延理解为谷物或粮食更妥当，仅

图 379

理解为稻，似乎不太可靠。卜辞意思是"癸巳这天占卜，贞人殼问：我们会得到谷物丰收的年成吗？时在三月"。

二、作地名讲

（文716）王在师豉蒱。（图380）即"商王在师蒱这个地方征集牲畜"。师蒱，地名。

图380

图381

（英2563）今日步于蒱。（图381）即"（商王）今天在蒱这个地方步行"。

三、作动词讲

（乙2592）丙午贞：……疛，蒱自旨。（图382）

疘，从床、从人、从又，还从点。该字由病字衍生而来，人、点、床三部分组成病字，表示人躺在床上出汗，患病了，卧病不起。又，手也，放在人体下方，表示以手按摩腹部，特指腹部疼痛，即腹病。又字偏旁后来部分演变为寸字，故该字释为疛字。《说文》："疛，小腹病也，肘省声。"这说明疘字识为疛字是妥当的。疘字的含义就是肚子疼痛。

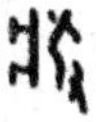

图382

商代还没有专门的医术，也就是说当时还处在医食同源的阶段。甲骨文卜辞中已经出现了医字，但不当治疗用，说明当时医疗还没有独立出来成为一项专门的技术，遇到病痛，采用食疗也是一种方法，即通过饮食来进行治疗，特别是腹部疼痛之类的病一般与吃了不干净、有毒的东西相关，因此食物调养是应对 疒 的有效手段，那么 畐 字用在这里就是以食物来治疗肚子疼痛。而 畐 字本来就是储存粮食之意，故其在此就是（以食物）调养之意，作动词充当谓语。

旨，卜辞中一般是指方国名称，但也有用其本义的。旨，《说文》谓："美也，从甘，匕声。"这里的旨字用其本义，是指味美、营养的食物。

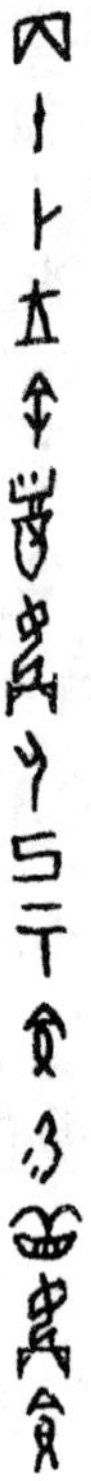

这则卜辞的意思是"丙午这天，贞人占卜说：……肚子疼痛，就以食物调理，来些味美营养的东西吧"。

（前 8.8.1）丙午卜，王：余 畐 旨，妣己示食，勿惧 旨 食。（图 383）

这则卜辞十分完整，为我们理解 畐 字的真实含义提供了难得的素材。但因为有两个字 畐、旨 难识，至今莫解，笔者试释如下。

旨，这个字在《甲骨文字典》中没有单独收录，列出阐述其义。但这是个很重要的字，对于我们理解 畐 字含义、全面准确解析这则卜辞十分关键。旨，

图 383

从女、从█。女，人也。█，与丙字相近，或为丙字，但不敢确定。不管怎样，这都是会意为人坐在其上的一种用具。人坐在用具上，表明这个人不能活动，丧失了自由行动的能力，在古代也就丧失了以劳动为生、获取食物的能力，我们现在可以理解为无收入者、不能自食其力者、需要供养者，大体包括那些老弱病残者。对于需要供养者，就要为其提供食物，这样█字就对应上了，█作为储存的粮食是用来供给不能自食其力者█，以及应对青黄不接、荒年等情况。由于对没有食物来源者的生活保障不是一时一刻，而是长期的，故█字除了指提供食物外，还隐含有长期提供之意。那么，█字作为动词的准确含义就是"供养"。

这则卜辞翻译成现代汉语为："丙午这天占卜，商王说：我决定供养那些不能自食其力者，先妣己（承诺）赐予我们食物，不要担心那些老弱病残者食物不够。"

这则卜辞说明，约在 3400 年前，我国就出现了为社会上的老弱病残者提供基本生活保障的案例。但这种措施必须在食物丰富充裕的情况下进行，否则这项民生措施落实不了。由于商代生产工具简陋，社会生产力低下，获取食物的能力受到极大制约，生产食物并不容易，故人们对此十分担心，能否有食物及时提供给生活无助者，养活他们是一个棘手的问题。这样，商王要推行这类政策只能在一定程度上借助祖先。因此，商王说："我们的老祖宗、老祖母妣己答应了的，会赐予我们充足的食物，就不要害怕食物短缺了。"

　　综上所述，𦫶字用作动词时，其含义就是"调养""供养"之意，𦫶字与现行的养字含义十分贴近，可以进一步认定就是现在的养字。

第九十二章　对 𝕏 及其相关字的辨识

关于 𝕏 字，唐兰将其释为现在的覃字，一些学者认可，另有学者则表示质疑，比如徐中舒。不过尽管徐中舒认为其观点可商榷，却没有确认该字为何字[①]。笔者认为，唐兰的观点不妥。该字偏旁从更、从倒写的高，是个形声字。倒写的高是声符，发"高"音，没有高的含义。该字本身的含义大概是指制作纺轮、发音同高的地方，在卜辞中仅作为地名使用，现在汉语中已经找不到相对应的字，是个废弃的字。

𝕏 字的写法还有 𝕏、𝕏、𝕏 等。对该字的偏旁构成，大家一致的意见是其上从更，其下则莫知所以，徐中舒说偏旁 𝕏 会意不明。综合其他写法来看，𝕏 是倒写的高字无疑。笔者在前面文章中探讨过，偏旁倒写的作法是"存其音而去其义"，以避免识读时误解，这在甲骨文中是造字的通行做法。故 𝕏 字发音为高，即 gāo，并不表示什么高地、高大之义，与高字所表达的含义无关，仅表示发高音而已。

关于高字，甲骨文一般有这些写法：𝕏、𝕏、𝕏、𝕏、

[①]《甲骨文字典》卷五第 608 页（徐中舒主编，四川辞书出版社 2014 年出版）。

、 　、 　、 　。在早期即甲骨文一期中的写法是大部分不带口字，只有个别的字除外，在其后的各期中均带口字。这表明高字最初的写法是不带口字的，从一期末开始，为了与其他字相区别，也为了表达更精确才逐渐加了口字。此后该字便定型下来，加口字一直未有改变。

对高字的解析，一般认为商人早期穴居于高地， 　　形象丘上垒土之高， 　　形象穴上正出之阶梯及上面覆盖之状，而后来加的口字则为"穴居之室"。我们将 　字中的 　偏旁颠倒，就得到了 　字，即高字，其他写法如 　、 　、 　均是如此，其下偏旁倒立分别为 　、 　、 　，均为高字的不同写法，如前二者 　对高字的写法更细致。因此我们有理由认为这个字是个形声字，以倒立的高字偏旁标音，以更字表事、表意，表示"制作纺轮的地方"，并且读音与"高"相同或相近。

该字在卜辞中作地名使用，如：

（林2.20.1）癸亥卜，贞：王旬无祸？在十月又二，在 　。（图384）

翻译成现代汉语为："癸亥这天占卜，贞人问道：商王十天之内有没有灾祸？时在十二月，在 　这个地方。"

图384

（前 2.41.2）戊子王卜，贞：田🔱，往来无灾？
王占曰：吉。（图 385）

大意即："戊子这天商王占卜，问道：到🔱地去
田猎，来去有没有灾祸？商王判断说：吉利。"

唐兰认为该字🔱为覃字，是这样推论的：该字上
部的🔲更字，在文字发展的过程中讹变为🔱字，🔱 
字复讹变为🔲字，而覃字小篆所从之🔲又是源于 
🔲字之伪。我们不说这种偏旁的讹变过程是不是这
样复杂多变，只说唐兰推论的第一个过程就错了。首
先在甲骨文中，🔲与🔱是两个完全不同的字，前者表示纺轮，
后者表示一种农作物块茎或果实，它们在同一卜辞中出现就是
例证。这是徐中舒指出的情况，很有说服力。

其次，从偏旁构成上也说明问题。一是🔱字上部为更字，
而不是🔱字（即覃字小篆之🔲字）。二是🔱字下部为倒立的高
字，而覃字小篆为🔲，与倒立的高也相去甚远。所以将🔱字
看成覃字的本字、初字是没有什么说服力的。有学者认为，覃
字小篆为🔱，它来源于金文🔱字，这是不妥的。实际上，甲骨
文🔱字应该是金文🔱字的本字或初字。而🔱字不可能是小篆🔱

图 385

字，即今之覃字。正是一些学者将 ⟨字形⟩ 字当成了覃字的金文，才导致了将甲骨文 ⟨字形⟩ 字认作覃字。

最后，从字义上讲，覃字是意味深长的意思。《说文》："覃，长味也。"清代学者段玉裁《说文》注："此与酉部醰音同义近。"《诗经·周南·葛覃》中有"葛之覃兮，施于中谷"，《诗经·大雅·荡》中有"覃及鬼方"，均有蔓延、延伸的意义。而从甲骨文 ⟨字形⟩ 字来看，它是名词，只作为地名使用；其本身的含义也与意味深长或蔓延、延伸无关。

另有学者认为，所谓的覃字金文 ⟨字形⟩，其意为：上部偏旁"西"为竹器，下部偏旁"酉"，是酒坛子，全字会意为用竹器漉酒，表示香气远引的醇厚美酒。这种解释是不妥的。最主要的问题该字上部并不为"西"字，下部偏旁 ⟨字形⟩ 也并非"酉"字，根据甲骨文字 ⟨字形⟩ 字作为其本字来看，⟨字形⟩ 字上面的偏旁 ⟨字形⟩ 应为更字的变体，下面偏旁 ⟨字形⟩ 应为倒写的高字。所以，释为覃字未免牵强附会，似是而非。在甲骨文发现之前，还没有人敢说这种对覃字的解释是错误的，当甲骨文发现并经研究后，有相应的文字 ⟨字形⟩ 与金文 ⟨字形⟩ 字对应，则这种对覃字本义的解释就明显站不住脚了。

还有人将 ⟨字形⟩ 与 ⟨字形⟩ 等同，并认为同为现在的覃字。其观点是

【字】字下的偏旁口字是对偏旁【字】的简写；再就是卜辞中有"在【字】

师"与"在【字】师"之语，【字】师与【字】师是指同一个地方。

这种观点也是不妥的。首先，【字】字下的口字并不能确定是

对【字】字下的偏旁【字】的省略，这种情况在甲骨文中从来没有见过，

也不可能将偏旁【字】简化为口字。其次，卜辞中的"在【字】师"与

"在【字】师"并不一定是指同一个地方，很有可能是指不同的地

方，故【字】与【字】决非同一个字。

笔者认为，【字】字上从叀，下从口，其发音应为叀音，叀为

声符，其下从口表示"说话"，因此这个【字】字应是个发音为叀的

动词。正如笔者确认表示说胡话的"云"【字】字一样，其下偏旁

口字表明是说话之意，而上面的云字则是对说话内容性质的认

定，会意为其话如云，无根无底，无方向、无目的，随风飘荡，

即指说话无根据、无目的、不负责任，是为"胡言乱语"。同

理，由于叀字在甲骨文卜辞句首有起到语气助词的功能，同时

带有肯定的意味，则【字】字本身的含义或指对别人、位高权重者

的看法、指示、决定等支持、拥护、赞成之意，从贬低的角度

来看，可能还有唯唯诺诺、曲意逢迎之意味。

第九十三章　谈 🔣 字的含义

在前一章中，笔者将 🔣 与 🔣 作了区别和切割，认为这是两个完全不同的甲骨文字。本文笔者继续探讨， 🔣 字可定为现在的"唯"字，表示同意、支持、拥护、赞成等。

一、🔣 字有不同的写法，如 🔣 、🔣 、🔣 ，均可算作是同一个字，与 🔣 同义

先说 🔣 字。🔣 字从叀、从口。在甲骨文中，叀字有多种不同的写法，如 🔣 、🔣 、🔣 、🔣 、🔣 、🔣 、🔣 、🔣 、🔣 、🔣 、🔣 等，其中属于一期的写法 🔣 比较特别，它将叀字的下部偏旁分开，放在左下角来写，并不是如一般写法放在下头中间。这种写法说明叀作为一种手工纺织机械，是由两大部件构成的，上部分为纺纱线圈之类，下部分为其配件，两者可以分开，共同构成手工织纱线的机械部件。也就是说，叀字的规范写法一般为 🔣 ，但写成 🔣 也不算错，都是对这种手工纺织机械的象形。当然也有将这部件省略的写法，如 🔣 ，并不改其所表达的意义。基于此， 🔣 字构成就应该这样判断：其上为

字偏旁，即更字；其下为口字偏旁，整个字为 ![字] 字。

而在《甲骨文字典》中，徐中舒谓其从 ![字]、从 ![字]，将这个字的构成偏旁拆分错了，当然就没法理解该字了[①]。所以他认为该字会意不明，是个不同于更字的生字，关键就在于其将该字的偏旁分拆错误。

![字] 字作为名词当地名使用，当它出现时，与 ![字] 字相同，表示同一个地方。卜辞有：

（前2.5.5）壬寅卜，在 ![字] 贞：王步于 ![字]，无灾？（图386）

图386

![字] 字不识，地名。

全句意思为"壬寅这天占卜，在 ![字] 地贞人问：商王在 ![字] 地行走，没有灾祸吧？"

再说 ![字] 字，它从晶、从更。晶字《说文》解释说，众口也。这也是个会意字，以四个口字表示大家大喊大叫，该字即是现行的"叫"字，笔者以后专文论述。

卜辞中有这个字，（粹878）今秋晶黍年。（图387）即"今年秋天举行黍子丰收狂欢节"。

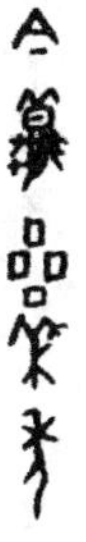

图387

[①]《甲骨文字典》卷四第454页（徐中舒主编，四川辞书出版社2014年出版）。

那么，字就是以更表示肯定、赞成；以咠表示叫喊。

两者合起来构成字含义就是大家狂热赞成、拥护。它与的区别仅仅是同意、赞成的人数不同而已，一个是个体，一个是集体，也可以表示赞成、拥护的程度和范围不同，增加口字越多，就表示赞成、拥护者越多，但不能无限制地用口字来表达，因此，最多用四个口字便用到了极限。

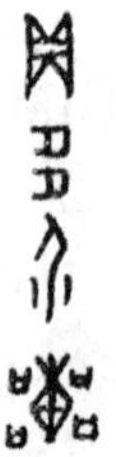

图 388

该字甲骨文卜辞有：（乙 3468）贞：多介？（图 388）

介，本义为穿皮甲的人，即古代战场上穿防护服对抗刀箭者，应该是指武士、战士这类人。多介，商代专有名词，表示领军打仗的诸位军事将领。这则卜辞意为"贞人问道：诸位将领会疯狂地拥护、赞成吗？"

还有卜辞：（合集 10613）贞：生五月，至，介。（图 389）

生，商代的意思是"下一个"，生五月，即下个月——六月份。字从阜、从矢上缠缯缴，不识，在卜辞中一般充当人名，很可能是职官的名称，指负责弓箭制造、管理的官员。

图 389

这则卜辞的意思是"贞人说：下一个月六月份的时候，官员就会送达（缴箭）了，将士们会欢呼雀跃"。

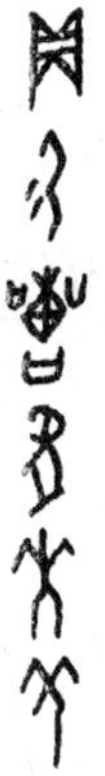

最后说 ![字]字，它从 ![口口]，从更。![口口]字由双口组成，《说文》谓为惊呼也，与欢通。这个字表示对事情认同、肯定、高兴，达到了兴高采烈的地步。因此，从 ![口口]字来看，它表示多人赞成、拥护之意。在卜辞中，![口口]字作地名使用。而由 ![口口]字作偏旁构成的 ![字]字则在卜辞中作动词使用，充当谓语。如（戬42.3）贞：勿 ![字][动][走]羌。（图390）

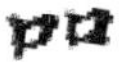

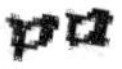

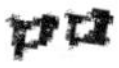

图390

![动]字不识，为一种动物的象形，这里作人名或国名。![走]字不识，似为甲骨文"走"字的变体，或为"奔走"之意。这则卜辞大概意思是"贞人说：不要对 ![动]国'奔向'羌人这一行为高兴喝彩"。

这表明 ![字]字有两方面的含义，既包含了众人之意，也包含了支持、赞成之意。

以 ![口口]字还是以晶字来搭配更字，所表达的意义是一样的，只是在程度、范围上有差别而已。这在甲骨文中是通例，这可以从丧字的写法来得到印证。

丧字写法有多种，如 ![丧字写法]等，从这些不同的写法来看，它基本可以概括为从桑、从两个或两个以上口字，这里的口字表达哭泣之义。以桑字表音，以两个或两个以上口

字表示多人哭泣送别逝者，因此丧是个形声字。至于为何亲人死后，送葬时发"丧"这个音，可能跟商人部落的习俗有关，也许这个部落在亲人死后都是将灵柩放置在桑树下，其亲人络绎不绝前来送别、祭奠，故而以桑树为特征将亲人送别、祭奠死者的事而发"桑"的口音，这便是丧葬之事发桑音的由来。有学者认为，丧字的意思是：口字象形为采摘桑叶之器，丧字本为采摘桑叶，商人借用这个字来表达送葬。这样作为通假字来理解是不妥的。口字除了表达发音、说话、饮食等自身具有的功能外，还从没有看到作为器物这一含义出现的。

甲骨文丧字至少从两个口字，有的是三个，有的甚至是四个，所表达的意义是一样的，只有程度轻重的区别。口字越多表示越悲伤，哭泣得越厉害，送葬人数越多。这也就是笔者认为 〔图〕、〔图〕、〔图〕均为同一个字，即同为〔图〕字，道理是一样的。

二、这些不同写法的字，包括〔图〕字，均可释为现在的"唯"字

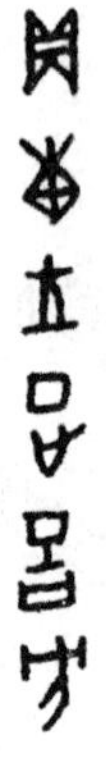

首先，〔图〕字的偏旁叀字，音与隹字相近，均在卜辞语句句首作为语气词用，带有强调、肯定之意。

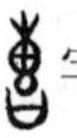

如（铁 118.2）贞：叀王正工方？（图 391）即"贞人问：确实是商王要征讨工国吗？"

再如（佚 314）癸亥卜，〔图〕贞：叀南至，王受又？（图 392）

图 391

图 392

![字]字不识，为贞人名字。南，人名。又，通佑。

这则卜辞意为"癸亥这天占卜，贞人![字]问：就是南这个人到了，商王会受到保佑吗？"

佳字在句首作助词的卜辞很多，如（续3.10.2）壬寅卜，殼贞：工方出，佳我又作祸？（图393）

这则卜辞意思为"壬寅这天占卜，贞人殼问：工方这个方国出兵，难道我们又要被祸害？"

还有唯字，也有是用在句首作语气词。如卜辞：

（前5.39.8）……其唯大史寮令。（图394）

图394

寮，职官之通称。大史，即太史。大史寮令，倒装句，应为令大史寮。其，表示推测。

这则卜辞意为"……（商王）确实会命令大史寮吗？"

图393

这里"唯"字也是用在主语之前，充当语气助词，带有肯定句子内容之意。

从以上三个字在卜辞中的用法来看，叀、佳、唯是可以相互替代的，都用在句首前起到加强语气的作用，表示肯定、强调。这三个字以同音而混同在一起，成为后来佳、惟、唯、维的本字和初字。

其实，佳字本为鸟的象形，与鸟字同源同义；叀字本为纺轮。只是因为其音均接近于商人说话开始的发音，故借用来表音书写。特别是唯字，在隹字基础上加口字，作为形声字表示说话语气的成分更为明显，当然也蕴含同意、赞成的含义，故而后来发展成现在的"唯唯诺诺"成语。而叀字加口字，也是同样的道理，其义与唯字相同。所不同的是，叀字进一步发展，在其四周加了更多的口字，表示多数、绝大多数人赞成、拥护、喝彩等，作为动词使用。可惜叀、叀、叀这些字都没有传承下来，随着商代的灭亡，被弃而不用，自然湮灭了，以至于后来的《说文》中没有任何记载。

第九十四章 ☒及其衍生字☒辨识

☒字至今不识，学者谓其意义不明，一般探讨认为其为祭名，或怀疑其为祭名①。笔者在此探讨如下：

一、文字形态

该字有两种写法。一是其上从五，其下从酉，写为☒或☒，五字底下一横与酉字顶上一横重叠，这是为了节省笔划而形成的；二是其上为☒。☒应释为屋字，前面文章已释，是以五为声符的形声字，因五字而创造出来。有学者将☒释为帝的异体字，不妥。其下为酉字。该字写为☒，屋字底下一横与酉字顶上一横重叠，也有不重叠的，如☒，均为同一个字。我们以☒或☒这两种写法为正规字体，因为这样的形态基本没有省略笔划，最能反映其真实含义。其他写法则是简写，是为了便于书写、刻划而形成的简易实用字体。

二、发音从五或屋

☒是形声字，其上偏旁五或屋为声符，正是因为其可以写

---

① 《甲骨文字典》卷十四第 1602 页（徐中舒主编，四川辞书出版社 2014 年出版）。

为▨字或写为▨字，我们才得以判定其发音同五或屋。这两种写法都不改其声，也不改其义。正如前面文章中谈到的咏▨字一样，既可以写为▨，也可以写为▨，前一种写法从泳，后一种写法从永，说明咏字是形声字，因为不论是▨，还是▨，都是表音，而其下的口字则表示歌唱，以象形的口字表达其歌声含义。

三、文字含义

在▨字中，其上偏旁表音，则其下偏旁表义，或者说是以象形的物品来会意，正如上述咏字▨下的偏旁口，会意为歌唱一样。酉字是象形字，为装酒、酿酒的坛子，因为酒慢慢演变为祭祀的重要内容，故酉字通常也有了祭祀的含义。因此，▨字具有祭祀的内涵，当时是指发音为五或屋的一种祭祀活动。

首先，从卜辞用法上看，它是一个不及物动词，后面不接祭品等作宾语，构成谓语。

如卜辞（合集3139）子▨▨、▨，牡三。（图395）

子▨，人名。▨，不识，为一种祭祀。牡，公牛。

这句话的大意是"子▨进行▨祭、▨祭，使用

图395

408

了三头公牛作为祭品"。

（屯2582）……肜……（图396）

这则卜辞只有两个字，其中肜字学者形成了共识，是指一种祭祀。这两个字在一起就是指进行两种祭祀，先◆祭，后肜祭，合在一起成为一个流程，完成整个祭祀。这应该与上述卜辞中的◆、◆一样，两种祭祀并列，表达祭祀的不同，如祈求的愿望不同、用祭的方式不同、祭祀的对象不同等等，构成不同的祭祀。

图396

（合集31158）戊申卜，其◆？（图397）

这则卜辞的意思是"戊申这天占卜，会举行◆祭吗？"

（前6.39.2）……亥，◆……◆，丁若？（图398）

图397 　图398

◆字不识，或释为寅字，不妥，这里是人名。丁，即顶、天。若，诺的初字，答应、同意的意思。

这则卜辞的意思是"……亥这天（占卜），（问）：◆进行◆祭，老天会答应其祈求吗？"

综上所述，◆是商代一种祭祀，既是一种祭祀名称，也是一种祭祀行为，为不及物动词。该字业已消亡，现今找不到对

应的字。随着商代灭亡，作为商代文化的一个方面，▮祭湮灭于历史之中，不再为后人所继承，表达这种祭祀的▮字自然被取而代之的周人所遗忘。

在甲骨文中，还有一个以▮为偏旁的衍生字▮，其上偏旁为▮，即龟字。这是一种过去存在的野兽，现已不知其为何物。它的形态是兔首、短尾、鹿足，《说文》谓似兔，青色而大，头与兔同，足与鹿同。▮字就是对这种动物的象形。▮字其下偏旁为▮。这两个偏旁组合起来，我们就明白▮是个形声字，其上为龟，其下表示对该种动物名称的发音，即发音为▮声，指的是名称发音与▮相同的动物，这是该字的本身含义。

卜辞中该字通常与上字连用，"上▮"充当地名使用。有很多卜辞记载了商王在这个地方驻跸并占卜的事。如：

癸巳，王卜，贞：旬无祸？犬在九月，在上▮。（图399）

犬，人名，或指贞人名。

这则卜辞意为："癸巳这天，商王进行占卜，问道：未来十天没有灾祸吧？贞人犬（伴随），时在九月，地点在上▮。"

图400

图399

（*存* 2.943）甲子卜，在上🔣贞：王今月无祸？（图 400）

即"甲子这天占卜，在上🔣，贞人问道：商王这个月没有灾祸吧？"

有必要指出的是，《甲骨文字典》中将🔣字与🔣字等同起来，统统释为🔣字，是不妥的[①]。

🔣字其上从龟，其下从吾。在汉语中是个比较冷僻的字，如今在《辞海》中已不见其踪影。这个是形声字，吾为声符，指的是一种发音同吾的动物龟。因此，这个字可以看作是甲骨文中的🔣字。其音相同，其形基本相同。特别是下部的声符🔣与吾发音相同，能印证其为一字，两者互为异体字。

关于🔣字，其写法还有🔣、🔣、🔣等，笔者以🔣字为规范写法。其上从龟，而不是有学者认为的从麋，尽管在甲骨文中这两个偏旁写法很相似，有时甚至混同，但还是应释为龟字。其下从泉，泉字的写法以🔣字为规范，其他写法如🔣等都是简写。

从造字的角度看，🔣与🔣的创造方式是一样的。🔣字上者标物象形，下者以泉字标音，是个形声字，发音为泉，即该字

[①]《甲骨文字典》卷十第 1090 页（徐中舒主编，四川辞书出版社 2014 年出版）。

🐢发音为与泉字相同。在商代，🐢与🐢很可能指同一种动物，区别只在于其性别、大小、颜色等特征。正如表示猪的字"豕"一样，商代表示公猪、阄猪、母猪等采用不同的文字表达，发音也不同，道理是一样的。

在卜辞中，🐢字只作为人名使用，如子🐢。卜辞有：

（南坊 5.61）其又子🐢，競兄癸牢，王受又？（图 401）

前又字通侑，一种祭祀。后又字通佑，保佑的意思。競，敬也。牢，圈养的牛，作为祭祀的特殊供品。这则卜辞意为"要侑祭子🐢，敬奉兄长癸特养供牛，商王会受到保佑吗？"

图 401

综上所述，从🐢与🐢这两个字来看，就算是🐢字在后来的演变过程中与🐢出现了混同现象，比如金文写法，我们也应根据甲骨文中明显的不同写法而确定为两个不同的字，以正本清源。这样才能算是还原了文字的历史，让大家知道后来的🐢字是从🐢字演化而来，其中🐢字也有可能参与了演化，在融合过程中被🐢字吸收而消失了。🐢字发音不同于🐢，写法不同于🐢，在商代文字体系里，🐢应是指名称读音同"泉"字的动物龟，与🐢字可能存在性别、壮幼、颜色等方面的区别。

第九十五章　[字形]为最古老的"随"字

[字形]字出现在甲骨文第一期，其结构是很清楚的，从[字形]戚、从[字形]月，写法上也没有什么不同，就是这一种写法，但该字不见流传，《说文》上也不见记载，说明这个字自商代灭亡以后就遭废弃。其义至今不明，有学者认为该字有凶咎、灾害之意，是现行"孽"字的异体字，即"辥"字[1]，这种观点不妥。笔者认为该字的含义与"从"字大体相同，为最原始的"随"字，其含义为拥护、跟从，继而有赞成、答应、同意等引申含义。

关于辥字，甲骨文形态为[字形]，从[字形]，即辛（辛）；从[字形]，即[字形]。王国维对[字形]字的解释是：辛是一种刑具，代表[字形]——先秦"罪"字，罪犯之意；[字形]，众人之意。[字形]字本身的含义是人有过错，众人纠正他，即治（罪）之义。该字在后来的金文中演变为[字形]字，增加了止字偏旁，表示禁止之意，其含义更为精确。

《说文》谓："[字形]，罪也，从辛，从[字形]，[字形]声。"后来，

---

①《甲骨文字典》卷十四第 1554、1555 页（徐中舒主编，四川辞书出版社 2014 年出版）。

又在其下加子字偏旁，表示宗法制度下家庭成员的旁支，一般指妾及其子女。但其主要含义仍然是指恶因、恶事、邪恶、罪孽。

孽字在甲骨文中有两种写法  ，前一种写法为从辛、从月。学者丁山认为  字也为孽字，这从卜辞中的用法可以看出来，该观点得到大家认可。实际上，我们可以将  字这种写法看成是对  字的简写，因为在甲骨上刻字殊为不易，将  即  字符号刻成月字符号  要省事得多。也就是说，  字是规范写法，而  字是实用写法、简体写法，其义等值。

有关  字的典型卜辞有：

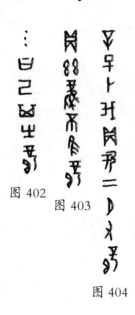

图 402

图 403

图 404

（簠游 31）……曰己其有孽。（图402）

即"……说己这个人可能有过错"。

（前 6.4.1）贞：兹风不佳孽？（图403）

即"贞人说：这种风难道没有害处吗？"

（乙 4577）辛巳卜，我贞：于二月有孽？（图404）

即"辛巳这天占卜，贞人我说：在

二月里会有灾害吗？”

可见，在卜辞中，⿰字的含义对人而言就是过错、罪过之义，用其初始本义；对外界事物而言就是害处、灾害之义。而且，从语法上讲，该字在卜辞中主要作名词、形容词用，而不作动词。

一些学者怀疑⿰字等同于⿰字，即⿰字，其理由就是从偏旁上讲，戚⿰与⿰都是古代的刑具，辛一般认为是施加墨刑的工具，而戚则是斧钺之类的兵器。古代兵刑一体，⿰作为兵器古代也确实用于刑罚，如《国语》中臧文仲有言："大刑用甲兵，其次用斧钺……"但这种将戚与辛等同起来的联想是不妥的，最主要的问题是⿰字在卜辞中只当动词用，与⿰字当名词或形容词用完全不同，两者风马牛不相及。这说明，将戚与辛都归于刑具，代表过错、罪过，⿰与⿰同为凶咎之义的观点是站不住脚的，并不契合古人的思想观念。

从⿰字构成来讲，有三种方式：一是形声；二是会意；三是两者兼而有之。作为形声字，它只有两种可能，要么发音为戚，戚字表音；要么发音为夕，月字⿰表音。月字在商代甲骨文中有两种含义：一是表示月亮；二是表示夜晚，即夕。甲骨文没有出现表示夜晚的夜字，而以夕字代之。甲骨文早期月字没有将这两种含义区别开来，即两种含义均存在，具体要依卜辞中的语境来定。

⿰字自身的含义是建立在会意基础之上的，这是当时造出 ⿰字的基本原因。⿰字中的偏旁⿰作为兵器并非仅仅当刑具用，还象征军事首领的征伐行为。戚为军事首领所持有，用以代表权威、指挥权，在军事行动中戚指向哪里，则其下属武士向哪个方向进攻。武士集结在戚的周围从事征伐活动，保卫首领，攻击目标，这是一种有组织的军事协同行动，强调集体整体的力量，比起一哄而起的盲目作战要先进得多，目的性、针对性强，能心往一处想，劲往一处使，轻易取胜。

妇好墓中出土了其生前使用的两把兵器，一般认为是钺或戚，比斧宽而扁，首部有弧刃，长柄，其一如图，刻有妇好的

妇好钺（戚）

铭文。妇好生前曾多次领兵征伐，是古代著名的女性军事首领，这件青铜钺（戚）就是其作为军事首领指挥军队作战的实物见证。戚字⿰就是依据类似的实物形状创造出来的文字，是对类似实物的实描。

从甲骨文辥字⿰来看，其中的偏旁⿰即⿰可以由月字⿰来代替，则⿰字中的月字偏旁⿰也可能是用来代替⿰字⿰偏旁的，是对⿰字的简写，⿰字表示众人、众士卒，那么，⿰

字就会意为集合、归顺、跟随在首领周围，即以首领为核心，集合、团结在首领周围，拥护、归顺首领，听从指挥从事征伐等。𝌆如同现在的旗帜一样，旗帜指向哪里，军队就朝哪里行动。因此，𝌆这个字便是后来和现在的随字，是随字的本源，意为集合在戚下，表达拥护、赞成、听从、归顺、跟随之意。

另一种可能的会意就是𝌆字来自于天文历法。其中的月字偏旁用来表意。月者，总是运行在天空，从弯月到满月再到弯月，周而复始二十九或三十天。而那时历法一岁大体十三个月，月与岁（戚）相"随"。

戚字在商代甲骨文中不仅作为兵器、礼器、祭名含义使用，还常通假为"岁"。收获农作物一季为一岁（戚），商代一年只种植一季农作物。也就是一岁（戚）即一年。如商代末期卜辞：

（粹896）癸丑卜，贞：今戚受禾弘吉？在八月，隹王八祀。（图405）

祀，商代全部祭祀完成一个回合，也就是一年，与年同义。

即"癸丑这天占卜，贞人问道：今年会得到好的年成，十分吉祥吗？时在纣王即位八年八月"。

𝌆字会意什么似乎可以作以上两种解释，但都有随字之含义，从月（夕）或戚得声。总之，𝌆字

图405

417

的构建可以肯定是会意与形声兼而有之。从其含义上讲，𢓊字

与"从"字有相似之处，只不过"从"字从主体上讲是指相同

人集合在一起，而𢓊则有地位主次之分，是地位低者归附在地

位高者身边，听从其指挥命令，按照其指令开展行动。𢓊字与

从字含义大体相同在下列卜辞中充分反映出来。

（南南2.148）辛巳卜，殻贞：王从阳白𪊶。（图

406）

阳，商代方国名。白，伯之初字，商朝授予方

国首领的爵位，即伯爵。𪊶字不识，阳国首领的

私名。

这则卜辞的意思是："辛巳这天占卜，贞人殻

说：商王听从阳国首领𪊶伯爵的意见。"

（丙52）……亥卜，殻贞：王叀阳白𪊶从。（图

407）

图 406

这则卜辞的意思是："……亥这天占卜，贞人殻说：商王惟

阳伯𪊶之言是听。"

（明2327）……贞：王叀阳白𪊶𢓊。（图408）

𢓊，随，这里可以意译为百依百顺。

这则卜辞意为："……贞人说：商王只对阳伯𪊶百依百顺。"

注意，这三则卜辞讲的都是同一件事情，谓商王在决定军国大事的时候，对阳国首领🔺伯的话言听计从。第一则是陈述句，没有表明贞人自己的态度。第二则则不同，有埋怨的成分，说商王对阳国首领🔺伯言听计从，已经是颇有微词了。第三则则是不点名的批评、讽刺商王了。语气是逐渐加重的，认为商王这样行事尤为不妥。但我们在这里不是欣赏其说话的感情色彩、情感成分，而是重点在句子"叀阳白🔺从"与"叀阳白🔺🔺"，这说明这里的

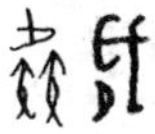

图 408

图 407

🔺字与"从"字是同义等价的，可以互相替换。如果我们认定这个🔺字发音同戚或夕的话，那这个🔺字就一定是"随"字。这同时也说明在商代随字与从字在含义上就互通、互代了。后来国人将随从两字连在一起使用，可以追溯到这里，真是源远流长。

现行的随字，从目前的研究来看，它出现得很晚。秦小篆为🔺，从辵、从隋，是个形声字。现存最有代表性的随字小篆字形见于睡虎地秦简，为🔺，与篆文偏旁部首相同。一般解释是辵为行进之意；隋为堕之省略，表示坠入山谷之意。这两个偏旁组合起来为随字，意为追寻堕崖者，含义为追踪。

419

图 409

成书于周代晚期的《尚书·禹贡》，文章之前就有赞扬大禹功绩的话语："禹敷土，随山刊木，奠高山大川。"再往前推，在成器于西周中晚期的燹公盨铭文中也有类似的话，文字如图："敷土、随山、浚川。"（图 409）这说明《尚书·禹贡》的话因袭于之前的燹公盨铭文，其来有自。铭文中的 ▆ 就是"随山"两字。有学者将其释为"掘山"。▆ 字从阜、从双土，从双又。又，手也。从土从又，表示以手刨土。从双土双又，表示反复刨土。阜，高土岗。整个 ▆ 字会意为双手反复不停地从高土岗刨土。其中土字、手字之所以重复，是突出其重复多次之意。因此，▆ "随山"就是反复刨山上的土让积水流走之意。▆ 是动词。▆ 字是后来随字 ▆ 的源头。随字 ▆ 增加辵字偏旁，转变为行走之意，而 ▆ 字偏旁只用来表音，其本身含义为去高土岗刨土已经不重要了。而从 ▆ 字再往前溯，就茫然不知所踪，▆ 字在甲骨文中并不存在。不管怎样，现行的随字源头已经无从知晓，但有一点，▆ 字与 ▆ 字毫不相干，前者最早只能追溯到西周中晚期，比 ▆ 字出现得晚很多。现行随

字是个形声字，只以口语音节为准，是借用□隋字音节形成的，有不同的渊源。□字本身含义与□没有任何联系。

怎么解释现行随字与□字脱节这一现象呢？

笔者认为，周取代商后，在文字上承袭商代并不是全盘照收，而是有所选择。很多商人创造的文字周人认为不适合自己的口味而将其废弃了，再另行创造。而且这些另行创造的文字大多以形声字存在，尽管简单，但很实用，因为只要识其音即可理解，并不管或少管其义的来源。这样就造成了有些文字继承的割裂、断层。□字作为随字被废弃之后，其口语音节仍然在人们日常生活中存在，还在交流中使用，即用来交流与传播信息，人们感到还是有必要创造出反映这一意义和音节的字来对应、书写才行。于是，新兴的随字便以□字为渊源，以形声字的面目出现了。

从文字最初产生的角度来思考，随字为什么演变为现在的发音，而不发别的音，这个音节最初的含义是什么，还是只有□字才能给出比较圆满的解答。□作为随字回答了我国汉语产生随字音节的最初根源，即它源于戚字，或戚与夕两者的结合，是最古老的随字。

我们认定□为随字，则以下这则难以理解的卜辞就迎刃而解了。

（粹 1325）己巳卜，央贞：侯告称册，王勿裕  。（图 410）

侯，方国首领的爵位，这里是指拥有侯爵的方国首领。告，提出申请。称册，甲骨文中的专有名词，对方国而言，是指向商朝提出申请事项的正式文书。称册既是一种庄重的礼仪，也带有实质内容，表明慎重其事。

![figure]，前文中探讨过，该字为裕字，表示轻易、充裕等。

图 410

那么，这则卜辞的意思就是"己巳这天占卜，贞人央说：这位侯爵正式提出申请文书，商王可不要轻易答应他啊"。

这里的随字 ![figure] 与从字含义相近，当作答应、满足解。如此理解，这则卜辞的内容就清晰明了。

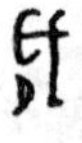